本书获闽南师范大学教材建设立项资助

闽南方言研究

林颂育　著

社会科学文献出版社
SOCIAL SCIENCES ACADEMIC PRESS (CHINA)

目　录

绪　论

一　语言分化与地域方言

1. 语言分化及其类型 [①]

在社会中流通使用的语言，总是不断地缓慢地发生着变化。假若社会中人与人的交际密度是相对均匀的，所有语言的新变化就会在所有人群中得到同步更新，结果是语言虽然变化了，但不会分化。实际上，人与人的交际密度总是不均匀的，于是语言的创新就不会在所有人群中同步更新。有人接受了语言的新变，有人未接受，有人接受得多，有人接受得少，有人接受得早，有人接受得晚，这就造成了语言的分化。语言分化后就会形成不同的语言变体。对应不同社会分化状况，语言分化表现为三种不同的形式：社会方言、地域方言、亲属语言。

社会方言。社会中的人群因性别、年龄、文化程度、经济状况和社会分工的不同而分化为不同社团。不同社团因交际密度不同而形成各自的语言特点。各个言语社团的语言是在全民语言基础上产生的各有自己特点的语言变体。

[①]　见叶蜚声、徐通锵著，王洪君、李娟修订《语言学纲要（修订版）》，北京语言大学出版社，2010，第196~197页。

地域方言。一个社会生产力的进步通常伴随着人口的突然增长和疆域的日益扩大。由于自然灾害、战争等因素，一个社会的部分居民也可能大规模地集体迁徙到他地。在古代交通不发达的情况下，人群散布于不同的地域，这往往会造成一个社会不同地域范围内经济、政治的相对独立和交际上的不均匀，进而形成了同一种语言在不同地域上的分支。从同一语言分化出来的地域分支，如果处于不完全分化的社会条件和同一语言的心理认同之下，① 就叫"地域方言"，简称"方言"。

亲属语言。在不同地域已经完全分化的条件下，各地域居民不再认为彼此所说的是同一种语言②。这些从同一种语言分化出来的、存在于社会完全分化条件下的、不同地域人认同为不同的语言的地域分支，就叫"亲属语言"。

2. 地域方言

中国古代就有了"方言"这个词，指的是各地用语。两千多年前，西汉扬雄就著有《輶轩使者绝代语释别国方言》，东汉应劭将该书简称为《方言》，进而又在《风俗通义·序》中将"方言"作为一个特定的词语来使用："周秦常以岁八月遣輶轩之使，求异代方言，还奏籍之，藏于秘室。"古希腊也有 dialektos 一词，指一个地方的居民所说的话。英语 dialect 一词本义也指地域方言。可见，"方言"的本义是与地域联系在一起的。③

地域方言和社会方言性质不一样。作为语言的地域变体，方言是为某个地域的所有社会成员服务的，具有全民性。同一地域的社会成员

---

① 如果扩张后的地域仍处于同一个国家共同体之中，仍使用共同的文字和书面语，各地在政治、经济相对独立的同时仍保持一定的联系，这种即为不完全分化。在社会不完全分化的条件下，语言的地域分支一方面会保持或增加各自的特点，另一方面又服从其所从属语言的演变趋势，各地人就会保持归属同一语言的语言认同。

② 在地域上未完全分化的社会可能因为种种原因进一步分裂为各自独立的国家，并创制各自不同的文字和书面语，从而进入完全分化的状态。

③ 见李小凡、项梦冰《汉语方言学基础教程》，北京大学出版社，2009，第2页。

存在职业、阶层、年龄、性别、文化教养等社会差别，这些语言社群往往会形成各具特色的语言变体，但这些语言变体不具有全民性，也没有另外一套自足的语音、词汇、语法系统，只能依附于某一特定地域方言而存在。一个不会说某种地域方言的人，根本不可能掌握该地域的任何一种社会方言。社会方言之间的差异不在于语言系统，而在于某种可以标志不同社会群体的特别口音、措辞、谈吐风格或某些数量有限的特殊用语。①

从语言演变及其与社会的关系来看，地域方言是语言不完全分化的产物，语言的完全分化则会促使方言进一步发展为亲属语言。方言和亲属语言都与单一社会在地域上的分化相关，都是由单一语言分化而来的后代。语言完全分化与不完全分化，常给人以语言面貌差别大小的联想②，这实际上是一种误解。不同语言地域变体间的关系是方言还是亲属语言，主要是由语言外的因素③决定的，如我国的吴、闽、粤、客、赣、湘语等差异很大，且通话程度并不高，但各地历来在政治上受共同政令的管辖，文化上有共同的汉字、书面语、共同的科举取士标准等，使得分布在各地的语言变体虽然表层差异大，但彼此仍是方言关系。欧洲中南部广大地区原来都属于罗马帝国，都说拉丁语，因地域分布广而分化为若干方言。罗马帝国灭亡后，各地不仅在经济上各自独立，在政治上也形成了各自独立的国家，在文化上使用自己的文字，由此形成的意大利语、西班牙语、葡萄牙语、法语、罗马尼亚语等即为亲属语言关系。可见，区分是亲属语言还是方言，并不是单纯的语言学问题，甚至可以说首先是政治问题。如果着眼于语言内的表现，方言和亲属语言都是历史上的同一祖语在地域上的分化，性质没有根本的不同。

---

① 李小凡、项梦冰：《汉语方言学基础教程》，北京大学出版社，2009，第 3 页。
② 完全分化，则语言变体间的面貌相似度就小，可通话程度也就小；不完全分化，则语言变体间的面貌相似度就大，可通话程度也就大。
③ 政体关系、文字系统异同、语言使用者的心理认同等。

二 语言规范与方言

1. 标准语和方言

日常生活中，各地方言还常被拿来与共同语（或标准语）对举而言。

以该民族所使用的某一种方言为基础，以某一个地点方言的语音为标准音，经过加工和规范的民族共同语被称为文学语言或标准语。标准语通常具有书面形式。标准语以某一种方言为基础方言，并不排斥同时吸收其他方言的成分。标准语形成会影响、制约方言的发展。方言并非标准语的地域变体，更不是标准语的变质。方言里不同于标准语的特殊词汇、词形、词义和语法现象，是受方言自身的发展规律所支配的，并不是对标准语的歪曲。在古代，方言是相对于"雅言""官话"而言的；在现代，方言是相对于普通话而言的。

2. 普通话和现代汉语方言

提到"现代汉语"，很多人熟知其有广义和狭义之分。狭义的现代汉语专指中华人民共和国通用语——普通话。广义的现代汉语包括普通语和方言。对此，不少人会误以为方言是普通话在各地的地域变体。事实上，普通话和方言是构成现代汉语的两大层次。从历时的平面看，普通话与现代方言都源于"祖语"①。作为相对独立的符号系统，二者都是原始祖语在共时平面上的投影，它们之间是并列关系而不是从属关系。从共时层面看，二者是相互影响、互通有无、互争市场的关系。普通话的确立依赖于基础方言②，并在语音、词汇、语法等方面对方言进行渗透，施加影响；而方言也将其表达方式输送给普通话，反向影响普通话。当然二者的影响力是不均衡的。普通话代表我国通用语的发展方

---

① 祖语是指语言谱系分类中亲属语言的来源，它是抽象的原始共同语，多半只是假设。

② 民族共同语是在一种方言的基础上形成的，作为民族共同语基础的方言就叫基础方言。普通话是以北京语音为标准音，以北方话为基础方言，以典范的现代白话文著作为语法规范的。

向，对方言起制约作用，方言受普通话影响，并渐趋向普通话靠拢。方言的表达方式被普通话吸收后使普通话不断丰富。从实际功能看，普通话具有广泛的传意作用，多用于公众场合；方言更具亲和力，多用于私人交际场面。二者相互补充，满足人们各种交际需求。

以下节录陈泽平先生自序中的一段话，这段话简洁而清晰地梳理了方言与其他相关概念的关系。

实际上，语言都是以具体的方言形式存在的。最早以现代学术方式描写福州方言的著作是美国传教士 M. C.White 在 1856 年发表的 "The Chinese Language Spoken at Fuh Chau"，直译文章名就是"福州人说的汉语"。福州话就是福州人说的汉语，是汉语的一种具体形式。等量齐观，广东话就是广东人说的汉语，苏州话就是苏州人说的汉语，四川话就起四川人说的汉语。除了书面标准语及其口头形式"普通话"，汉语就是以各种方言的形式具体存在的。分布在不同区域的不同方言都是语言学意义上的汉语样本。从学术上讲，标准语也是经过人工规范的方言。[1]

———

三　现代汉语方言学

1. 现代汉语方言学的性质

方言地理学（dialect geography）是方言学的一个分支。欧洲现代方言地理学始于 19 世纪德国人温克对高地德语和低地德语分界线的调查研究，目的在于验证新语法学派的语音演变没有例外的论断。方言地理学研究语言内部差异在地理上的分布、绘制语言地图、确定方言分区。美国的方言研究是 20 世纪初期展开的，就北美洲英语方言的调查

———

[1]　陈泽平:《福州方言的结构与演变》，人民出版社，2014。

研究和地图绘制而言，其方法和理论是从欧洲输入的，应该说只是欧洲方言学的余绪。然而，以鲍阿斯和萨丕尔为代表的美国学者对美洲印第安语的研究则开创了方言学的新纪元，不过习惯上把他们的研究称为描写语言学和人类语言学。

美国描写语言学派和欧洲学者的共同点：两者都以方言口语为研究对象，都是通过实地调查取得材料的。其不同点是：欧洲学者的研究方向侧重于方言地理学，以及今方言和语言历史的关系；美国学者的研究方向则侧重于方言的描写、语言的分类、语言与文化的关系、语言与思维的关系。

中国现代方言学 ① 发端于赵元任先生的《现代吴语研究》(1928)。这是第一部用现代语言学的知识研究汉语方言的划时代的经典著作。当年赵元任调查研究方言的目的有三：一是描写方言；二是研究历史音韵；三是推广国语。从西方的描写语言学的观点来看，中国的描写方言学从一开始就不是纯粹的描写语言学。调查字表是从方块汉字的中古切韵音系的地位出发制定的，分析和归纳也都离不开中古音系的名目。从设计调查表格到归纳声韵调系统、整理调查报告，从方言之间的互相比较到构拟方言的较古阶段，都要借助传统音韵学知识，都离不开中古的切韵系统。方言研究的全过程几乎都跟历史语言学牵连。中国的描写方言学实际上是西方描写语言学和中国传统历史语音学相结合的产物，并且两者的结合是非常成功的。

2. 现代汉语方言学的研究对象及特点

"按照中国的经验，汉语方言学是研究汉语方言的学科，一切汉语方言现象都应该在它的视野之内，都应该进行研究。现实存在的方言之

---

① 汉语方言学史可分为传统方言学和现代方言学两个阶段。从汉代扬雄《方言》到清末民初章太炎《新方言》，中国传统方言学的研究目的在于以今证古，即以今方言证释古文献，或以古证今，即以古文献中的材料解释今方言。传统方言学属于语文学范畴。

中，个体的方言是研究对象，但相关的方言的群体也可以作为比较研究的对象。把所有的现代方言作为一个整体，则是综合研究的对象。历史上存在过的方言也同样可作个体、群体和整体的研究。诚然，现实的方言是完整的存在，可以确切地研究它的结构系统，这是方言学研究的主要对象；而历史上的存在过的方言，则只能从传世的文献史料中钩沉其片断，或通过后来承传的方言的比较勾勒其轮廓，往往很难恢复其完整的面貌，但是这些研究对于我们了解现今方言的来龙去脉是很有帮助的。"[①]

汉语方言学具有如下特点：

（1）回避对标准语的研究，但要彻底了解标准语。

（2）汉语方言通常没有书面形式，是活的口语。因此，记录方言语音往往是方言研究的起点。

（3）汉语方言学作为一个独立的学科，应该有自身的静态描写，有动态的考察；有内部结构系统的研究，也有外部关系的研究；有理论的概括，也有应用的研究。其研究内容十分广泛。

（4）方言研究是一种朴学，重事实。"方言静态描写和动态考察都是方言结构系统的研究，也就是罗列方言事实。……罗列语言事实是研究工作的起点，是认识对象的开始，理解事实、解释事实是从语言事实的内在联系所引出来的结论，是研究工作的目标，也是检验所罗列的事实是否客观、科学的尺度。"[②]

3. 汉语方言学的意义

方言研究可涉及语言研究的各个领域。从某种程度上说，任何活口语本质上就是一种方言，广义的方言学即为语言学。

汉语方言学在语言学上具有重要意义。"除了书面标准语及其口头形式'普通话'，汉语就是以各种方言的形式具体存在的。分布在不同

---

① 李如龙：《汉语方言学》，高等教育出版社，2001，第7页。
② 李如龙：《汉语方言学》，高等教育出版社，2001，第8页。

区域的不同方言都是语言学意义上的汉语样本。""作为汉语语言学的方言研究不直接服务于语文教学或推广普通话，也不是为了保护方言、传播方言，不限于提供语料、展示方言的多样性，更不存在任何'转化为生产力'的功利目的。它只是以分布在不同区域的汉语活口语为观察对象，探讨汉语的结构特点和演变规律，进而探讨人类语言的一般规律。"①汉语方言的普遍调查可以挖掘出丰富多彩的语言现象，有利于拓宽我们的学术视野。汉语方言的共时描写及其与通用语的比较可以深化我们对汉语本质的认识，促进对汉语深层规则的探求。方言现状与文献资料的历史比较可以印证汉语演变的历史轨迹，有助于探求汉语发展的历史及其演变规律。方言演变在地域上的不平衡性可以反映汉语演变的历史过程，密集的方言平面比较甚至可以解释历史演变的细节，进而构拟古音。方言历史层次的分析可以丰富语言接触的理论。现代语言学理论主要是在印欧语的基础上建立起来的，汉语方言的调查研究则将成为汉语语言学理论建设的源泉。②

　　汉语方言学在文化人类学上也有重要价值。方言是族群、民俗和地域文化的重要特征和标志，方言的演变与人类社会的发展密切相关。因此，汉语方言学的研究成果对文学、史学、民族学、社会学、民俗学都有重要参考价值。在应用方面，汉语方言学对推广普通话、传承地域文化、古籍考据、刑事侦察等工作具有不可替代的作用。当前，汉语方言学对国家语言政策的制定和推行，以至于对促进祖国统一大业也有着独特的作用。随着我国经济的发展，文化建设将越来越重要，方言的调查和研究，对于传承和发展地域文化将发挥重要作用。③

---

① 陈泽平：《福州方言的结构与演变》，人民出版社，2014。
② 李小凡、项梦冰：《汉语方言学基础教程》，北京大学出版社，2009，第21页。
③ 李小凡、项梦冰：《汉语方言学基础教程》，北京大学出版社，2009，第21~22页。

课后思考

1. 如何理解普通话和方言的关系？

2. 我国现代汉语方言学是怎样建立和发展起来的，有何研究特点？

3. 汉语方言学的调查和研究具有什么样的意义和价值？

第一章
闽南方言的称谓及其战略地位

第一节　汉语对方言变体的称谓

虽然世界语言普遍存在方言差异，但方言样态纷繁复杂，可通话程度不强的现象可能要数汉语表现最为突出了。汉语方言古已有之，历来各地民众和前贤学者对方言变体有着各种不同的称谓。

一　方言称谓的基本结构形式

汉语方言称谓以"地域范畴＋称谓类别"为基本结构形式。常见的称谓类别包括"话""方言""语"三种，如"山东话""武汉话""四川方言""西北方言""吴语""粤语"等。三种称谓类别选用状况颇为复杂，是用方言层级或正式程度均无法完整概括的。如一般认为"话"的方言层级和正式程度均较低（如"山东话""武汉话"），但"官话""客家话"为两大一级方言的正式称谓；"语"的方言层级和正式程度较高（如"吴语""粤语"），但也有一些二级甚至更低层级的次方言被称为"语"（如"闽南语""沪语"）。

二　汉语方言称"语"现象的反思

由于"语"不仅可以指方言，还可以指不同语言，在实际运用中，容易出现将方言和语言混为一谈的情况。如《光明日报》在介绍"中国梦"主题新创歌曲《北京时间》时出现的表述：

> 汉语、闽南语、藏语、粤语、维语、蒙古语依次整点报时，这些来自母亲的语言、亲切的报时，把人们记忆深处的情感再一次唤醒。

> ——《光明日报》2015 年 1 月 8 日，第 9 版。

近代以前，无论中国还是西方，对方言和语言的边界都缺乏明确的区分，普遍存在方言与语言的混用。在这种情况下，一个地域方言被称为"X 语"、"X 话"或"X 方言"，在内涵上似乎并无太大区别。即便是在民族国家观念相当强烈的今日，对一般民众而言，"X 语"或"X 话"名异实同，使用哪种称谓更多只是个人的习惯问题。

然而我们也应该注意，随着近代民族国家观念的形成，民族边界与国家边界开始在方言与语言的划分中起到主导作用。此时，政治权利的自治或他治成了语言同方言之间非常重要的升降途径。如荷兰与德国国境两侧的两种变体，在语言结构上并无二致，但荷兰境内的变体认为自己是荷兰语方言，德国境内的变体则认为自己是德语方言，此为因他治不同而造成的心理认同差异。由此可见，我们无法也不能将现今语言与方言的边界问题简单地视为单纯的语言学问题。事实上，在很多情况下语言与方言的边界问题还从属于政治学范畴，反映的是政治权力通过政治话语对特定政治身份的建构。为此，对当前汉语方言称"语"的现象，我们有必要对其来龙去脉加以梳理，有必要对其可能存在的政治因素加以审视和反思。

第二节　闽南方言的称谓概况

福建境内有闽语、吴语、赣语、客家话、官话等多种汉语方言。

闽语内部又分闽东、闽南、莆仙、闽北、闽中等方言。单就字面意思而言，"闽南方言"似乎就是指通行于福建闽南地区的某种地域方言。事实上，"闽南方言"作为语言学术语是一种超地区、超省界甚至超国界的汉语方言。闽南方言在闽南本土的厦漳泉地区形成，而后随着历次移民的播迁，广布海内外。

1. 历史源头与"河洛话"

一般认为南方方言是伴随北方汉人南迁而来的。闽南人多因认为自己的祖先来自中原黄河、洛水一带而自称"河洛人"，自称所说的话为"河洛话"。

2. 海外移民与"福建话"

有意思的是，福建境内方言品类多样，并没有全省通行的"福建话"。但"福建话"这个概念却又真实地存在着，只是被用以指称特定情况下的闽南方言。17 世纪到 20 世纪初，有大量的福建移民漂洋过海到达东南亚，这些福建移民中大部分是漳泉等地的闽南人。这些早期出海的闽南人就称自己使用的闽南方言为"福佬话"或"鹤佬话"，字面意思为"福建人的话"。近代以来，伴随着海外移民，闽南方言的海外影响力逐渐扩大，并有了其英语称谓——"Hokkien"，该英语称谓即为"福建"一词在闽南话中的读法 [hok$^{7\text{-}8}$kiεn^5]。

3. 日据台湾与"台语""台湾话"

日本侵略台湾后，组织编纂了大量闽南话、日语对照词典，如《日台小字典》《日台新词典》《日台大辞典》等，"台语"或"台湾话"的称谓成为日据时期台湾地区闽南话的主流称谓。"台语""台湾话"的使用，客观上带来了台湾闽南话和福建闽南话的某种微妙的心理分割。后称台湾地区闽南方言为"台语""台湾话""台湾方言"的皆有。

4. 分区层级与"闽南话"

学术史表明，关于方言分区的研究对汉语方言学的发展极为重要。到目前，汉语方言分区方案已经过多次修改。

从表 1-1 可见，对于一级汉语方言分区及称谓，各方案存在差异。袁家骅"七区"说和李荣"十区"说是目前学界较常提及的两种分区方案。除"十区"说中"官话""客家话""平话"外，这两种方案对一级方言或称"X方言"或称"X语"，但均不以"语"来称一级方言之下的各级次方言。在这两个分区方案中，闽南方言未进入一级方言，而是作为闽方言或闽语下位的分支而存在。在这样的分区格局和不以"语"称一级方言之下的各级次方言的情况下，称闽南方言为"闽南话"是较惯常的做法。

表 1-1　不同方案的一级汉语方言分区

王力	赵元任				李方桂	丁声树	袁家骅	李荣
五区	七至十一区				八区	八区	七区	十区
1936	1933~1948				1937	1955	1960	1987
官话	华北官话	北方官话	北方官话	北方官话	北方官话	官话	北方方言	官话
		上江官话	西南官话	西南官话	西南官话			晋语
			湘语	湘语	湘语	湘语	湘方言	湘语
	华南官话	皖方言		徽州方言				徽语
		下江官话	下江官话	下江官话	下江官话	赣语	赣方言	赣语
	下江官话			赣语				
	赣客方言		赣语					
客家话	客家方言	客家方言	赣客方言	客家方言	客家语	客家方言	客家话	
粤音	粤方言	粤方言	粤语	粤语	粤语	粤语	粤方言	粤语
吴音	吴方言	吴方言	吴语	吴语	吴语	吴语	吴方言	吴语
闽音	闽方言	闽方言	闽北	闽北语	闽语	闽北话	闽方言	闽语
	海南方言	潮汕方言	闽南	闽南语		闽南话		
								平话

资料来源：李小凡、项梦冰：《汉语方言学基础教程》，北京大学出版社，2009，第 30 页。

受台湾地区影响，近年来大陆地区"闽南语"称谓的使用率逐渐提高，甚至有取代"闽南话"成为闽南方言通行称谓之势。综观使用情境，大陆民众一般将"闽南语"同"闽南方言"、"闽南话"视为等义词。

第三节　闽南方言保护与传承的意义

　　闽南方言具有的特定战略发展意义决定了闽南方言保护的重要性。

　　第一，保护闽南方言是保留和传承以闽南方言为重要载体的闽南地域文化的前提，是维护人类语言多样性、文化多元化的组成部分。2003 年 3 月，濒危语言国际专家会议通过的《语言活力与语言濒危》指出："语言多样性是人类最重要的遗产。每一种语言都蕴藏着一个民族独特的文化智慧，任何一种语言的消失都将是人类的损失。"广泛妥善地保留与传承地域方言和地域文化，是实现语言多样性和文化多元化的前提。保护地域方言和地域文化的多样性人人有责。我们要重视各类语言文字所具有的独特价值，将其作为中华民族命运共同体文化的有机成分给予传承和保护。

　　第二，从两岸关系上看，福建本土闽南方言的保护与传承"对于加强两岸文化交流，维护两岸关系和平发展，推进祖国和平统一，具有重要作用"。陈燕玲、林华东、林晓峰、吴晓芳等调研报告显示，大陆年轻一代闽南方言能力明显趋弱；[①] 家庭场域是使用方言最常见和最重要的场域，而很多能使用闽南方言的家庭在家庭生活中仍使用普通话，不使用闽南方言，这说明普通话强势扩散，闽南方言正在转移；[②] 厦漳泉闽南方言代际传承趋弱，前景堪忧。[③] 然而，厦漳泉闽南方言不仅肩负着表达闽南文化的重任，还肩负着扩大文化交流，构建和平统一的文化基础的重任。有鉴于此，我们应该科学维护本土闽南方言生态的健康发展。

---

　① 　陈燕玲、林华东：《闽南方言的现状与未来》，《东南学术》2011 年第 4 期。
　② 　陈燕玲、林华东：《泉州地区城乡学生双言生活状况对比调查》，《语言文字应用》2013 年第 1 期。
　③ 　林晓峰、吴晓芳：《两岸交流视域中的厦漳泉闽南方言》，《东南学术》2015 年第 6 期。

此外，从闽南方言的形成与流播史来看，闽南方言是一个跨省、走出国门、走向世界的汉语方言，全世界使用人口有6000多万人，闽南方言是联系全世界闽南人、促进闽南文化交流的纽带。海内外闽南方言的异同一方面反映了二者血脉相连的共同体关系，另一方面展现了中国文化走向世界的和平、兼容的姿态。

最后，我们也应该理解，推广普通话和保护方言并不矛盾。推广普通话并不是为了消灭方言，而是为了消除各地区、各民族之间的语言隔阂，实现语言作为人类最重要交际工具的交际功能。方言的兴衰存废往往有其不以人的意志为转移的走向。越是在和平统一的情况下，方言越可能自觉地向通用语靠拢趋同，会有越来越多的人自觉不自觉地选择以通用语作为第一交际语言，方言活力下降为常态。保护语言多样性和维护讲话人权益是需要平衡的。我们不能因人为刻意地保护语言多样性而牺牲讲话人的权益。"惜语不惜人""重方言轻通用语"可能得不偿失。如何保护闽南方言生态环境的健康和可持续发展，是一个紧迫且有现实意义的问题。就此，前人提出过不少建议，包括但不限于在国家新的语言规划纲要下，规划闽南方言的定位和功能，从政策上为闽南方言保护正名；在"闽南文化生态保护区"设立闽南方言研究机构，为保护、推广闽南方言提供智力支持；闽南方言教育进入学校教育体系，在幼儿园、小学培养"普通话＋闽南话"儿童；等等。

课后思考

1. 调查一下你身边的人都是如何称呼闽南方言的？不同称呼的使用对他们来说是否存在内涵的差异？

2. 谈谈你对本土闽南方言保护的必要性和紧迫性问题的看法。

3. 关于本土闽南方言保护问题，你知道前人都提过什么策略？

4. 梳理并思考前人提出的闽南方言保护策略，再谈谈你有什么好的建议。

第二章

闽南方言的记录（上）：标音

第一节　语言和文字

一　文字是记录语言的符号系统

语言是人与人之间的一种交流方式，且是人类最重要的交际工具。尽管我们还可以通过手势、动作、表情等来传递信息，但这些都不及语言来得便捷和表意精准。语音是人类发音器官发出的具有一定社会意义的声音。语音是语言的唯一物质外壳。一种语言可以没有文字，但一定有语音。事实上，世界上没有文字的语言远多于有文字的语言。

语言作为一种交际工具，虽然有便捷的优势，但也有转瞬即逝、受声音自身有限传播距离等先天限制。在声音录制和远距离传播受限的时代，身处不同时期、不同交谈空间的人的语言交流是受限的。文字是记录语言的符号。它把有声无形的语言可视化，使得语言所表达的信息得以跨时空传递，从而克服语言的先天缺陷。文字是一种重要的辅助性交际工具。

文字为记录语言而发明，先有语言，后有文字。一方面，文字的设计和编制要考虑所服务语言的特点。语言的发展变化可能引起文字的演变。另一方面，文字与语言发展的不同步，也可能反过来制约语言发展变化的速度和方向。总之，语言和文字之间存在着相互制约的复杂关系，二者应该协同发展，方能更好地为人类社会生活服务。

二 汉字以记录汉语共同语为主要职责

汉语虽然方言众多，但从未形成过真正的方言文学和方言书面语，自古以来都是以中州雅言为标准来记录语言的，[①]即汉字是记录历代共同语的载体。从甲骨文起，汉字即用于记录汉语共同语，可谓历史悠久。

词是音义结合体，即一个词语同时包含其语音形式和意义内涵。文字在对词进行记录时，有侧重记录语音或侧重记录意义的选择。汉字作为一种表意体系文字，其外在表现就是，汉字侧重记录语词的意义，汉字的形体里一般包含有指示意义的部件，透过汉字的义符，我们能推知汉字的意义或者意义范畴。对于先人初创汉字时何以选择表意型而非表音型，我们不得而知，或许仅仅是一种意外。可知的是，现今全球范围内仍在使用的表意文字，相对表音文字来说，可谓小众。我们不禁想问：记录汉语就不能也换用表音文字吗？事实上，近代不少知识分子就曾设想以拉丁字母代替汉字，最终废除汉字，希望以文字的更替提升中国广大民众的识字率，同西方国家接轨。[②]但是其过程并不顺利，最终也以失败告终。汉字能经历历史和形势的考验，一如既往地为记录汉语共同语服务，除了使用惯性，还有更深层的原因。其中很有可能是，汉字的表意性和汉语某种特性的契合。汉语的一个特性是词语音节不长，以单音节和双音节为常态。汉语语音系统从古至今不断简化，以致音节总数有限，同时汉语同音字词多。如果仅看拼音记录的

---

① 郑张尚芳：《上古音系》（第二版），上海教育出版社，2018，第6页。
② 近代中国，在国家危亡之际，一些思想家开始对民族固有事物进行批判和否定。汉字字数众多，学习比较费劲。且早先汉字异体字形多，师承不同，字的具体写法还不同，近代科学的大量引入使得汉字在对译新概念面前显得费力，诸如此类的种种原因，导致汉字成为被否定的对象。

字词，我们往往不能确定其具体所指。例如，当对方仅仅口述或书写
"yáng"，我们不知道他到底是说"阳、杨、羊、徉、疡、扬、洋……"
中的哪一个。可以说，没能解决同音字词难辨问题至少是拼音化方案失
败的原因之一。拼音文字的失败，反衬了表意系汉字的优势——同音字
词可依形辨义，通过意义可被快速辨识。如：

zhùshǒu：助手—住手—驻守　　xíng shì：形式—形势—刑事

　　虽然历史没有选择汉字的拼音化，但拼音化运动的各种实践活动
也让我们看到拉丁字母式的拼音符号在弥补各种传统注音方式的不足、
满足人们学习和使用汉字的注音需求、提升民众对汉语的识别速度和降
低其识认难度等方面有着切实的可行性和独有的价值。我国于1958年
公布的拉丁字母式的《汉语拼音方案》，就是在这样的背景下，吸收历
史实践经验，①结合现实需要而制订的。新时期，汉语拼音在为"信息
化""国际化"服务方面，将担负起更多职责。
　　而今，汉语共同语从某种意义上说，拥有了两套不同的记录符号。

拼音：jīntiān tiānqì hěn rè。
汉字：今天天气很热。

　　不过需要明确的是，《汉语拼音方案》不是文字方案，它是国家通
用语言文字的拼写和注音工具，是中国人名、地名和中文文献罗马字母
拼写法的统一规范，并用于汉字不便或不能使用的领域。简言之，《汉语

---

① 《汉语拼音方案》公布以前，由中国人自己设计又比较有影响力的拼音方案有三
个：《注音字母》（1918年公布）、《国语罗马字》（1926年发表）、《拉丁化新文
字》（1931年公布于苏联海参崴）。这三个方案的影响都非常大，其中尤以《注
音字母》影响最大，从公布后即被纳入小学教育，目前我国台湾省还在继续使
用这套《注音字母》，这是我国历史上第一套法定的汉语拼音字母。

拼音方案》是国家通用文字的辅助工具。所以上述例句更常见的记录是：

jīntiān tiānqì hěnrè
今天 天气 很热。

三 汉字记录汉语方言的表现

1. 方言和共同语的关系

"方言是共同语的地域变体"是一种常见的、似是而非的说法，就像我们不能说闽南话就是普通话在特定地域的变体一样。汉语方言和共同语是构成历代汉语的两大层次。从历时的平面看，共同语与方言都源于更早的"祖语"。作为各自独立的符号系统，二者都是原始祖语在某一共时平面上的投影，它们之间是并列关系而不是从属关系。说得形象点，同时期的共同语和方言是兄弟姐妹关系，而非母子关系。从共时层面看，共同语和方言是相互影响的关系，主要表现为：在共同语的确立依赖于基础方言，并在语音、词汇、语法等方面对方言进行渗透，施加影响；而方言也将其表达方式输入共同语。当然二者的影响力是不同的。共同语代表民族语言的发展方向，对方言起制约作用，方言受共同语影响，并渐趋向共同语靠拢。方言的表达方式为共同语所吸收后则使共同语更加丰富。从实际功能看，共同语具有广泛的传意作用，多用于公众场合，方言更具亲和力，多用于私人交际场面，二者相互补充，满足人们各种交际需求。综上所述，共同语和方言的差别更多表现在社会地位的不同。说到底，共同语也是一种方言，只不过相对其他方言，共同语是一种有更多外在力量扶持的、使用范围更为广泛的、常需加以规范化的特殊方言。

2. 方言和语言的关系

方言和语言的关系，可以从不同角度去理解。

方言和亲属语言。从语言演变及其与社会的关系看，方言是语言不完全分化的产物，语言的完全分化则会促使方言进一步发展为亲属语言。方言和亲属语言都与单一社会在地域上的分化相关，都是由单一语言分化而来的后代。判断同一语言在不同地域的后代是方言关系还是亲属语言关系，主要由其社会地位、语言使用者的心理等因素决定。如果各地居民都认为彼此所说的是同一种语言，那么这些地方分支语就是方言关系。如果各地居民认为彼此所说的不是同一种语言，那么这些地方分支语就是亲属关系。这种语言认同心理的异同一般取决于社会分化程度的高低。属于同一个国家政权的管辖（属于一个共同的政治实体），并使用同一种文字和共同书面语的不同地域居民通常认同彼此所说的话是同一种语言（即彼此为方言关系），反之则是不同的语言（即彼此为亲属语言关系）。也就是说，是方言还是亲属语言，往往并不决定于语言差异的大小。如汉语的官话与闽南话的差异相当大，根本无法通话，而西班牙语和葡萄牙语的差异比较小，可以勉强通话，但前者是方言关系，后者是亲属语言关系。由此可见，区分亲属语言关系或方言关系，并不是单纯的语言学问题，甚至可以说首先是政治问题。若不考虑政治因素，亲属语言和方言作为某个团体的交际工具，在功能上、结构上都是自足的，作为语言学的研究对象，其价值是对等的。

方言和语言。近代语言学家对"方言"这个词最普遍的理解是"语言的地域性变体"。从共时层面看，语言和语言变体的关系是一般与个别、共性与个性的关系。一般是抽象的，它不能脱离个别而独立存在，只能存在于个别之中。个别才是具体的、现实的。人们日常使用的语言都是具体的，因此都可视其为语言的变体。例如，我们常说"中国人使用汉语"。从学理上分析，这种说法并不准确。确切地说，每一个中国人日常使用的并非抽象的汉语，而是具体的汉语方言，例如北京话、上海话、广州话、厦门话等。

综上所述，任何一种作为某个团体交际工具的语言，本质上都是一种方言。

3. 汉字记录汉语方言的可行性和不足之处

汉语虽然方言众多，但从未真正形成方言文学和方言书面语。方言最主要的功能是口头交际。如粤语，其文字在现代媒体，如网络论坛、剧本等中还常出现，但粤语没有完整及标准的文字方案，很多用字仍有极大争议。从某种程度上说，汉语方言一直以来都没有自身专门的文字系统。

语言的发展是有规律的，加上古今汉语的传承性，有共同源头的各大汉语方言往往共享很多成分，并存在明显的系统性对应关系。

在表2-1中，我们列举了几个《广韵》山摄合口一等桓韵的唇音字，这些字在现代各汉语方言中读音不同，但声母相当一致，调类也基本一致，只有韵母音值差别较大。但即使是音值有别的韵母也存在明显且整齐的对应关系。正是这种继承和对应关系，使得为共同语服务的汉字，在很大程度上也能为其他方言所援用。

表 2-1　《广韵》桓韵唇音字读音比较

桓合一	北京	太原	武汉	合肥	扬州	苏州	长沙	南昌	广州	厦门
半	pan^5	$p\tilde{æ}^5$	pan^5	$p\tilde{u}^5$	$puõ^5$	$pø^5$	$põ^5$	$pɔn^5$	pun^5	$puan^5/puã^5$
潘	p^han^1	$p^h\tilde{æ}^1$	p^han^1	$p^h\tilde{u}^1$	$p^huõ^1$	$p^hø^1$	$p^hõ^1$	$p^hɔn^1$	p^hun^1	$p^huan^1/p^huã^1$
判	p^han^5	$p^h\tilde{æ}^5$	p^han^5	$p^h\tilde{u}^5$	$p^huõ^5$	$p^hø^5$	$p^hõ^5$	$p^hɔn^3$	p^hun^5	$p^huan^5/p^huã^5$
盘	p^han^2	$p^h\tilde{æ}^2$	p^han^2	$p^h\tilde{u}^2$	$p^huõ^2$	$pø^2$	$põ^2$	$p^hɔn^2$	p^hun^2	$puan^2/puã^2$
韵母对应	an	$\tilde{æ}$	an	$\tilde{u}$	uõ	ø	õ	ɔn	un	uan/uã

用汉字记录方言，是方言记录的方式之一。但在实际操作中，这种记录方式存在不少问题，尤其是对于与共同语差异较大的南方方言来说。例如：

（1）扫帚放下只处，有光景得桃一下。扫把放在这里，有景色玩一会儿。

（2）巴豆腰拉。肚子饿了。

（3）车顶有剪绺仔，汝着细腻。车上有小偷，你要小心。

以上是汉字记录闽南方言的若干例句。例（1）采自清光绪本《荔镜记》第二十一出，是明清地方文人所创戏文中的用字。例（2）采自某网络论坛，是某网友针对外方言区人如何学习闽南话询问的回复帖。其回答者或许是一个有过成功习得闽南话经历的非闽南方言区民众。例（3）是有一定方言学学术训练的人拟写的句子。

无论是否懂得闽南话，上述例子乍看，想必多数人是不知所云的。例（1）"得桃"实际上是闽南话"迌迌 $t^hit^{7\text{-}8}t^ho^2$"，是"玩耍"之义。整句话意思为"扫帚放在这里，有景色玩一会儿"。例（2）"巴豆腰拉"实际上是闽南话"腹肚枵啦 $pak^{7\text{-}8}to^3iau^1la^0$"，对应通用语是"肚子饿了"。可见，一般民众用汉字来记录方言时，往往仅用于记音，有点类似古人的通假用法。只有越过汉字字形意义，"因声求义"，才可能了解记录者的本意。同样是记音，有人以国家通用语读音为准，如例（2），需通过国家通用语读音加以还原。有人以汉字的方音为准，如例（1），需取"得桃"在方言中的音读，才更接近原语词的读音。例（3）用的倒是音义皆合的本字，可是因为"绺"作"系钱物的绦带"解，于今人来说很陌生，根本无法把"剪绺"和"小偷"联系起来。"细腻"在普通话和闽南话中都算是常用词，但意义并不相同。我们容易用国家通用语的意义来套解方言的意义，从而造成对方言语义的误读。

综上所述，借用通用语汉字记录方言会存在以下问题，如表 2-2 所示。

表 2-2　借用通用语汉字记录方言举例分析

形式	记录对象	例子	不足
汉字（音近）+普通话音	方音	巴豆 $pa^{55}tou^{51}$— 腹肚 pak^5to^{51}	记音不准确，语义难解
汉字（音近）+方音	方音	得桃 $tit^{7\text{-}8}t^ho^2$—迌迌 $t^hit^{7\text{-}8}t^ho^2$玩耍	语义难解，容易误读
汉字（训读）	方义	打（$p^ha\text{ʔ}^7/ta^3$）? —拍 $p^ha\text{ʔ}^7$	语音不明，字无定音
汉字（本字）+方音义	方音义	剪绺小偷	字形和语义关联不为今人熟悉

注："拍""打"在闽南话中都有，如"拍 [$p^ha\text{ʔ}^7$] 球""打 [ta^3] 击"。当书面上用"打"记录语词时，我们无法确定记录者使用的字形"打"到底是"拍 [$p^ha\text{ʔ}^7$]"的训读字，还是"打 [ta^3]"。也即对记录者来说字形"打"到底是与 [$p^ha\text{ʔ}^7$] 和 [ta^3] 中的哪个语词配对，不好确定。

看来单纯依靠汉字来记录方言，并非上策。既然方言以口头形式为存在常态，语音又是语言（方言）的唯一物质外壳，在对方言进行汉字记录之前，更实在的可能还是先对其进行语音的记录。

第二节　几种闽南方言的标音系统

语音的时空演变和汉字字形的相对稳定，往往导致同一个汉字在不同时空有不同读音。例如表 2-3。

表 2-3　"潭"字在不同时空的读音

例字	反切注音	中古拟音	北京话	建阳话	漳州话	海口话
潭	徒含切	dʌm	tʰan	laŋ	tʰam	ham

若在无法明确所记语言的时空定位时，汉字背后的具体音值是难以确定的。可见，汉语方言的标音工具不宜直接采用汉字。

一　语音和音标

语音是语言的物质外壳。它由人的发音器官发出，负载着一定的语言意义。

音素是从音色角度划分出来的最小音段，每个音素占据语流中的一段时值。音素一般分为元音和辅音两大类。

音标是以标注语音为目的的符号。音素是音标的重点记录对象，用以记录音素的音标，即该音素的标写符号。这就好比每个人都有自己的名字。生活经验告诉我们，同一个人可以有不同的名字，不同的人可以共用同一个名字。同理，不同标音系统可能赋予同一个音素不同的音标。而同一个音标符号对不同的标音系统而言，可能代表着不同的音素。专门为某种语言制定的标音方案，只要是该语言所没有的音素，往往就没有相应的标写符号。示例见表 2-4。

表 2-4　部分音素在不同标音系统的标音比较

音素	国际音标	汉语拼音方案	注音符号	台湾闽南语罗马字拼音方案
双唇不送气清塞音	p	b	ㄅ	p
双唇不送气浊塞音	b	——		b
舌面央元音	ə	e	ㄜ	o

注：/o/ 在台湾闽南话中，音值有新派、老派的差别。老派发音与标准 [o] 相比，舌位靠前。新派发音则不仅舌位靠前，唇形也由撮口变为展唇，音值接近央元音 [ə]。

由此可见，音素和音标是两码事。在学习和研究过程中，音素往往才是我们实际关注的对象。

二　闽南方言标音方案举例

历来学人曾为闽南方言设计过不同的拼音方案。使用较广的方案如下：

（1）罗马字拼音方案。罗马字拼音方案是按照西方拼音文字的制度来拼读实际口语的文字方案，原本是 19 世纪时由基督教长老教会在厦门创造并推行的。这套方案对于已经熟悉、习惯于罗马字拼音的西方传教士和商人来说是很方便的。

（2）闽南方言拼音方案。1982 年，厦门大学中国语言文学研究所汉语方言研究室编的《普通话闽南方言词典》采用了一套将闽南话口语拉丁化的拼音系统。它是在教会罗马字的基础上修订而成的。由于编写该字典的目的之一在于推广普通话，也考虑到《汉语拼音方案》已经有广泛的群众基础，所以闽南方言拼音方案的音标尽量与汉语拼音方案保持一致。

（3）台湾闽南语罗马字拼音方案。台湾教育主管部门"国语推行委员会"于 2006 年 10 月 14 日了公布了台湾闽南语罗马字拼音方案。这个方案传承了传统教罗系统，只是在声母和韵母上做了少量调整。

三　闽南方言标音系统的比较

为了使读者对常见闽南方言标音系统有更直观的了解，我们选取《厦门音新字典》（以下简称《厦》）[①]、《台湾闽南语辞典》（以下简称《台》）[②]、《普通话闽南方言词典》（以下简称《普》）[③]三部有一定代表性的闽南方言词典中的标音符号与国际音标进行比较，如表 2-5 所示。

表 2-5　闽南方言词典中的标音符号与国际音标的比较

国际音标	《厦门音新字典》	《台湾闽南语辞典》	《普通话闽南方言词典》
p	p	p	b
p^h	ph	ph	p
b	b	b	bb
m	m：ma	m：ma	bb：bbna
t	t	t	d
t^h	th	th	t
n	n：na	n：na	l：lna
l	l：la	l：la	l：la
k	k	k	g
k^h	kh	kh	k
g	g	g	gg
ŋ	ng：nga	ng：nga	gg：ggna
h	h	h	h
ts	ts	c	z

[①] 《厦门音新字典》为英国传教士甘为霖编写的记录厦门音的字典。问世于 1913 年，而后又多次修订再版。本书所据版本为 1978 年台湾教会公报社出版的修订版。其标注系统可作为罗马拼音字拼音方案的代表。

[②] 《台湾闽南语辞典》由董忠司总编纂，台湾五南图书出版股份有限公司于 2001 年出版。

[③] 由厦门大学中国语言文学研究所汉语方言研究室主编，福建人民出版社于 1982 年出版。"是一部普通话和闽南方言词语对照的中型语文词典"，标音符号以普通话拼音方案为重要参照对象。

国际音标	《厦门音新字典》	《台湾闽南语辞典》	《普通话闽南方言词典》
tɕ	ch	c	z
tsʰ	chh	ch	c
tɕʰ	chh	ch	c
s	s	s	s
dz	j	j	zz
∅	不标注	不标注	不标注
a	a	a	ɑ
ã	aⁿ	ann	nɑ
ai	ai	ai	ɑi
ãi	aiⁿ	ainn	nɑi
aiʔ	——	aih	ɑih
ãiʔ	aihⁿ	——	nɑih
ak	ak	ak	ɑk
am	am	am	ɑm
an	an	an	ɑn
aŋ	ang	ang	ɑng
ap	ap	ap	ɑp
at	at	at	ɑt
au	au	au	ɑo
ãu	auⁿ	——	nɑo
auʔ	auh	auh	ɑoh
ãuʔ	auhⁿ	aunnh	nɑoh
aʔ	ah	ah	ɑh
ãʔ	ahⁿ	annh	nɑh
ɔ	o•	oo	oo

国际音标	《厦门音新字典》	《台湾闽南语辞典》	《普通话闽南方言词典》
ɔ̃	o•^{n}	onn	noo
ɔk	ok	ok	ok
ɔŋ	ong	ong	ong
ɔʔ	o•h	ooh	ooh
ɔ̃ʔ	——	onnh	nooh
e	e	e	e
eʔ	eh	eh	eh
ẽ	e^n	enn	ne
ẽʔ	eh^n	ennh	neh
i	i	i	i
ĩ	i^n	inn	ni
ia	ia	ia	ia
iã	ia^n	iann	nia
iak	iak	iak	iak
iam	iam	iam	iam
ian	ian	ian	ian
iaŋ	iang	iang	iang
iap	iap	iap	iap
iat	iat	iat	iat
iau	iau	iau	iao
iãu	iau^n	iaunn	niao
iauʔ	iauh	iauh	iaoh
iãuʔ	iauh^n	——	niaoh
iaʔ	iah	iah	iah
iãʔ	iah^n	iannh	niah

续表

国际音标	《厦门音新字典》	《台湾闽南语辞典》	《普通话闽南方言词典》
iɔ	——	ioo	——
ĩɔ̃	——	ionn	nioo
iɔk	iok	iok	iok
iɔŋ	iong	iong	iong
ik	ek	ik	ik
im	im	im	im
in	in	in	in
iŋ	eng	ing	ing
io	io	io	io
ioʔ	ioh	ioh	ioh
ip	ip	ip	ip
it	it	it	it
iu	iu	iu	iu
iũ	iu^n	iunn	niu
iuʔ	iuh	iuh	iuh
iʔ	ih	ih	ih
ĩʔ	ih^n	innh	nih
m̩	m：ma/am/hm	m：ma/am/hm	m：am/hm
m̩ʔ	mh	mh	mh
ŋ̩	ng：nga/ang/hng	ng：nga/ang/hng	ng：ang/hng
ŋ̩ʔ	ngh	ngh	ngh
o	o	o	o
om	om	om	om
op	——	op	——
oʔ	oh	oh	oh

国际音标	《厦门音新字典》	《台湾闽南语辞典》	《普通话闽南方言词典》
u	u	u	u
ua	oa	ua	uɑ
uã	oa^n	uann	nuɑ
uai	oai	uai	uɑi
uãĩ	oai^n	uainn	nuɑi
uaiʔ	——	——	uɑih
uãĩʔ	oaih^n	uainnh	nuɑih
uak	oak		——
uan	oan	uan	uɑn
uat	oat	uat	uɑt
uaʔ	oah	uah	uɑh
ue	oe	ue	ue
ueʔ	oeh	ueh	ueh
uẽʔ	——	——	nueh
ui	ui	ui	ui
ũi	——	——	nui
uiʔ	uih	——	——
ũiʔ	——	——	nuih
un	un	un	un
ut	ut	ut	ut
uʔ	uh	uh	uh
uaŋ	——	uang	uɑng
阴平	a	a^1	ā
阳平	â	a^5	á
上声	á	a^2	ǎ

续表

国际音标	《厦门音新字典》	《台湾闽南语辞典》	《普通话闽南方言词典》
阴去	à	a³	à
阳去	ā	a⁷	â
阴入	ah	a⁴	āh
阳入	áh	a⁸	áh

三套闽南方言标音系统在声、韵、调方面都存在差异。

1. 声母方面：塞音声母的差异

塞音声母符号的使用《厦》《台》一致，近国际音标。《普》显得特别，在清塞音符号的使用上与普通话拼音方案保持一致，普通话没有的浊塞音，则以清不送气塞音符号的重叠来表示。

表 2-6　塞音声母差异示例

塞音对应	《厦》《台》	《普》	国际音标
对应例	p-ph-b	b-p-bb	[p]-[pʰ]-[b]
示例	比 pi- 疕 phi- 米 bi	比 bi- 疕 pi 米 bbi	比 [pi]- 疕 [pʰi]- 米 [bi]
对应例	t-th-l	d-t-l*	[t]-[tʰ]-[l]
示例	抵 ti- 撬 thi- 汝 li	抵 di- 撬 ti- 汝 li	抵 [ti]- 撬 [tʰi]- 汝 [li]
对应例	k-kh-g	g-k-gg	[k]-[kʰ]-[g]
示例	指 ki- 齿 khi- 语 gi	指 gi- 齿 ki- 语 ggi	指 [ki]- 齿 [kʰi]- 语 [gi]

注：* 音近 [d]，这里的 l 可相当于 dd。

2. 声母方面：塞擦音声母的差异

塞擦音声母符号使用异大于同。《厦》还在清不送气塞擦音中做出舌尖和舌面的对应。《普》依然保持与普通话拼音方案对应，用"zz"来表示普通话所没有的浊塞擦音声母（见表 2-7）。

表 2–7　塞擦音声母差异示例

国际音标	[ts]	早 [tsa]	[tɕ]	酒 [tɕiu]	[tsʰ]	吵 [tsʰa]
《厦》	ts	tsa	ch	chiu	chh	chha
《台》	c	ca	c	ciu	ch	cha
《普》	z	za	z	ziu	c	ca

国际音标	[tɕʰ]	手 [tɕʰiu]	[s]	守 [siu]	[dz]	字 [dzi]
《厦》	chh	chhiu	s	siu	j	ji
《台》	ch	chiu	s	siu	j	ji
《普》	c	ciu	s	siu	zz*	zzi

注：*[dz] 在台湾话、厦门话多读为 [l]。

3. 声母方面：鼻音声母的差异

在鼻音声母符号的设立上，《厦》《台》基本一致，《普》显得特别。"m/n/ng（ng）"这三个符号为《厦》《台》《普》三者共同采用，但功能有别。《厦》《台》中的"m/n/ng（ng）"可当声母、韵尾，独立成韵，《普》中的"m/n/ng（ng）"可做韵尾，独立成韵，但不做声母（见表 2-8）。

表 2–8　鼻音声母差异示例

国际音标	[m]	面 [mĩ]- 味 [bi]	[n]	泥 [nĩ]- 离 [li]	[ŋ]	熬 [ŋãu]- 势 [gau]
《厦》《台》	m	mi-bi	n	ni-li	ng	ngau-gau
《普》	bb	bbni-bbi	l（dd）	lni-li	gg	ggnau-ggau

《普》可以不设鼻音声母符号，是因为闽南方言里 [b]-[m]/[l]-[n]/[g]-[ŋ] 是互补分布的。具体说来，前者与非鼻化韵相拼，后者与鼻化韵相拼，故可把后者看成前者在鼻化韵前的变体，而不另立标写符号。以《普》中"bb[b]"为例：

bb+i（口元音 [i]）=bbi　　　　　——实际音值 [bi]

bb+ni（鼻化韵 [ĩ]）=bbni　　　　　——实际音值 [mĩ]

《厦》《台》设有鼻音声母符号，因为闽南方言鼻音声母必与鼻化韵相拼，故可以把鼻音声母后的鼻化韵看成相应口元音的变体，而不再做鼻化的标注。以《厦》中"m"为例：

m+aⁿ（鼻化韵 [ã]）= ma（maⁿ 的简化）　——实际音值 [mã]
b+a（口元音 [a]）= ba　　　　　　　　——实际音值 [ba]

表 2-9　"m"用法比较示例

《厦》《台》	麻	ma	含	ham	莓	m
《普》	麻	bbnɑ	含	ham	莓	m

4. 韵母方面：鼻化成分标注差异

闽南方言中有丰富的鼻化韵，对鼻化成分的标注差异是三套标音系统的主要区别之一（见表 2-10）。

表 2-10　鼻化成分标注差异示例

	国际音标	《厦》	《台》	《普》
形式对应	X+˜	X+ⁿ	X+nn	n+X
示例	ãi	aiⁿ	ainn	nɑi
	uãiʔ	oaihⁿ	uainnh	nuɑih

5. 声调方面：调型或调类

《厦》《普》以在韵腹上添加或不添加小线条与添加不同走向的小线条来区别声调，更像是在展示声调的高低走向，近似调型的记录法。《台》则用阿拉伯数字来标注字的调类，1 阴平、2 上声、3 阴去、4 阴入等。

学会识别上述常用闽南方言拼音方案，对大家查阅很多闽南方言常用语料有相当大的帮助。

以《厦门音新字典》第 404 页 "快" "渴" 条目为例，通过识别其标注方式，我们可以尝试对其进行拼读或转写，以读解文中的内容。

k^{h}uã^{5①} 快（<u>k^{h}uai^5</u>）：k^{h}uã^5-ua$ʔ^8$，tɕiu^6-si^{6}k^{h}uãi^{5}ua$ʔ^8$bo^{2}kan^{1}k^{h}ɔ^{3}e^{2}i^{5}su^5。

快，快活，就是快活无艰苦的意思。

k^{h}ua$ʔ^7$ 渴（<u>k^{h}at^7</u>）：tɕi^{3}k^{h}ua$ʔ^7$，iau^{1}k^{h}ua$ʔ^7$，ts^{h}ui^{5}k^{h}ua$ʔ^7$，au^{2}ta^{1}ts^{h}ui^{5}k^{h}ua$ʔ^7$

渴，止渴，枵渴，噪渴，喉焦噪渴。<small>渴，止渴，饥渴，口渴，喉干口渴。</small>

第三节　闽南方言的音素及其国际音标标注

为认识闽南方言，掌握听、说、写的能力，就需要先学习国际音标。

一　国际音标简介

国际音标（International Phonetic Alphabet），原义是 "国际语音字母"，简称 IPA，由国际语音协会制定。国际音标创制的目的是用统一音标标注不同语言的语音，使之可比，便于教学。国际音标的特点如下。

（1）记音准确。一音一符，一符一音，即一个音素只用一个符号表示，一个符号只能代表一个固定的音素，可以比较科学、精确地记录和区分语音。

---

① 此处转写声调以 1、2、3、4、5、6、7、8 来记录调类，奇数代表阴类，偶数代表阳类，依次为平、上、去、入。如 "1" 为阴平，"2" 为阳平，以此类推。全书下标单横线均表白读音，下标双横线均表文读音，以下不再作说明。

（2）形体简单清晰，便于学习运用。国际音标制定原则第五条规定："新字母样子要跟老字母相似，可以一看就想到是代表哪一类音。"所以国际音标符号所代表的音素在很大程度上与传统的拉丁字母所表示的音类保持一致，符合人们的使用习惯。而国际音标种种变通创造字母的方式，如采用小写尺寸的大写字母、颠倒字母、双字母、反写字母、合体字母、字母变形、增加附加符号等，既充分运用了传统字母，又在传统字母的基础上有所创新，可以说是不造字母而又产生了新的字母形式。国际音标既便于认读，又便于书写，满足了世界上各种语言音素的记音需求。

（3）使用灵活。国际音标表上的符号是有限的，在记录一些语言时，不免要碰到一些比较特殊的音素，此时可以根据国际音标制定的原则创造新的符号。

国际音标的学习方法如下。

（1）听音训练。学习国际音标，需要多听，通过反反复复的听力练习，达到强化记忆的效果。

（2）模仿练习。学习国际音标的发音，要注意观察老师的口型，观察发音部位的变化，主动模仿发音，初学者可以对着镜子模仿练习。例如，元音发音的舌位高低，口腔开口度大小与音色关系十分密切，初学者可以通过镜子观察口型上的区别，观察舌尖、舌面、舌叶的活动情况。

（3）注意比较。比较有两个方面，一是音标本身发音特点的异同比较，分清特色，避免混淆。二是注意普通话音素和外语或方言音素音色的差异。

（4）多动口。动口是加强实践的关键和核心，听音也好，模仿也好，比较也好，最终要归结到自己发音这一目标上来，勤动口是掌握国际音标发音的关键。

二　记录闽南方言的常用国际音标符号

国际音标表提供的符号多，建议分步分阶段进行学习。初学者可以先学习自己熟悉的语音系统音素的标注符号，掌握常用的"符号—音素"的对应关系。面对自己不熟悉的语音系统时，将之与自己熟悉的语音系统进行对照，找出学习的重点和难点。

（1）闽南方言常见的元音

核心区闽南方言常见元音有 [i][e][ɛ][a][u][ɯ][ə][o][ɔ] 9 个（见图 2-1）。其中 [a][o][i][u] 的发音分别与《汉语拼音方案》中的 a、o、i、u 相似。[e] 与《汉语拼音方案》中 ei 的韵腹发音相似。[ə] 与《汉语拼音方案》中 en 的韵腹发音相似。[ɯ] 比普通话单元音 e[ɤ] 开口度小。[ɔ] 比普通话单元音 o[o] 开口度大。[ɛ] 比 [e] 开口度大。比对普通话发音，[ɯ] [ɛ] [ɔ] 是闽南方言元音学习的难点所在。

（2）闽南方言常见的辅音

闽南方言的声母数量并不多，素有"十五音""十八音"的说法。与普通话相比，闽南方言没有唇齿音声母 [f]，没有卷舌音声母，但有浊音 [b][g][ʤ] 等。闽南方言辅音的学习难点就在这几个浊音上，不妨借助英语浊音的认知来初步识别闽南话这些浊音声母。

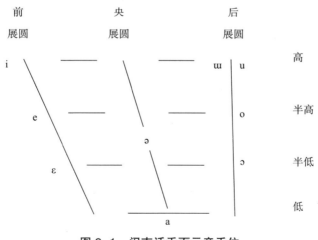

图 2-1　闽南话舌面元音舌位

表 2-11　闽南方言常见辅音国际音标

发音方法 ＼ 发音部位			双唇	舌尖前	舌面	喉
塞	清	不送气	p	t	k	ʔ
		送气	pʰ	tʰ	kʰ	
	浊	不送气	b	l（d）*	g	
鼻	浊		m	n	ŋ	
塞擦	清	不送气		ts	tɕ	
		送气		tsʰ	tɕʰ	
	浊	不送气		dz		
擦	清			s	ɕ	h

注：* 闽南方言记为 l 的音，一般认为发音不同于普通的边音，而是带有塞化的倾向，近似 [d]，即通常所说的"发音更硬"。

　　单就使用音素的数量和发音特点来看，相对于普通话，闽南方言所涉音素并不复杂。但是音素与音素的不同组合关系却造就了闽南话与普通话语音面貌的极大差异。其中最直观、最突出的当属韵母方面的差异。具体说来：①闽南方言中的口元音及其组合常有对应的鼻化音。②塞音 p/t/k/ʔ 在闽南话中能充当韵尾，形成一系列入声韵母。③鼻音除了 n/ŋ 可充当韵尾外，m 也能充当韵尾。

　　鼻化韵:ĩ、ẽ、ɛ̃、ɔ̃、ã、ãi、ãu、iũ、iã、iɔ̃、iãu、ũi、uẽ、uã、uãi 等。

　　塞音尾韵：ap-at-ak-aʔ；ip-it-ik-iʔ；iap-iat-iak-iaʔ 等。

　　鼻音尾韵：im-in-iŋ；am-an-aŋ；iam-ian-iaŋ 等。

第四节　闽南方言的声调及其标注方式

一　声调及其标注法

　　语音的物理基础主要有音高、音强、音长、音色。于汉语而言，音高是除音色以外常用于构成语音区别特征的要素。汉语的声调主要由音高决定。对声调加以标注是汉语记音的重要组成部分。这里我们先回顾几个和声调有关的概念。

调型：指汉字声调的升降变化形式。包括平调、上升调、下降调、转折调等。

调值：指依附在音节里高低升降的音高变化的固定格式，也就是声调的实际音值或读法。

调类：声调的种类，就是把调值相同的字归纳在一起所建立的类。

调位：声调音位的简称，指从声调中归纳出来的音位。

对汉语声调的记录，根据实际需求，以记录调值或调类为常。

为了把调值描写得具象、易懂，一般采用赵元任创制的"五度标记法"来标记。具体做法是将某一音系的声调音域极限范围分为五度，最高为5，最低为1，其他依次为2、3、4，可用五度标调符号法[①]或用调值数码法[②]将声调的高低升降变化可视化，如"$t^ha^{55}=t^ha1$"。

中古汉语有"平、上、去、入"四声。四声根据声母清浊的不同各分阴阳两类，清声母字归阴类，浊声母字归阳类，即得八调（阴平、阳平、阴上、阳上、阴去、阳去、阴入、阳入）。对调类的标注常见的有数字标注法和发圈法（见表2-12）。

表 2-12　数字法和发圈法对调类的标注

调类	阴平	阳平	阴上	阳上	阴去	阳去	阴入	阳入
数字法	1	2	3	4	5	6	7	8
发圈法	₍□	₎□	ᶜ□	ˢ□	□ᵓ	□₂	□₃	□₂
示例	$t^ha1 = {}_{c}t^ha$, $ka5 = ka^{ᵓ}$							

---

① 画一条竖线为坐标，分作四格五度，表示声调的相对音高，并在竖线的左侧画一条反映音高变化走势的短线或点，表示音高升降变化的格式。根据音高变化的走势，或平或升或降或弯曲，制成五度标调符号。如 ˥˩˦˨˥ 等。

② 根据音高变化的走势，平、升、降取起、终两点高低，曲折型的取起、转、终三点的高低，用两位或三位数字表示。如 55、51、35、214。

现代汉语调类定名多是在"四声八调"格局下，根据实际的分合情况进行取舍确定，以普通话四声为例（见表2-13）。

表2-13　普通话调值调类的对应和标注比较

例字	思清平	时浊平	死清上	是浊上	四清去	事浊去	识清入	食浊入
中古调类	阴平	阳平	阴上	阳上	阴去	阳去	阴入	阳入
调值（数码法）	55	35	214	51	51	51	35	35
调值（五度标注符号）	˥	˧˥	˨˩˦	˥˩	˥˩	˥˩	˧˥	˧˥
调类	阴平	阳平	上声	去声*			——**	
调类（数字法）	1	2	3	4				

注：＊浊上归去，去声不分阴阳。
　　＊＊"入派三声"，即入声消失，混入其他调类。

中古时期归属不同调类的字而今调值相同，表明历史发展过程中调类有所归并。归并后的调类如何定名？一般是依照字数的多寡，以及参照其他方言的情况来决定。古代的去声，不论清浊今普通话都读为51，而古代的上声部分读为51（浊上），宜视浊上归入去声。再看其他方言，浊上字的活动性比较大，在很多方言里，浊上跟去声同调值，也都被处理成浊上归去。如此看来，把调值相同的上声、去声处理为浊上归入去声是比较合理的，也有利于方言间调类演变的比较。

二　闽南方言的单字调

通常认为，汉语的绝大部分字都是一个字代表一个语素，每个汉字有一个单字的声调，简称单字调。闽南方言多有七个单字调，与中古"四声八调"格局相近。各地调类分合情况略有区别，主要表现在浊上和浊去的归派不同。每个调类的调值因地而异。试比较如下：

表 2-14　闽南方言调类调值比较

	阴平	阳平	阴上	阳上	阴去	阳去	阴入	阳入
泉州	1（33）	2（24）	3（55）	4（22）	5（41）	5（41）	7（5）	8（24）
厦门	1（44）	2（24）	3（53）	6（22）	5（21）	6（22）	7（32）	8（4）
漳州	1（44）	2（13）	3（53）	6（22）	5（21）	6（22）	7（32）	8（121）
台湾	1（44）	2（24）	3（53）	6（33）	5（21）	6（33）	7（32）	8（4）
漳平	1（24）	2（33）	3（21）	6（53）	5（31）	6（53）	7（<u>55</u>）	8（<u>53</u>）

注：括号外的数字表示调类，括号内的数字表示调值。

资料来源：①厦漳泉语料采自周长楫《闽南方言大词典》，福建人民出版社，2006。②台湾语料采自董忠司总编纂《台湾闽南语辞典》，台湾五南图书出版股份有限公司，2001。调类标序做了调整（原文调类标序为：1 阴平 2 阴上 3 阴去 4 阴入 5 阳平 6 阳上 7 阳去 8 阳入）。③漳平语料采自陈筱琪《闽南西片方言音韵研究》，中西书局，2019。

　　调值在区域和使用个体上差异较大，可比性较差。相比之下，各地调类往往有比较整齐的对应关系，更具有平行比较的意义。因此，在声调的记录上，标注调类而非直接标注调值是很常见的做法。但对同一个调类，不同的标注系统可能赋予不同的编号，在查看和比对语料时需加以注意。示例见表 2-15。

表 2-15　闽南方言调类标注比较举例

	阴平	阳平	上声	阴去	阳去	阴入	阳入
《闽南方言大词典》	1	2	3	5	6	7	8
《台湾闽南语辞典》	1	5	2	3	7	4	8
《厦门音新字典》	tong	tông	tóng	tòng	tōng	tok	tòk
《漳州方言志》	1	2	3	4	5	6	7

三　闽南方言的连读变调

　　字与字组成字组。在语流中，字组（两个或两个以上）内各个字实际读的声调往往跟自身的单字调不同，这就是连读变调。如普通话的"上上变调""一/不"的变调等。比较早注意到汉语方言里有连读变调现象的是赵元任先生。相对普通话，闽南方言的连读变调要丰富得多。

两字组连读变调往往是更长语言片段连读变调的基础。了解闽南方言的连读变调，首先要重点了解闽南方言两字组的连读变调规则。以漳州龙海话两字组连读为例，除二字之间是主谓关系（如：天光 t'i¹kũi¹ 天亮）或末字是轻声音节（如：来啊 lai²a⁰ 来了）不变调外，一般说来，（1）前字要变调，后字不变调。（2）前字变调仅与前字本身的调类有关，而与后字调类无关。即当前字单字调同一时，无论与之组合的后字调类是什么，前字变调结果都是一样的。（3）前字为入声的，根据韵尾的不同分成两组不同的变调形式。

表 2-16　漳州龙海话两字组连读变调

前字 单字调 ＼ 后字 单字调	阴平 34	阳平 312	上声 52	阴去 41	阳去 33	阴入 42	阳入 4
阴平 34	33	33	33	33	33	33	33
阳平 312	33	33	33	33	33	33	33
上声 52	34	34	34	34	34	34	34
阴去 41	52	52	52	52	52	52	52
阳去 33	41	41	41	41	41	41	41
阴入（-ʔ）42	52	52	52	52	52	52	52
阴入（-p/t/k）42	4	4	4	4	4	4	4
阳入（-ʔ）4	41	41	41	41	41	41	41
阳入（-p/t/k）4	42	42	42	42	42	42	42

注：1. 前字为上声的二字组，连读后前字变调结果大体可记入阴平 34，但实际音读，比单字念读时，趋平趋高，更似 44。

2. 前字为带 -p/t/k 尾阴入的二字组，连读后前字变调结果大体可记为阳入 4，但实际音读，比单字念读时，趋高且略有下降趋势，更似高短调 54。

漳州龙海话两字组连读变调举例 [1]：

阴平＋阴平 [34-33 34]	香菇 hiɔ̃ ko	金瓜 kim kua	蜘蛛 ti tu
阴平＋阳平 [34-33 312]	今年 kin nĩ	清明 tsʰiŋ biŋ	梳头 se tʰau
阴平＋上声 [34-33 52]	鸡母 ke bo	烧水 sio tsui	猪母 ti bo
阴平＋阴去 [34-33 41]	天气 tʰi kʰi	甘蔗 kam tsia	衫裤 sã kʰɔ
阴平＋阳去 [34-33 33]	乡社 hiɔ̃ sia	焦地 ta te	街路 ke lɔ
阴平＋阴入 [34-33 42]	霜角 sŋ kak	阿叔 Øa tsik	冬节 taŋ tseʔ
阴平＋阳入 [34-33 4]	中药 tioŋ Øioʔ	生日 sɛ̃ dzik	正月 tsiã gueʔ
阳平＋阴平 [312-33 34]	荷花 ho hua	雷公 lui kɔŋ	蘑菇 mɔ̃ ko
阳平＋阳平 [312-33 312]	明年 mɛ̃ nĩ	涂油 thɔ Øiu	年头 nĩ thau
阳平＋上声 [312-33 52]	苹果 pʰiŋ ko	涂粉 tʰɔ hun	年尾 nĩ bue
阳平＋阴去 [312-33 41]	油菜 Øiu tsʰai	煤炭 bue tʰuã	芹菜 kʰiŋ tsʰai
阳平＋阳去 [312-33 33]	时阵 si tsun	蚕豆 tsʰaŋ tau	黄豆 Øũi tau
阳平＋阴入 [312-33 42]	头壳 tʰau kʰak	侬客 laŋ kʰɛʔ	铅笔 Øian pik
阳平＋阳入 [312-33 4]	茶箬 tɛ hioʔ	条直 tiau tik	
上声＋阴平 [52-34 34]	火烌 hue hu	顶哺 tiŋ pɔ	牡丹 bɔ taŋ
上声＋阳平 [52-34 312]	水泥 tsui nĩ	枕头 tsim tʰau	火樵 hue tsʰa
上声＋上声 [52-34 52]	冷水 liŋ tsui	水果 tsui ko	鸟鼠 niãu tsʰi
上声＋阴去 [52-34 41]	火炭 hue tʰuã	笋菜 sun tsʰai	起厝 kʰi tsʰu
上声＋阳去 [52-34 33]	以后 Øi Øau	所在 sɔ tsai	煮饭 tsi pũi
上声＋阴入 [52-34 42]	几桌 ki toʔ	掌甲 tsiŋ kaʔ	
上声＋阳入 [52-34 4]	扁食 pan sik	满月 muã gueʔ	
阴去＋阴平 [41-52 34]	菜瓜 tsʰai kua	菜猪 tsʰai ti	灶骹 tsau kʰa
阴去＋阳平 [41-52 312]	正爿 tsiã piŋ	菜头 tsʰai tʰau	喙唇 tsʰui tuŋ
阴去＋上声 [41-52 52]	钢母 kŋ bo	透早 tʰau tsa	喙齿 tsʰui kʰi

---

① 体例说明：每行开头统一标注该行两字的单字调组合及其变调情况。如第一行，"阴平＋阴平 [34-33 34]"表示该行列举词（或短语）的前字和后字都是阴平（单字调值为34），其中前字发生连读变调（由34变为33）。该语料来自国家语委语保工程项目"福建汉语方言调查·龙海"的调查。

阴去 + 阴去 [41-52 41]	粪扫 puŋ so	放屁 paŋ pʰui	
阴去 + 阳去 [41-52 33]	菜豆 tsʰai tau		
阴去 + 阴入 [41-52 42]	课室 kʰo sik	四角 si kak	
阴去 + 阳入 [41-52 4]	四十 si tsap		
阳去 + 阴平 [33-41 34]	饲猪 tsʰi ti	饭锅 pũi Øue	被单 pʰue tuã
阳去 + 阳平 [33-41 312]	旧年 ku nĩ	大门 tua mũi	面盆 biŋ pʰuŋ
阳去 + 上声 [33-41 52]	大水 tua tsui	地震 te tsiŋ	老虎 lau hɔ
阳去 + 阴去 [33-41 41]	雨伞 hɔ suã	电罐 tian kuaŋ	面布 biŋ pɔ
阳去 + 阳去 [33-41 33]	大旱 tua Øuã	后面 Øau biŋ	豆腐 tau hu
阳去 + 阴入 [33-41 42]	藕节 gãu tsak	自杀 tsu sak	有折 Øu tsiak
阳去 + 阳入 [33-41 4]	旧历 ku lik	闹热 lau dziak	
阴入 (-ʔ) + 阴平 [42-52 34]	拍工 pʰa kaŋ		
阴入 (-ʔ) + 阳平 [42-52 312]	喝拳 hua kuŋ	肉油 ba Øiu	
阴入 (-ʔ) + 上声 [42-52 52]	客鸟 kʰɛ tsiau		
阴入 (-ʔ) + 阴去 [42-52 41]	阔气 kʰua kʰui	歇睏 hɛ̃ kʰuŋ	
阴入 (-ʔ) + 阳去 [42-52 33]	割釉 kua tiu	百五 pɛ gɔ	
阴入 (-ʔ) + 阴入 [42-52 42]	铁笔 tʰi pik	隔腹 kɛ pak	
阴入 (-ʔ) + 阳入 [42-52 4]	隔日 kɛ dzik		
阴入 (-p/t/k) + 阴平 [42-4 34]	出山 tsʰut suã	北葱 pak tsʰaŋ	
阴入 (-p/t/k) + 阳平 [42-4 312]	北爿 pak piŋ		
阴入 (-p/t/k) + 上声 [42-4 52]	腹肚 pak tɔ	虱母 siap bo	
阴入 (-p/t/k) + 阴去 [42-4 41]	出嫁 tsʰut kɛ		
阴入 (-p/t/k) + 阳去 [42-4 33]	腹内 pak lai		
阴入 (-p/t/k) + 阴入 [42-4 42]	郁卒 Øut tsut		
阴入 (-p/t/k) + 阳入 [42-4 4]	乞食 kʰik tsiaʔ		
阳入 (-ʔ) + 阴平 [4-41 34]	石狮 tsio sai		
阳入 (-ʔ) + 阳平 [4-41 312]	学堂 Øo tŋ		
阳入 (-ʔ) + 上声 [4-41 52]	麦杆 bɛ kuã		
阳入 (-ʔ) + 阴去 [4-41 41]	食素 tsia sɔ		

阳入 (-ʔ) + 阳去 [4-41 33]　　　落雨 lo hɔ　　　物件 mĩ kiã

阳入 (-ʔ) + 阴入 [4-41 42]　　　蜡烛 la tsik

阳入 (-ʔ) + 阳入 [4-41 4]　　　箆席 bi tsʰioʔ

阳入 (-p/t/k) + 阴平 [4-42 34]　　蜜蜂 bik pʰaŋ　　目珠 bak tsiu

阳入 (-p/t/k) + 阳平 [4-42 312]　密婆 bik po　　　目毛 bak mɔ̃

阳入 (-p/t/k) + 上声 [4-42 52]　木耳 bok nĩ　　　目滓 bak tsai

阳入 (-p/t/k) + 阴去 [4-42 41]　日昼 dzik tau　　一半 tsik puã

阳入 (-p/t/k) + 阳去 [4-42 33]　粒饭 liap būi　　木匠 bak tsʰiɔ̃

阳入 (-p/t/k) + 阴入 [4-42 42]　读册 tʰak tsʰɛʔ　墨汁 bak tsiap

阳入 (-p/t/k) + 阳入 [4-42 4]　十日 tsap dzik

　　漳厦台闽南方言连读变调规律大体一致（调类交替规律一致，具体调值有别）。虽说细致点比较，变调后的调值和原来的七种声调多少都有些区别，但是因为每个声调处在变调地位上（字组前字）都必须发生变化，从实际音感上，用不严格的标音法，可以认为闽南方言的变调只是各类单字调间的转换，并不产生新的调值。它们之间的转换关系如图2-2所示。

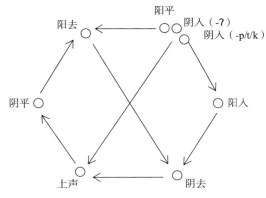

图2-2　闽南方言连续变调的转换关系

　　资料来源：李如龙:《厦门话的变调和轻声》,《厦门大学学报》1962年第3期,第82页。

李荣在《温岭方言的连读变调》中用比字的方法来证实调类的分化和合并。研究结果显示连读变调往往比单字调守旧。[1] 这种现象在闽南方言中也存在。

比较漳州东山话和漳浦话可见，漳浦话部分阴入字已舒声化，声调并入上声，如"削 = 写 = sia³"。但"削""写"同作为两字组前字时，二者在语流中的读音就显现出差异（见表 2-17）。据此可见，在漳浦话中，单字调混入上声的阴入字，是可以根据其在连读变调中的表现将其筛选出来的。

表 2-17 东山话和漳浦话声调比较示例

	削心入	写心上	削皮	写字	隔见入	假见上	隔开	假设
东山	sia?⁷	sia³	sia³pʰue²	sia¹dzi⁶	ke?⁷	ke³	ke³kʰui¹	ke¹siat⁷
漳浦	sia³	sia³	sia³pʰue²	sia¹dzi⁶	ke³	ke³	ke³kʰui¹	ke¹siat⁷

此外，闽南方言的变调不仅是单纯的语音现象，还是"词汇-语法"现象。如表面相同的组合，有多少个字变调，变调位置何在，决定着其具体意义为何。以"直直行"为例，说成"tik⁸⁻⁵tik⁸⁻⁵kiã²"，末字不变调，其他两个字都变调，意思是"一直走（不要停下）"；说成"tik⁸⁻⁵ tik⁸kiã²"，仅第一个字变调，其他两个字不变调，意思是"直直地走（不要拐弯）"。

第五节 闽南方言字音的常见呈现形式

以上我们分项介绍了闽南方言声母、韵母、声调的记录方式。最后将声韵调组合起来，即可得到闽南方言的单字音表、同音字表等材料。

一 单字音表

单字音表，也即声韵调配合总表，是声、韵、调三者可以拼合成

---

[1] 李荣:《温岭方言的连续变调》,《方言》1979 年第 1 期。

音节的总表。透过此类表格，我们能了解到所记录语言的常用单字音总数，声、韵、调组合规律等信息。表 2-18 中写有汉字的位置，即该声、韵、调可以拼合，空白处则显示该声、韵、调拼合不存在。如第一列"之"的存在，说明厦门话有 $[tsi^1]$ 这样的声、韵、调组合。"之"上的空格则表明 $[li^1]$ 这样的声、韵、调组合在厦门话中是不存在的。①

表 2-18　厦门话单字音表节录

声母＼韵母调类	i-iʔ							ui-uiʔ							u-uʔ						
	阴平	阳平	上声	阴去	阳去	阴入	阳入	阴平	阳平	上声	阴去	阳去	阴入	阳入	阴平	阳平	上声	阴去	阳去	阴入	阳入
P	卑	脾	比	屄	避	鳖蟞		肥			痹	吥		拔	瓠		斧	富	妇	发	
P'	披	皮	鄙	屁		覕						屁			浮		殕				
b	咪	微	米		味	篦	微	微							无		武	拄	务		
t	猪	池	抵	置	治	滴	碟	推	捶		对	队			推	厨	拄	注	瘵		摨
t'	黐	啼	耻	剃		铁		推	槌	腿	蕊		裂		蹰				托		
l		篱	里		二	裂		镭	雷	蕊	水	类				驴	女	镥	吕		
ts	之	糍	止	至	市	接	舌	锥	摧	水	醉	萃			朱	趋	主	铸	住		
ts'	痴	徐	齿	试	是	跕	薛	揣	水								取	处	咀		
s	诗	时	矢	四	是	薛	蚀	虽	随	水	遂				书	殊	史	四	似	唰	
k	基	旗	纪	记	忌		缺	归	葵	鬼	贵	跪			居	跔	举	句	旧		泪
k'	欺	骑	起	气					轨	傀		魏			丘	牛	跍	去	臼		
g		疑	拟	义		危		危				魏					语	遇			
h	希	鱼	喜	戏	耳			挥	肥	毁	费	惠	血		虚	扶	许	富	父		
ø	衣	姨	以	意	异			威	围	委	慰	胃	挖		於	余	雨	煦	有		

资料来源：福建省情资料库《福建省志·方言志》，http://www.fjsq.gov.cn/frmBokkList.aspx?key=EB9AF028BB104E8195DABE2C43C7D437，2020 年 7 月 21 日。

---

① 任何一种方言声韵调的组合都是有限的，比如北京话有 22 个声母、39 个韵母、4 个声调，理论上可以拼合出 3000 多个音节，而实际上只能组合成 1000 多个音节。

二 同音字表

同音字表即在全面调查某方言常用字音之后，将其中的同音字归成一组，而后按一定顺序将不同音字组排列编制而成的表格。[①] 为了节约篇幅，书籍刊物中所见的同音字表大体都是紧凑格式，如图 2-3 所示。

i

| pi ㄧ | 卑碑蜱_{牛~}啤_{~酒}婢悲啡_{咖~}蓖_{~麻}陂 |

pi ㄧ 　卑碑蜱_{牛~} 啤_{~酒} 婢悲啡_{咖~} 蓖_{~麻}陂

pi ㄥ 　脾_{~胃}毗_{~邻}枇_{~杷}琵_{~琶}蚍_{~蜉}

pi ㄱ 　比妣_{考~}彼匕_{首~}俾_使

pi ㄑ 　备惫痹_{麻~}庇_{~佑(保佑)}秘泌淠闭避臂

pʻi ㄧ 　披丕胚坯砒_{霜~}纰_{~漏}

pʻi ㄥ 　皮疲_{~劳}

pʻi ㄱ 　鄙_{~视}痞_{地~}否_{~极泰来}豁圮庀坚_{~(结实)}

pʻi ㄧ 　被_{~动}

pʻi ㄑ 　屁鼻譬_{~如}

bi ㄧ 　微_{笑~}

bi ㄥ 　微_{又音,~风}薇眉_{楣湄嵋咪}猕_{~猴}

bi ㄱ 　米美尾娓

bi ㄑ 　未味沫_{泥~(潜水)}媚

ti ㄧ 　知_通蜘_{~蛛}

ti ㄥ 　池驰迟持_{~~(记性)}墀篪

ti ㄱ 　抵底砥

图 2-3　泉州话同音字汇节录

资料来源：福建省情资料库《泉州市志·方言志》，http：//www.fjsq.gov.cn/frmBokk List.aspx?key=107C49EA8B734B4EAE395301504269E4，2020 年 7 月 21 日。

制作和核对同音字表是方言调查工作中非常重要的一个环节。核对同音字表，可以及时纠正调查记音中可能存在的失误，提高语料的可靠性。[②]

---

① 同音字表如果以表格形式呈现，其实就相当于是繁化的单字音表。二者的差异是，单字音表每个声、韵、调组合位置只填写一个代表字，同音字表则是把所有属于这空格的字都填上。

② 核对同音字表也不是万能的。如它没有办法解决漏音问题，同一个音类被拆在两处的错误往往也不容易通过核对同音字表发现。还有，如果核对同音字表时太求速度，或注意力不够集中，也会影响核对效果。

第六节 闽南方言的词句记录

一 方言词汇表

词是语言中最小的能够独立运用的有音有义的语言单位。词可以进一步构成短语。一种语言里所有的（或特定范围内的）词或固定短语的总和称为词汇或语汇。就个人语言掌握度来说，掌握词汇量的多寡是一个重要指标。就研究一种方言来说，词汇调查是语法调查的基础，而且可以补充语音调查的不足。记录方言词汇一般要同时记录其语音和词义。最常见的词汇表表现为"方言字词—方音—普通话对应词"的共现。不同词表的差别体现在收词范围和用字、音标的选用上。

起初的方言词汇记录往往不重视连读音变的记录。随着对方言音系了解的深入和对方言声、韵、调连读音变规则的掌握，近年来，有些语料在词句语音的记录上开始关注语汇在语流中的实际读音，而非简单记录原始的单字音。这一方面能真实反映词汇的读音，同时也能为音变研究提供材料。

白铁　beʔ⁷tiʔ⁶　马口铁
阿铅　aˡian²　洋铁皮(马来语 ayan)
阿铅线　aˡian²suã⁴　铁丝
吸铁　kʼip⁶(hiap⁶)tiʔ⁶　磁铁
铣　sian¹　锈；皮肤上的污垢
铁屎　tʼiʔ⁶sai³　熔铁炉渣
焊屎　huã⁵sai³　焊渣
粘锡　liam²siaʔ⁶　焊锡
拍铁　pʼaʔ⁶tiʔ⁶　打铁
钉铜　tiŋ⁴taŋ²　修理小五金
烰火　pu²hue³　将铁件放入火中以便锻打

出牙　tsut⁶gɛ²　刻螺纹
脱牙　tʼut⁷gɛ²　螺纹磨损
败牙　paiˡgɛ²
葛目水　kat⁶bak⁷tsui³　硫酸
火酒　hue³tsiu³　酒精
落壳　lakˡkʼak⁶　硝基清漆
碱仔间　kiˡaˡkan¹　利用草木灰等制碱的作坊
火灰窑仔　hue³huˡioˡaˡ　利用稻壳烧制石灰的作坊
碱灰　kiˡhu¹　制碱用的草木灰
碱仔水　kiˡaˡtsui³　草木灰浸出液

图 2-4　漳州话词汇表节录

资料来源：福建省情资料库《漳州市志·方言志》，http://www.fjsq.gov.cn/frmBokkList.aspx?key=FCC4397159434483829F9ED5619CC381，2020 年 7 月 21 日。

落雨　loʔ↑ cɦ┤下雨
　雨来　hɔ┤lia↑
雨仔　cɦ┤ã┤小雨
雨微仔　hɔ┤bə┤ã┤毛毛雨
西北雨　sai┤pak┐cɦ┤雷阵雨
走山被　tsau↘suã┤ia↘阵雨
檐头流　tsĩ↑tʰau↑lau↑
　　　　大雨时屋檐下形成的水柱
共　kʰiŋ┤彩虹

罩雾　tau↘bu↘雾气笼罩
落霜　loʔ↑sŋ┤下霜
烊霜　iũ↑sŋ┤化霜
冰　piŋ┤
烧风　sio┤huaŋ┤热风
细风　sue↘huaŋ┤微风
风台　huaŋ┤tʰai↑台风
蜇螺风　səʔ↑lə↑huaŋ┤旋风
出水淋　tsut┐tsui┐lam↑反潮
苦旱　kʰɔ┐uã┤干旱

图 2-5　泉州话词汇表节录

资料来源：福建省情资料库《泉州市志·方言志》，http：//www.fjsq.gov.cn/frmBokk
List.aspx?key=107C49EA8B734B4EAE395301504269E4，2020 年 7 月 21 日。

二　语法例句和长篇语料

句子是语言运用的基本单位。语法规则大量存在于组词成句的过程中。方言交际功能的发挥离不开对句子的使用，方言语法的研究离不开对句子的调查和记录。句子的记录一定是建立在对语音和词汇进行调查分析的基础上的。句子里常包含有语义难以言明的虚词性成分，且虚词性成分在不同语境中读音易变，而不同虚词性成分可能因音变而出现音同现象。在记录句子时，经常碰到对一些成分到底是什么，应该如何记录、解释的难题。反之，透过记录时的用字标音，可以初步推测记录者对该成分的认识和判断。

方言调查中涉及句子记录的主要是语法例句和长篇语料两部分。

1．语法例句记录

在语法例句的记录中要尽可能做到如下两点。

（1）记出本读和变读，如"52-44"中"-"连接本调和变调，"-"前的"52"是本调调值，"-"后的"44"是语流中的实际调值，即变调。语言是一个层级系统，低层组合而成高层，每一次组合都不是成分的简单的线性相加，而是伴随着很多组合关系、组合意义的生成。这种隐性的变化很可能在音变中找到线索。

（2）方言中的一个例句可能有多种说法，如果涉及调查要点的，要尽可能全部记录。因为这很可能给后续的研究提供语料和思路。

表2-19　闽南方言介词调查例句举例

语法例句1 方言说法 国际音标标音	我们是在车站买的票。 阮的票是伫车站咧买的。 guan$^{52\text{-}44}$e$^{24\text{-}33}$p^{h}io^{21}si$^{33\text{-}21}$tu$^{21\text{-}21}$ts^{h}ia$^{44\text{-}33}$tsam^{33}be^{52}e^{0}。
语法例句2 方言说法 国际音标标音	你帮我把书放在桌子上。 汝帮我共册下那桌仔顶。 lu$^{52\text{-}44}$paŋ$^{44\text{-}33}$gua$^{52\text{-}44}$ka^{21}ts^{h}ɛ$^{?42}$hɛ$^{33\text{-}21}$nã^{33}to^{-44}a$^{52\text{-}44}$tiŋ^{52}。
语法例句3 方言说法 国际音标标音	他帮我把书放在桌子上了。 伊帮我共册下伫桌仔顶啊。 i$^{44\text{-}33}$paŋ$^{44\text{-}33}$gua$^{52\text{-}44}$ka^{21}ts^{h}ɛ$^{?42}$hɛ$^{33\text{-}21}$tu$^{33\text{-}21}$to^{-44}a^{44}tiŋ^{52}a^{0}。
语法例句4 方言说法 国际音标标音	你是从哪里来的？ 汝是对/按搭落来的？ lu$^{52\text{-}44}$si$^{33\text{-}21}$tui$^{21\text{-}52}$/ui$^{21\text{-}52}$/ui^{-33}/an$^{21\text{-}52}$ta$^{?\text{-}4}$lo^{0}lai^{24}e^{0}？

以例句4为例，该例句的调查重点为介词"从"在方言中的对应说法。就此所调查的闽南方言至少有"tui$^{21\text{-}52}$/ui$^{21\text{-}52}$/ ui^{-33}/an$^{21\text{-}52}$"等四种说法，根据语音形式的亲疏远近和被调查人的土人感，初步判断4个语音形式的关系，具体如表2-20所示。

表2-20　介词"从"在闽南方言中的对应形式

调查重点	方言对应说法	发音形式
介词"从"	对	tui$^{21\text{-}52}$ > ui$^{21\text{-}52}$ > ui^{-33}
	按	an$^{21\text{-}52}$（> an^{-33}）

语义虚化往往伴随语音形式的弱化，"对"的语音弱化主要包括声母脱落和单字调不明致使变调获得本调的身份而引发后续的连读变调。

tui$^{21\text{-}52}$ > ui$^{21\text{-}52}$——声母脱落>

ui$^{21\text{-}52}$（> ui$^{52\text{-}44}$）> ui$^{44\text{-}33}$——变调升本调，引发二次、三次变调

如果声调多次变调的假设是成立的，那么"按"也可能存在"an^{-33}"

这样的音读形式。当我们拿这个平行类推出的读音询问发音人时，发音人表示，确实还存在这种此前没想起的说法。

虽然该例句中的"哪里"在闽南方言中也有多种不同说法，但这并非本例句调查的重点，可以姑且留待疑问代词专题调查时再加以记录。

2. 长篇语料记录

以往的语法研究多局限在句子范围之内。绝大多数理论所关心的仅仅是句子的内部结构，而忽略了这样一个事实：句子的形式可能受到句子以外因素的影响。相比于印欧语，汉语更依赖利用句子成分间的相对位置、小句间的互相指代、助词、语义的相互关联等手段来表示句法结构及篇章关系。句法和篇章的关系密不可分，篇章有赖于语法标记来显示其组织，而许多句法手段却又植根于篇章。语言研究有必要突破句子的限制，语料收集自然也应该有长篇形式。可见长篇语料的收集和记录也是推进方言研究的重要基础工作之一。

方言长篇语料的记录应该注意：

（1）长篇语料的记录方式与语法例句相当，也是要尽可能记录实际读音形式。事实上，长篇语料的收录和转写难度不小，细致的转写尤其需要耗费很多时间。以往所见的长篇语料篇幅并不算长，而且标音往往不显示语流读音，见厦门话《愚公移山》。

（2）长篇语料的收录至少还应考虑语体风格。叙述体和对话体的表达形式可能存在倾向性的差异。

$$gu^2kɔŋ^1i^2san^1$$

愚公移山 [1]

$$tiɔŋ^1kɔk^7kɔ^3tsa^3si^2u^6tsit^8 e\ gu^2gian^2ho^6tsue^5gu^2kɔŋ^1i^2san^1$$

中国古早时有这个寓言，号做《愚公移山》，

---

[1] 资料节录自厦门方志编纂委员会编《厦门市志·方言志》，方志出版社，2004。为录入方便对其中的送气符号做了改写，同时去除了原文中的字词注释内容。

si^{6}kɔŋ^{3}kɔ^{3}tsa^{3}si^{2}u^{6}tsit^8 e lau^{6}he^{1}a^{3}kʰia^{6}ti^{6}hua^{2}pak^7, ho^{6}tsue^{5}pak^{7}suã^{1}gu^{2}kɔŋ^1

是讲古早时有祯个老伙仔徛佇华北，号做北山愚公。

in^{1}tau^{1}tua^{6}bŋ^{2}kʰau^{3}lam^{2}piŋ^{2}u^{6}lŋ^{6}tso^{6}tsua^{6}suã^1

個兜大门口南爿有两座大山，

ka^{6}in^{1}tau^1 e tsʰut^{7}lɔ^{6}tu^{3}tiau

共個兜分出路拄稠。

tsit^{8}tso^{6}ho^{6}tsue^{5}tʰai^{5}haŋ^{2}suã^1, tsit^{8}tso^{6}ho^{6}tsue^{5}ɔŋ^{2}ɔk^{7}suã^1

祯座号做太行山，祯座号做王屋山。

gu^{2}kɔŋ^{1}he^{6}guan^{6}tsʰua^{6}i^{1}hiaʔ^7 e kiã^{3}li^{2}beʔ^{7}iŋ^{6}ti^{2}tʰau^{2}tsiɔŋ^{1}tsit^{7}lŋ^{6}tso^{6}tua^6
suã^{1}iaʔ^{7}kʰi^5

愚公下愿烾伊赫分团儿卜用锄头将即两座大山挖去。

koʔ^{7}u^{6}tsit^8 e lau^{6}he^{1}a^{3}ho^{6}tsue^{5}ti^{5}sɔ^3

佫有祯个老伙仔号做智叟，

kʰuã^{5}liau^{3}au^{6}suaʔ^{7}ai^{5}tsʰio^{5}tsiu^{6}kɔŋ^3

看了后煞爱笑就讲：

lin^{3}an^{1}li^{1}tsʰɔŋ^{5}sit^{8}tsai^{6}siũ^{1}ke^{5}han^{2}ban^6 lɔ

"恁安尼创实在伤过顸慢喽。

lin^{3}peʔ^{6}aʔ^{3}kiã^{3}tsiaʔ^{7}kui^{3}e^{2}laŋ^2

恁爸仔团则几个人，

tsiu^{6}beʔ^{7}tsiɔŋ^{1}tsiaʔ^{7}lĩ^{1}kuãi^2 e lŋ^{6}tso^{6}tua^{6}suã^{1}iaʔ^{7}kʰi^5

就卜将迹尼悬分两座大山挖去，

tsiu^{6}si^{6}sian^{1}to^{1}bo^{2}huat^7

就是仙都毛法！"

gu^{2}kɔŋ^{1}iŋ^{3}i^{1}kɔŋ^{3}gua^{3}si^3 liau, iau^{3}u^{6}kiã^{3}kiã^{3}si^{3}liau iau^{3}u^{6}sun^1

愚公应伊讲："我死了，犹有团；团死了，犹有孙，

kiã^{3}kiã^{3}sun^{1}sun^{1}bu^{2}kiɔŋ^{2}bu^{2}tsin^6

团团孙孙无穷无尽，

tsit⁷lŋ⁶tso⁶tua⁶suã¹sui¹bɔŋ³tsin¹kuãi², m⁶ko⁵bue⁶koʔ⁷tsai⁵kuãi²lɔ

即两座大山虽罔真悬，呣过袂佫再悬喽。

kut⁸tam⁶poʔtsiu⁶tsio³tam⁶poʔ, kã³eʰ⁶kut⁸bue⁶pĩ²leʔ⁷

掘淡薄就少淡薄，敢会掘袂平咧？"

gu²kɔŋ¹pɔk⁷to³liau ti⁶sɔ³ e tsʰo³gɔ̃⁶su¹siɔŋ³

愚公驳倒了智叟今错误思想，

tsit⁸tiam³a³tɔ¹bo²tɔŋ⁶iau², tak⁸lit⁸lɔŋ³kut⁸bue⁶tʰiŋ²

楦点仔都毛动摇，逐日拢掘袂停。

tsit⁷haŋ⁶tai⁶tsi⁵kam³tɔŋ⁶liau giɔk⁸hɔŋ⁵siɔŋ⁶te⁵

即项代志感动了玉皇上帝，

i¹tsiu⁵pʰai⁵lŋ⁶ e² sian¹lai²kau⁵huan²kan¹, tsiɔŋ¹tsit⁷lŋ⁶tso⁶tua⁶suã¹iaŋ¹t
sau

伊就派两个仙来遣凡间，将即两座大山鞅走。

课后思考

1. 国际音标是怎样设计出来的？

2. 尝试用国际音标记录你感兴趣的闽南方言的字、词、句。

3. 尝试用国际音标记录你母语的若干字、词、句，留意记录过程中存在的疑惑和自我处理的方式，在课堂上与师生进行交流。

4. 出现在字典辞书中的闽南方言标音系统有多种类型，它们的记音方案相同吗？若不同，有哪些差异？

5. 若两个方言都有阴平、阳平、阴上、阳上、去声五个声调，这两个方言的声调一定相同吗？

6. 普通话"怕 pà"和英语"sport"中的"p"发音是一样的吗？

7. 当你的同学向你展示"pua2"这样的一个记音，并告诉你这是他对某一闽南方言某个字音的记录，由此你能知道该字的具体发音情况吗？为什么？

8.声调的记录方式有哪些？其优缺点各是什么？如何合理选择记录方式？

9.“某一闽南方言的声调没有214这种调值，这说明该闽南方言没有上声”，这种说法对吗？为什么？

10.厦门话和泉州话在声调方面有何异同？

11.如果只能以一份材料来展示一个方言音系，那么很大程度应是向读者展示紧凑型的同音字汇。请在《方言》杂志中搜集一两个闽南方言的同音字汇，看看你能从中了解到什么信息？

第三章

闽南方言的记录（下）：用字

第一节　闽南方言的用字

一　闽南方言的汉字书写

虽说用汉字来记录方言，特别是南方方言存在不少问题，但也不能因此一味夸大问题，而完全排斥汉字的使用。毕竟通篇只用音标记音，非母语者往往不知所云，即使是母语者，也可能因无法随时做到准确还原音标背后的声音，亦不知所云。以下两句摘自甘为霖的《厦门音新字典》，大家不妨试着拼读一下。

Hong（封）ēng tʰó'-tōe hō 'tsu- hô , hō 'lâng koaⁿ-chit；

hng（方 Hong）tōe-hng，sì-hng，pak-hng，hng-hiùⁿ，iȯh-hng。[①]

事实上，我们一直有用汉字记录闽南方言的习惯。比如现存最早的闽南方言文献材料——明嘉靖本戏文《荔镜记》就是用汉字书写的。

[外介]小七，甲亞嬤討一對金花來，乞媒姨做彩。金花一對插你紅。

[①]　意思分别是："封，用土地互给与诸侯，互依给人官职""方，地方，四方，八方，方向，药方"。

[丑] 九郎公，感謝。

[外] 媒人莫得嫌少，親情完了。句卜大謝你。

[丑] 亞公說一也話。多承可多，向說，請亞媽出來食一嘴檳榔。

[外] 小七，請亞媽出來食檳榔。

[內應] 亞媽不得工，卜安排物回。

[外] 既然無工也罷。（嘉靖本《荔镜记》第十三出）[①]

　　这类文字材料对外方言区读者来说，要完全读懂应该还是有些难度，但对闽南方言区的读者来说，在语境中尝试着用闽南方言读一下，应该不难理解。可见，记录闽南方言可以吸纳汉字作为辅助。存在的问题主要是：方言中表音义的词该用哪些汉字来记录。

二　方言用字的原则

　　用汉字记录方言时，其中的"字—音义"该如何对应？对此，国家语言文字工作委员会发布的中国语言生活绿皮书《中国语言资源调查手册·汉语方言》如是建议：

　　（1）使用规范字

　　一律使用现行规范字。

　　来源不同的简化字，一律仍写作简化字，不恢复繁体字写法。例如"后天"不写作"後天"，"面粉"不写作"麵粉"。如有必要，可在后面加括号举例或说明，例如"干（～燥）"，"干（～活）"。

---

① 　译文：[外介] 小七，叫阿妈拿一对金花来给媒婆做礼物，一对金花让你插个
　　红（沾喜气）。[丑] 九郎公，感謝。[外] 媒人不要嫌少，亲事成了之后，还要
　　大谢于你。[丑] 阿公说这是什么话，多谢重赏。如此说来，请阿妈出来吃口槟
　　榔。[外] 小七，请阿妈出来吃槟榔。[内应] 阿妈不得闲，要安排回礼的东西。
　　[外] 既然没空也就罢了。

（2）使用本字

有本字写法的一律写本字。

（3）统一性

同一个语素用同一个字形表示。

上述三条用字原则，较难理解的当属第二条。下文我们将重点解读第二条用字原则。

第二节　本字、俗字、训读字

本字、俗字、训读字、表音字、同音字、合音字、有音无字、方言俗字、方言字、方俗字、方言自造字……这些都是谈论方言用字时常涉及的概念。在此，我们用比对的方式对"本字""俗字""训读字"三个概念做一下解析。

一　俗字—方言字

"俗字"即俗体字，相对"正字"而言，指通俗流行而字形不规范的汉字。如"等"手写时常写作"芽"，前者为正字，后者为前者的变体，用于非正式场合，可称为俗体字。历代正字都是作为当时通用语的辅助性工具为人们的交际服务的，相对于正字的俗字，不管字形怎么变，也还是作为通用语的辅助性工具为人们的交际服务的。[①]"方言字"可以有多种不同的理解。或认为方言字就是记录所有方言用词的字；或认为方言字是记录通用语所没有的方言特有词汇的用字；或特指方言自造字，如各方言中表示"小"的"孨""躲""孯"，闽南方言表示"傻"的"忞"等。

---

① 国内有影响力的大型语文工具书或关于俗字的研究专著对于俗字的解释，都未涉及方言的内容。

当我们把方言字理解为记录方言特有词汇而用到的汉字时，"方言字"和"俗字"就是性质不同的两类汉字。

（1）产生不同。俗字往往是出于对书写简省或语义简明的追求，在书写过程中对原有的某个字进行形体的变换。如"恶"字写作"悪"，造"穷"以代"穷"字。方言字是为满足方言词表达的需要而特地创造的一些字。如闽南方言中的"刣杀，宰""嬡不要，别"等。

（2）服务对象不同。俗字充当通用语的辅助性工具，为人们的交际服务。方言字是作为方言的辅助性工具，为那些用方言进行交际的人们服务的。如"孬"是个吴方言字，是为用吴方言进行交际的人们服务的。

（3）与正字的关系不同。俗字的产生就是用来取代正字的，只是取代速度有快有慢、范围有大有小罢了。无论何时何地只要俗字一经使用，正字立刻就被取代。如某个招牌为"烟汃糖茶小卖铺"，在这个招牌上，俗字"汃"就取代了正字"酒"。如果一个俗字最后取得了正字的地位，如"蚕"从"蠶"的俗字逐渐取代了正字，那么这个俗字对正字的取代过程就彻底完成了。这个字或许又会有另外的一个俗字来取代它，那就会开始另一个新的取代过程。[①]方言字对正字则是一种"补充"。有些方言词没有恰当的正字来正确表达，而方言字是为了弥补正字的这种不足才创造的。如魏晋以降北方人称呼"父"的"爹"字。即使有的方言字随着它所表示的方言词进入通用语而成了通用字（如"爹"字），它也只是加入了正字的行列，增加了正字的数量，而没有取代任何一个原有正字的地位。

二 本字—训读字

作为现代人，我们常常习惯性地根据语义对应，将方言与普通话联系起来。比如闽南方言"[pʰaʔ⁷]拍打义"语义相当于普通话中"打[ta³]"

[①] 俗字的产生和存在，对那些世代相传的正字来说无疑是一种威胁，一种反动。所以从文字产生的时候起，正字和俗字之间为争取生存权的斗争几乎从来就没停止过。详见张涌泉《汉语俗字研究》岳麓书社，1998，第3页。

这个词，因此就用"打"字来记录。"[tɕi³]姐姐"语义相当于普通话中
"姐 [tɕie³]"这个词，因此就用"姐"字来记录。

然而，书面语中的一个字常代表的是一个音义结合的词，而非单独的字形，也就是说，确认一个词该用什么字来记录，除了考虑语义对应，还需考虑语音对应。以闽南方言的"[pʰaʔ⁷]拍打义"为例，该词和普通话中的"打 [ta³]"虽然语义相当，但语音对应是有困难的，尤其声母"pʰ-""t-"的对应是不存在的（在闽南方言中声母读 [pʰ] 字，用普通话读时，没有声母读为 [t] 的）。倒是普通话中的"拍 [pʰai¹]"从语音和语义上都可以和闽南方言的"[pʰaʔ⁷]拍打义"对应。

表 3-1　闽南方言"pʰaʔ⁷"与普通话的语音对应

	闽南方言	普通话
韵母	aʔ	a 搭踏塔蜡插闸 ia 甲鸭 ai 百拍
声母	pʰ	pʰ 谱皮盆朋蓬破铺派配屁炮票品骗片判泼匹拍劈 p 抱簿被鼻 f 浮坟缝纺蜂
声调	7	1 搭鸽插鸭接贴汁吸擦割八扎杀歇捏拍 2 折急节 3 塔甲法渴铁 4 借刺撒设

如此，当我们以"打"字来记录闽南方言的"[pʰaʔ⁷]拍打义"时，只是考虑语义对应，并未考虑语音对应。这种与所记录的方言词语义相关，但语音不存在对应关系的字，我们称为训读字。当我们以"拍"字来记录闽南方言的"[pʰaʔ⁷]拍打义"时，不仅语义是吻合的，语音也是可以对应的。这种与所记录的方言词音义皆合的字，我们称为本字。

第三节　考本字的基本方法

一　何为考本字

"本字就是方言词本来的字形，大都收录在历代字书、韵书中。本字在音和义两方面本来都与当时的方言词有对应关系，但由于字音、字义或字形发生了历史演变，对应关系也相应改变，早先的本字和后来的

方言词就渐渐对不上号了。""所谓本字，就是古代确有其字，并在文献中保存至今，但其音其义与方言口语词的对应已不为人知的字。""考本字就是恢复方言词的音义与字形之间的本源关系"。更具体点说，就是"调查方言词汇时用同音字或方框代替的字形不明且无同音字的单音节语素，以及当地通用的方言俗字是否有本字，如果有的话，是哪一个字，都需要加以考证。有些字虽然与所记的方言词语义相符，但音韵地位是否相符还要进一步验证，这些工作叫做考本字"。[①] 说白了，考本字指为方言口语词追踪溯源，寻找其在书面语中的字形对应。考本字是汉语方言研究的重要组成部分，极为考验研究者的语言学综合能力。

二　考本字的基本思路

音韵历史研究的深入使人们对汉语语音的共时系统和历时演变有了科学且直观的认识。方言调查研究工作让人们看到汉语语音变化的规律性和多样性。这使方言本字考证的视野趋于开阔，方法趋于严密。学者们阐述的研究方法，大致可归纳为两个层面：一是从方言内部的语音系统着手；二是从方言外部的书面材料着手。内外互证可提升考证的可信度。我们先来看一个案例：

> 藻　厦门话浮萍叫"萍 [$_{\xi}$p'io]"。但"萍"，《广韵》薄经切，这一反切与 [$_{\xi}$p'io] 声母声调虽然相符，韵母却不合。因此 [$_{\xi}$p'io] 音可能另有来源，"萍"只是训读字。据《尔雅》"释草第十三"，"萍"字下郭璞注："水中浮萍，江东谓之藻，音瓢"。"藻"和"瓢"《广韵》都是符宵切，按厦门音推导，与 [$_{\xi}$p'io] 音完全相符。由此可见，厦门（话）[$_{\xi}$p'io] 的本字应该是"藻"。依《尔雅》郭注，"藻"早在东晋时就已见于江东地区，目前仍见于闽语（及浙南吴语的一些方言），应该是一脉相承（的）。不过在汉语书

---

① 李小凡、项梦冰：《汉语方言学基础教程》，北京大学出版社，2009，第94页。

面语的词汇中，"藻"已经为"萍"所取代。"藻"目前虽然仍然普遍用于闽方言口语，但在官话和其它方言的影响下，书面上已经改写为"萍"，"藻"的字形已经为人们所遗忘。音"藻"而字"萍"，语音上不能对应，"萍"因而成为训读字。[①]

该案例向我们展示了判断某字是否为某词的本字的基本思路和方法：①以《广韵》音义为古，以现代方言音义为今，为方言词建立符合古今演变规律的"字形—字音—字义"关联；②在古今音义对应都符合演变规律的情况下，还需尽可能寻找文献材料用例加以佐证。

从表3-2的案例分析中不难看出古今词义的对应关系，这是相对容易把握的，但古今语音的对应关系又是如何判定的呢？如何判定"薄经切"与厦门话 [p^{h}io^2] 音是不符的？又是如何判定"符霄切"按厦门音推导，与 [p^{h}io^2] 音是完全相符的？看来考本字的首要问题是判定可能的字形在《广韵》中的反切与所讨论的方言词的声韵调是否算得上语音相符。另外，该案例是在已有两个预设方案（或"萍"字或"藻"字）的情况下做本字的验证工作，这就好比一道数学题给出两个可能答案，让我们判断哪个是正确答案，这比自己从头到尾独立解决问题要容易得多。于是又有了另一个问题：假设我们只知道一个方言词的音义，而无任何用字方案的提示，那又该怎么办？

表 3-2 "萍""藻"古今音义对应

字形	广韵音义	方言音义	古今比较	初步判定	文献佐证
萍	薄经切	p^{h}io^2	音不符	训读字	
	水上浮萍	水上浮萍	义相符		
藻	符霄切	p^{h}io^2	音相符	本字	《尔雅》郭注
	方言云江东谓浮萍为藻	水上浮萍	义相符		

---

① 王福堂：《方言本字考证说略》，《方言》2003 年第 4 期。

三　考本字的基础知识储备

考本字必须从严格的语音对应出发。古今语音的系统比较是考本字的必经之路。这就决定了我们首先要有一些音韵学和方言学基础知识的储备。

（1）《广韵》及其音系研究

中古音①是汉语语音发展史的一个重要阶段，起着承前启后的作用，是汉语语音发展史的一个转折。公元 601 年隋朝陆法言编写了享有声誉的《切韵》一书。《切韵》是在研究和分析六朝韵书的基础上编辑而成的，是前代韵书的总结。凭借其完整性和系统性，《切韵》一出，六朝诸家的韵书渐亡，又唐宋时代的韵书多以其为蓝本，可见《切韵》是韵书史上的里程碑，具有承上启下之功，是研究中古音的重要材料。现今我们只能看到《切韵》残本。

《广韵》，全称《大宋重修广韵》，是我国北宋时代官修的一部韵书。《广韵》是宋真宗大中祥符元年（1008 年），由陈彭年、丘雍等奉旨在前代《切韵》等一系列韵书基础上编修而成的，是我国历史上保存完整并广为流传的一部韵书，也是我国宋以前韵书的集大成者。《广韵》原是为增广《切韵》而作，除增字加注外，部目也略有增订。从某种程度上说，现存完整的《切韵》增订本，以《广韵》为最早。《广韵》是我国第一部官修韵书，参与修订的人多，材料多，在收字、训解等方面都增加了很多内容。《广韵》中，每字下有注释，在注释中解释了字义，分析了字形，注明字音的反切，并列出同音字。从内容上看，《广韵》不仅是音韵专著，也是文字训诂方面的宝典。

就语音研究而言，反切是韵书的精髓所在。因为分韵只是诗文押韵的范围；如果没有反切，字的读法还是不能考知。全体反切上字的系联

---

① 所谓"中古音"，是指从隋经唐至宋这个历史时期的汉语语音。也可以说，中古汉语的语音，主要就是指唐宋时期的语音。

归纳，是我们了解中古声母的重要途径，也只有系联归纳反切下字，才能显示出中古究竟有多少个韵母。鉴于《切韵》和《广韵》的承续关系，又《广韵》与《切韵》残卷及唐人韵书相比，其反切大同小异，后人常通过《广韵》研究中古音。在诸多学者的共同研究下，通过对《广韵》反切的系联，辅之以统计法、审音法等，《广韵》音系已相当清晰。

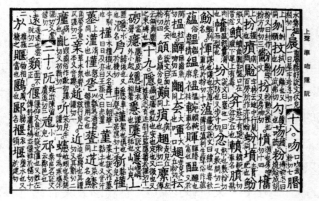

图 3-1 《广韵》节录

（2）《方言调查字表》

自 20 世纪 20 年代以来，汉语方言调查的方法在习惯上都是先记录某些事先选定的字的字音，求出声韵调系统，再调查词汇和语法。预先选定的字被安排在一本方言字音调查表格里。这种表格最初是 1930 年由中央研究院历史语言研究所制定的，后来经过增补修改，而成目前通用的《方言调查字表》①。

《方言调查字表》开篇指出"本书主要供调查方言音系之用"，"初步研究汉语音韵的人也可以通过本书的音韵系统得到对于广韵和等韵的基本知识"。我们截取其中一张表格的局部（见表 3-3），尝试带大家一起看看如何利用该字表来初步掌握一些音韵学知识。

---

① 该版为修订本，由中国社会科学院语言研究所编订，商务印书馆于 1981 年出版。随后多次加印。

表 3-3 《方言调查字表》"谈盍韵"表（局部）

	咸开一：谈盍			
	平	上	去	入
	谈	敢	阚	盍
帮 滂 並 明				
端 透 定	担担任 坍 谈痰	胆 毯 淡	担挑担	塔榻塌渴汗溻湿了
泥（娘） 来	蓝篮	览揽榄	滥缆	腊蜡镴
精 清 从 心 邪	惭 三		暂錾錾花	

表 3-3 中最左列"帮滂並明……"等代表中古声母。这个可以比照大家熟悉的宋人"三十六字母"来识记，重点熟悉每个字母的发音部位和发音方法，特别是清浊的差异（见表 3-4）。

表 3-4　宋人三十六字母

发音部位		发音方法	全清	次清	全浊	次浊	清	浊
唇音	重唇	双唇	帮 [p]	滂 [pʰ]	並 [b]	明 [m]		
	轻唇	唇齿	非 [pf]	敷 [pfʰ]	奉 [bv]	微 [ɱ]		
舌音	舌头	舌尖前塞音	端 [t]	透 [tʰ]	定 [d]	泥 [n]		
	舌上		知 [ʈ]	彻 [ʈʰ]	澄 [ɖ]	娘 [ɳ]		
齿音	齿头	舌尖前塞擦音	精 [ts]	清 [tsʰ]	从 [dz]		心 [s]	邪 [z]
	正齿		照　庄 [tʃ] 　　章 [tɕ]	穿　初 [tʃʰ] 　　昌 [tɕʰ]	床　崇 [dʒ] 　　船 [dʐ]		审　生 [ʃ] 　　书 [ɕ]	俟 [ʒ] 禅　禅 [ʑ]

续表

发音部位 \ 发音方法		全清	次清	全浊	次浊	清	浊
牙音	舌面后塞音	见 [k]	溪 [kʰ]	群 [g]	疑 [ŋ]		
喉音			影 [ø]		喻 [j]	晓 [x]	匣 [ɣ]
半舌	边音				来 [l]		
半齿					日 [r]		

表 3-3 第一行"咸开一：谈盍"标明该表收录的字来自中古咸摄开口一等谈韵①和盍韵。第二行"平、上、去、入"为中古四个调类。第三行"谈敢阚盍"是与声调对应的四个韵目②。《广韵》首先按声调分类，同声调的字再分韵，共有 206 韵。《方言调查字表》目录页的内容就相当于广韵 206 韵的韵目（见图 3-2）。

表 3-3 中的"谈敢阚盍"是四声相承的关系。其中平声的"谈"、上声的"敢"、去声的"阚"代表的是韵头、韵腹、韵尾相同，只是声调不同的几个韵。入声的"盍"是与前三者韵头、韵腹相同，韵尾为同部位塞音的韵。根据前人拟音，配以 1、2、3、4 分别代表平、上、去、入四个调类，"谈—敢—阚—盍"大概相当于"dam¹—dam²—dam³—dap⁴"。用"举平以赅上去"的方式来表达，"谈—敢—阚"可统称为"谈"，如要加以区分，"敢"韵字可说成谈韵的上声字，"阚"可说是谈韵的去声字。

---

① 举平以赅上去。
② 大家熟悉的"三十六字母"中的"字母"可以简单理解为声母的代表字，当我们说某些字都属于"帮"母字，意思是这些字和"帮"字的声母相同。就像我们现在说"把爸拜帮搬"都是 [p] 声母字。古人的"帮"母就类似我们现在的 [p] 声母。"韵目"可对应理解为韵的代表字，如某些字同属于"谈"韵，意思是这些字和"谈"字的韵相同。

目　録

用法					v
說明					viii
合作人					ix
聲調　聲母　韻聲					x
	平	上	去	入	
果攝開口一等	歌	哿	箇		1
三等	戈				1
合口一等	戈	果	過		2
三等	戈				2
假攝開口二等	麻	馬	禡		3
三等	麻	馬	禡		4
合口二等	麻	馬	禡		5
遇攝合口一等	模	姥	暮		6
三等	魚	語	御		7
三等	虞	麌	過		8

图 3–2 《方言调查字表》目录页

表 3–5 “谈—敢—阚—盍”四声相承关系

韵目	平声：谈	上声：敢	去声：阚	入声：盍
举平以赅上去	谈			盍
举平以赅上去入	谈韵平声	谈韵上声	谈韵去声	谈韵入声
音标拟音	dam^1	dam^2	dam^3	dap^4

透过《方言调查字表》，我们可以清楚地看到某个字在《广韵》中的音韵地位。①如“胆”在《广韵》中为端母（咸摄开口一等）谈韵上声字。“腊”在《广韵》中为来母（咸摄开口一等）盍韵入声字。我们还可以从表 3-3 中看出《广韵》中声、韵、调的组合关系。如与“帮滂並明”所对应的诸行为空白状态，表明该韵与唇音声母不能相拼。

《方言调查字表》主要用于调查汉语方言，有两个基本的认识：一是《切韵》音系是现代汉语方言的总源头；二是语音演变是有规律的。实践证明，“从其分不从其合”的音类收录原则，使《切韵》音系成为

① 即该字在《广韵》中归属什么声、什么韵、什么调。

进行方言调查比较理想的对比资料。各地方言的字音一般都能在这个音系里找到它的音韵位置，方言的音类能与这个音系形成对应关系，方言的一些特点也大致被包含在这个音系里。利用这个字表调查方言语音，能在较少的时间里大致了解方言语音系统的全貌。

对于初学者来说，要用好《方言调查字表》，可能还需要辅助性的工具书，如《广韵》、《集韵》和《古今字音对照手册》①。

（3）古今音对照表

利用《方言调查字表》，我们能从中梳理出某方言与中古音的对应关系。以表格形式分别从声母、韵母、声调三方面展示古今音对照关系，即为古今音对照表。古今音对照表是方言调查报告中常见的成果形式之一。

表 3-6　漳州话声调与中古音对应关系表（节录）

中古音调类	清浊	例字	漳州话调类
平声	清	飞波丁偷精商恭刚知亲	阴平
	次浊	文麻来银柔鹅迎云鱼龙	阳平
	全浊	平扶唐陈床神时详寒何	
上声	清	比普保展短草左死果粉	上声
	次浊	女染买武忍马我眼美领	
	全浊	部抱父是士坐限近静淡	阳去
去声	清	布变柄对吐做唱世课记	阴去
	次浊	命帽望任闰路类利位岸	阳去
	全浊	病便步大队状坐视谢共	
入声	清	八拍出答竹察铁百骨切	阴入
	次浊	物麦密立入列纳月岳药	阳入
	全浊	白杂食宅局杰读达服核	

资料来源：《漳州市志·方言》（卷 49），中国社会科学出版社，1999，第 2857 页。

---

① 东方语言学网 http：//www.eastling.org/、韵典网 https：//ytenx.org/ 等网站提供中古音、上古音、广韵、集韵、方言等信息的查询，可供参考。

表 3-7　漳州话声母与中古音对应关系表节录

漳州话	中古音	例字	漳州话	中古音	例字	漳州话	中古音	例字
ts'	昌	吹唱处尺	k	章	支(量词)	h	心	岁
	书	手试		见	家教古郭		邪	彗
	禅	市树		溪	枯券		书	饷
s	清	搓		群	其强共杰		日	耳
	心	修细笋惜		匣	行寒		见	系侥(反~)
	邪	词寻习俗		影	娟	h	群	裘(棉~)
	庄	栅(~篱)	k'	崇	柿		疑	鱼瓦(屑~)
	初	铲		昌	齿		晓	呼好享忽
	崇	豺(~狗)床(笼~)		见	芰奇(双~)		匣	河夏或核
	生	梳史数色		溪	开巧欠缺		喻(云)	彙
	船	顺神赎述		群	琴菌		泥	诺
	书	诗始税设		晓	呼(~鸡)吸		溪	圩
	禅	时是署熟		匣	苛环	ø	见	锅
	喻(以)	蝇液	g	见	夹(~菜)		疑	瓦顽
dz	泥	尿		疑	牙牛眼月		晓	楬羹
	从	字		喻(以)	阎		匣	画话黄
	庄	爪(脚~)	h	非	夫飞废法		影	阿矮怨亿
	日	儿如忍入		敷	副访泛芳		喻(云)	于雨位炎
	喻(以)	裕愉锐		奉	俘烦扶妇		喻(以)	耶移野由

注："例字"栏中 3 至 4 字的表示多数，两字的表示少数，一字的表示特殊。
资料来源：《漳州市志·方言》（卷 49），中国社会科学出版社，1999，第 2843 页。

表 3-8　漳州话韵母与中古音对应关系表节录

漳州话	中古音	例字	漳州话	中古音	例字	漳州话	中古音	例字
un	臻合三文	分奋君运	uan	山合二删	闩纂关弯	iŋ	梗合四青	萤荧泳

续表

漳州话	中古音	例字	漳州话	中古音	例字	漳州话	中古音	例字
	咸开一谈	毯喊	uan	山合三仙	全传川权	iŋ	梗合三东	嵩铳中雄
	咸开二咸	站		山合三元	烦原喧宛		通合三钟	龙松重(~句)胸
	咸合三凡	范		山合四先	县涓		咸合三凡	帆
an	山开一寒	单散幹汉	ŋ	臻合一魂	损	aŋ	宕开一唐	帮当苍纲
	山开二山	办产间限		宕开一唐	榜汤丧锅		宕合三阳	房芳芒望
	山开二删	班慢疝颜		宕开三阳	丈状向秧		江开二江	邦窗港项
	山开三仙	便(~宜)谚		宕合三阳	方(药~)		曾开一登	崩
	山开四先	牵肩		宕开一唐	荒(饥~)		通合一东	蒙冻空烘
	山合一桓	般幔判漫		江开二江	扛		通合三东	冯梦虫
	山合二删	还		山合三仙	竉		通合一冬	冬霖
	山合三元	挽万藩		梗开三庚	影映		通合三钟	缝共重(轻~)
	臻开三真	闽鳞陈趁	iaŋ	山开二山	闲间(~隔)	iaŋ	宕开三阳	良将商羊
	曾开一登	层曾赠肯		山开二删	乎		江开二江	双腔
	梗开二庚	瘤		山开四先	前千先	ɔŋ	宕开一唐	谤荡藏抗
	梗开三清	蛏		山开二删	还		宕开一铎	摸
	梗开四青	零		山开一桓	拼		宕开三阳	庄装创爽
ian	山开三仙	免展联战	ɔŋ	宕合三阳	筐眶往(~过)		宕合一唐	光广慌晃
	山开三元	建言宪堰		江开二江	虹撞		宕开三阳	芳亡况王
	山开四先	遍填莲现		曾开一登	朋登增恒		江开二江	胖窗撞讲
	山合三仙	沿铅缘		曾开三蒸	冰昇徵鹰		曾合一登	弘
	山合四先	犬玄眩悬		梗开二庚	猛冷澄杏		梗开二庚	宣
	臻开三真	肾姻		梗开二耕	萌争耕幸		梗合二庚	矿
	臻开三殷	脓(臭~)		梗开三庚	兵明景英		梗合二耕	轰宏
	梗开二耕	铿		梗开三清	令情正婴		通合一东	蒙栋总贡
uan	咸开二咸	赚		梗开四青	冥丁经形		通合一冬	冬统农攻

漳州话	中古音	例字	漳州话	中古音	例字	漳州话	中古音	例字
uan	咸合三凡	<u>泛犯范帆</u>	iŋ	梗合二庚	<u>横</u>	uŋ	通合三东	风丰梦讽
	山赋二删	屾		梗合二耕	<u>轰</u>		通合三钟	封捧逢浓
	山合一桓	<u>满团贯腕</u>		梗合三庚	永荣泳	ioŋ	宕开三阳	<u>畅状相</u>(照~)
	山合二山	顽幻鳏		梗合三清	琼顷营颖		通合三东	<u>嵩中隆弓</u>

资料来源:《漳州市志·方言》(卷49),中国社会科学出版社,1999,第2846页。

透过古今音对照表,我们可以清楚看到中古某音类在该方言中可能读什么音。同样,方言特定读音可能来源于中古哪些音类也可得知。

有了上述知识储备,我们就能对某个字与某个方言某个读音是否音合进行初步辨析了。以漳州话表示"高"义,读音为 [kuan²] 的词,与"高"字是否音合为例,比对以上漳州话古今音对照表可见,漳州话 [kuan²],声调为阳平,其可能来源于中古音的次浊平声或全浊平声;声母 k-,本可能来源于中古见母、群母、匣母、溪母等,但因调类为阳平的字以浊声母为常,所以漳州话 [kuan²] 应该来源于群母或匣母;① 韵母 uan,最可能来自山摄合口。试比对如下:

表 3-9 "高"字在漳州话、《广韵》中的声、调、韵比较

音类	漳州话		"高"《广韵》古劳切	古今对应
	[kuan²]	可能的中古来源		
声	k-	群 / 匣	见母	声母不符
调	阳平	全浊平声 / 次浊平声	清平	声调不符
韵	uan	山摄合口	豪韵开口	韵母不符

据此,我们就可以得到这样的认识:①"高"《广韵》古劳切,这

① 见、溪母为清声母。

一反切与漳州话 [kuan^2] 声、韵、调均不相符。②若用"高"字来记录漳州话的 [kuan^2]，那"高"只是训读字，漳州话的 [kuan^2] 应该另有来源。③它可能来自《广韵》平声、山摄合口、群母或匣母。接着我们就可以尝试到《广韵》或其他字书的相应范围去寻找语义可以相配的字，并到历史文献中去寻找用例佐证，以此完成对该词本字的考释。经过这一番辨析，再看漳州话"高"义的 [kuan^2] 本字为"悬"应该是可信的。

四 考本字的"甘苦"

汉语书面语是"主流汉语"，而汉语方言则是汉语的支流。从古至今，汉语体系随着汉语书面语这一"主流汉语"的发展，汉字不断孳乳，数量越来越庞大；词汇不断更新，词义越来越丰富。方言的形成过程是方言口语逐步与汉语书面语相脱节的过程。其间，方言或因发展速度相对缓慢而遗留下来一些"主流汉语"早就不再使用的词语（特定音义结合体），或因为自身在音义等方面的创新性变化而有了不少"主流汉语"所没有的词。如何书写这些异于共同语的方言特色词汇就成为问题。确定方言特有词与文字的对应关系，免不了要受到"主流汉语""词—字"关系的影响，将方言与共同语同义词或近义词简单对等起来，以共同语语义对应词的书写形式来追认方言词的书写形式，极易造成方言"词—字"错配的后果。总之，语言在经历长期的演变，特别是在分化为不同方言的过程中，词的音义可能发生变化，字形也有可能改变，从而使词和字形失去联系，于是有的词变得不知道该用什么字来书写，或者即使有一个字形，也不知道是否正确。当我们要用汉字来书写方言时，考本字就成了必不可少的环节。

本节我们介绍的考本字的一般方法，操作起来并不难，但不足之处是只适用于解决音义发展较为规则的字词。事实上，词语的音义变化往往更为复杂，字词之间的音义相符问题不是那么容易能被辨析的。

第四节　考本字的其他状况

接续上一节对考本字基本方法的解析，本节将带大家进一步了解考本字过程中常碰到的问题及其解决策略。

一　词的存古与更替

方言中的存古词极易被简单对等于同时期"主流汉语"的语义对应词，造成方言词和字的误配。以闽南方言表示奔跑义的 [tsau³] 为例，这个词该用什么汉字书写呢？想必不少人理所当然地认为就是"跑"字，因为现代普通话表示奔跑义的常用词就是"跑 [pʰau³]"。事实上，闽南方言的"[tsau³] 奔跑"继承的是古代汉语"子苟切"的"走趋也"。普通话"走 [tsou³]"相对于古代汉语的"走"，语义发生了转移（趋>步行），奔跑义则换用"跑"这个词。一边是共同语奔跑义发生了词汇更替，一边是闽南方言沿用着古代汉语的固有词，"同义异词"就成了方言与共同语的词汇差异的表现之一。对于不了解词汇演变过程的人来说，可能忽略这种词形"错位"的语言现象，而简单地认定同义即同词，普通话的"奔跑"义用词是"跑"，闽南方言自然也是"跑"。这类误解在闽南方言的记录中很常见，于是就出现了不同人对同一个闽南方言词语可能采用训读字或本字的不同方式来记录，示例如表 3-10 所示。

表 3-10　闽南方言词语用字示例

音	义	训读字	本字
tsi³	同辈而年长于己的女性	姐	姊
hiã¹	同辈而年长于己的男性	哥	兄
tsʰui⁵	人和一切动物、器皿的口	嘴	喙
tsiaʔ⁸	把食物放入嘴中经咀嚼咽下	吃	食

这类情况可以按照上节讲解的考本字的基本方法，做好古今语音对应关系的比较，查阅、积累更多古代汉语常用词以帮助缩小寻字和验证的范围，从而避免方言词和字的误配。这类情况的用字经过前贤学者的持续研究，很多都已得到考证。林宝卿（1998）《闽南方言与古汉语同源词典》汇集了不少这类考辨例。周长楫（2006）《闽南方言大词典》在收录词条时也常给出用字考辨的简析。

二　语音的非常规音变与主观联想

有些方言词语音发生了非常规音变，以致本字不明，人们常根据读音，凭主观理解加以书写。如漳州东山县有人称稻草为 [ti⁻⁵koˉ⁶tsʰau³]①，至于如何书写不解，或写作"猪哥草"。漳州其他地方对稻草的最常见说法为"秞草 [tiu⁶⁻⁵tsʰau³]"。该词原本读音极有可能是 [tiu⁶⁻⁵ko⁻¹tsʰau³]，写作"秞稿草"。"秞 [tiu⁶⁻⁵]"在该词中例外音变为 [ti⁻⁵]，连带着"稿 [ko³⁻¹⁻⁶]"的声调也因单字调不明而发生了二次变调，致使使用者对该词语音有了新的联想。

tiu⁶⁻⁵ko³⁻¹tsʰau³ > ti⁻⁵ko⁻¹tsʰau³ （首字韵母变读，字义不明）

> ti⁻⁵koˉ⁶tsʰau³ （二字字义不明，本调不清，变调被误为本调，而引发二次变调）

由此可见，面对某些就现有语音和文字形式难解其语义的日常用语，不妨与周边同类方言的对应用词形式进行比较，以获取音变解释和用字启发。

三　语义的雅俗与口语词的遗落

虽说一般认为语义比较容易对应，语音对应是难点，但在考本字中确实也存在语音对应关系锁定之后，语义关联却不那么被笃定的情况。

---

① 以"-"区分单字调和连读变调。不加"-"一般指单字调，加"-"一般指其后的为连读变调。

且看闽南方言"[tʰai²]杀"，常写作"刣"，或认为本字为"治直之切"。"直之切"的"治"中古属止摄开口三等平声之韵澄母。以漳州芗城区闽南话单字音为例（见表 3-11），可得如下古今音对照规则。

表 3-11 漳州话部分单字音古今对照

今	古来源	例字	"治"
tʰ	透母	拖土胎梯讨偷贪毯塔添贴炭天脱吞汤托厅听踢通桶痛统	
	定母	桃头潭垫铁糖停挺读	
	彻母	撤抽拆	
	澄母	柱锤传程虫	澄母
	初母	窗	
ai	蟹开一咍	台来菜财该海爱胎改开	
	蟹开一泰	盖害	
	蟹开二皆	拜排埋戒	
	蟹开二佳	摆牌晒解派	
	蟹开二夬	败	
	蟹开四齐	西	
	止开三脂	眉梨指师	
	止开三之	使	之韵
	果开一歌	大	
阳平	浊平	（略）	浊平

比对结果显示"直之切"的"治"与闽南方言"[tʰai²]杀"音相符合。广韵"治"出现三次，分别包括"水名，出东莱。亦理也。直之切""理也，直利切，又直之切""理也，直吏切，又丈之切"。"理也"是"治"三个不同读音的共同的、主要的语义。说"治理""统治""整理""修建""备办""修建""规整"等与"理"有关是极明显的。"理"与"杀"的关联乍一看似乎就不那么自然了。然而很多北方官话、吴

语、湘语、赣语、客家话都有读音能与"直之切"相对应的、语义为"剖鱼""拾掇鱼"的口语词，如北京话的"tʂʅ² 鱼"、客家话的"tʃʰʅ² 鱼"。不仅如此，古代文献中也有"治鱼"这般用例，如《说文解字》中"劏，楚人谓治鱼也"。古今南北用法一致，应该足以说明"治鱼"的本土性。这时再回来看异音（或平或上或去）同义（"理"）的"治"，其读音差异很可能是文白读的差异，平声的"治"用于口语词"治鱼"，就是"拾掇、处理、整理"鱼，不也就是"杀"鱼，由"杀"鱼，进而扩展至处置、屠宰其他事物，也是相当正常的；上去声的"治"用于书面语，"治国"，就是"治理、统治"国家。这就好比现代北京话中的"择"有文白两读，文读"[tsə²]"基本语义是"选择"，白读"[tʂai²]"常见于"择菜""择不开""择席"等词，乍看这些口语词中的"择"好像也与"选择"义关系不密切，但细想还是有关联的。"择菜"就是挑选出菜里不要的部分，"择席"就是挑选睡觉的地方，"择开"就是挑选之后分开。

综上，在语音对应关系相对确定而语义关联辨析有困难时，我们一方面要严谨地遵循词义引申的内在逻辑，避免过度主观臆断，另一方面也要重视汉语存在文白分层发展的可能性，尝试对语义关联做出分层解读。

四　方言内部的"两可"与兄弟方言间的互证

考本字过程总是希望能找到语音语义都对应的字，但如果在方言内部找到音义都相符的字不止一个又该怎么办呢？来看看李如龙（2004）是如何解决厦门闽南话第二人称代词"[li³]"的本字问题的。

从厦门话内部的古今语音对应关系看，"[li³]"写作"你"或"汝"都可以，见表 3-12。

表 3-12　厦门话部分单字音古今对照

今	古来源	例字（数量）	"汝"	"你"
l	来母	罗来李（41）		
	泥（娘）母	女念难（14）		娘母
	日母	如二认（14）	日母	
l	从母	字（1）		
	以母	裕（1）		
i	蟹开四齐	米弟（5）		
	蟹合三废	肺（1）		
	蟹开三祭	世（1）		
	遇合三鱼	徐猪去（5）	鱼韵	
	止开三之	李子字耳（15）		之韵
	止开三脂	比死姨（9）		
	止开三支	紫戏移（8）		
	止开三微	希（1）		
	止合三微	味（1）		
上声	上声	火女写（129）	上声	上声

　　联系泉州闽南话和漳州闽南话做进一步的方言比较，即可从中选出最佳答案。第二人称代词在泉州、厦门、漳州三地的读音分别是 [lɯ³]、[lu³/li³]、[li³/ lu³]。① 三地韵读 [ɯ] [u/i] [u/i] 对应的以鱼韵为优。

　　至于之韵字，在泉州只有精庄组读 [ɯ]，其他都读 [i]；厦门、漳州则多读 [i]，精庄组文读为 [u]。可见，鱼韵和之韵在闽南方言中的语音对应格局有别。闽南方言第二人称代词应该是来自鱼韵的"汝"。

　　"不识庐山真面目，只缘身在此山中。"当把在本方言内部无法求解的问题，放置于更大的范围内进行比对，问题可能就迎刃而解了。

---

　　① 厦门海沧等城郊、与厦门城郊地缘相邻的漳州地区读 [lu]，其他多读 [li]。

表 3-13 鱼韵与之韵例字比较

鱼韵	汝	猪	鱼	除	鼠	之韵	李	起	时	四	思
泉州	lɯ	tɯ	hɯ	tɯ	tsʰɯ	泉州	li	kʰi	si	sɯ/si	sɯ
厦门	li	ti	hi	tu	tsʰu	厦门	li	kʰi	si	su/si	su
漳州	li	ti	hi	ti	tsʰu/tsʰi	漳州	li	kʰi	si	su/si	su

五　异读的增生与消减

有些字或古代有异读，或现代方音有异读，一般人不明底细想象不出其本字。例如"长"在《广韵》里有平、上、去三种异读，在普通话中剩下平、上两读，去声的"长"逐渐不为现代人所熟悉。

表 3-14 "长"字的三种异读

反切	音韵地位	语义	普通话对应词
直良切	宕摄开口三等平声阳韵澄母	久也、远也、常也、永也	长久 [tʂʰaŋ²tsiu³]
知丈切	宕摄开口三等上声阳韵知母	大也	长大 [tʂaŋ³ta³]
直亮切	宕摄开口三等去声阳韵澄母	多也	——

表 3-15 "长"字在闽南方言中的六种音义

	闽南方言读音	闽南方言例词	方言词释义
I	tiaŋ²	长久 [tiaŋ²⁻⁶ku³]	长久
II	tŋ²	久长 [ku³⁻¹tŋ²]	长久
III	tioŋ²	唔互侬长 [m⁶⁻⁵hoŋ⁻⁶tioŋ²]	不被人占便宜
IV	tio²	长泰 [tio²⁻⁶tʰua⁵]	地名
V	tiaŋ³	生长 [siŋ¹⁻⁶tiaŋ³]	生长
VI	tioŋ⁶	凶长 [sioŋ¹⁻⁶tioŋ⁶]	消耗很快，很多，浪费

再看闽南方言中"长"，至少有 6 种读音。平声的 I 、II ，上声的 V 分别对应《广韵》中"直良切"和"知丈切"的"长"，这是比较容

易理解的。平声的Ⅲ、Ⅳ或发生音变（阴阳对转①：tioŋ² > tio²），或发生了创新性义变（远/多>占便宜），去声的Ⅵ因为普通话缺失，要能将其音义与"直良切"和"直亮切"的"长"字对应起来，就不是那么容易了。这类情况考辨时应该摆脱共同语音读格局的影响，回归方言的古今语音对应关系，可以结合土人感的直觉联想进行大胆假设，再按一般方法做好小心求证。

六　速度的不均与滞留的弱势

新语法学派认为语音演变无例外，即某一时代的同音词，到另一个时代也会是同音（或都不变，或都同变）。如果有例外，一定有可以解释的原因。

如表3-16所示，原来同为哈韵（ *ʌi ）的几个字，到普通话中仍为同韵关系（ai）。广韵的平声字，今有55和35两种读法，那是受声母清浊制约产生的分化。

中古平声+中古清声母 > 55（例如透母的"胎"、见母的"该"）
中古平声+中古浊声母 > 35（例如定母的"台"、从母的"财"）

表3-16　哈韵的例字语音

	字例	胎	台	袋	来	菜	财	该	改	开	海	爱
	摄	蟹	蟹	蟹	蟹	蟹	蟹	蟹	蟹	蟹	蟹	蟹
	开合	开	开	开	开	开	开	开	开	开	开	开
广韵	等	一	一	一	一	一	一	一	一	一	一	一
	韵	哈	哈	哈	哈	哈	哈	哈	哈	哈	哈	哈
	声	透清	定浊	定浊	来浊	清清	从浊	见清	见清	溪清	晓清	影清
	调	平	平	去	平	去	平	平	上	平	上	去

---

① 指发生在阴声韵（以元音结尾，不带鼻音和塞音韵尾的韵，如 a/ai/au ）和阳声韵（带鼻音韵尾的韵，如 an/ang ）间的相互转变。

续表

字例		胎	台	袋	来	菜	财	该	改	开	海	爱
普通话	声	tʰ	tʰ	t	l	tsʰ	tsʰ	k	k	kʰ	x	Ǿ
	韵	ai	ai	ai	ai	ai	ai	ai	ai	ai	ai	ai
	调	55	35	51	35	51	35	55	214	55	214	51

事实上，语音的发展并不是随时随地保持如此规整的状态。词汇扩散理论指出，不同词汇的音变速度会不一样，原来的同音字在经历一段时间的演变后可能出现多种音读形式。这就好比从同一起跑线出发的一群人，经过一段时间的奔跑，由于个体速度差异，大家不再齐头并进，而是有前有后。

以歌韵字在现代北京、济南、西安、太原、武汉、成都等地的方音为例（见表 3-17），同为歌韵的字在今各地方言点中韵母都有多个音读，如武汉"o/a"、北京"uo/ɤ/a"、太原"a/aʔ/ ɤ/ uɤ/"，也即早先同韵的字，现在韵母的读法并不同一。但是这种音读差异背后有着明显的规律。以武汉、成都为例，歌韵字至今几乎还是同读（多读为 o），只有"他""大"等个别字韵读为 a，也即武汉、成都歌韵字虽有不同读音形式，但其间的地位主次分明。

表 3-17 歌韵字的方音比较

字例	音韵地位	北京	济南	西安	太原	武汉	成都
多	平歌端	tuo¹	tuɤ¹	tuo¹	tuɤ¹/tɤ¹	to¹	to¹
拖	平歌透	tʰuo¹	tʰuɤ¹	tʰuo¹	tʰuɤ¹/tʰɤ¹	tʰo¹	tʰo¹
他	平歌透	tʰa¹	tʰa¹	tʰa¹	tʰa¹	tʰa¹	tʰa¹
驮	平歌定	tʰuo²	tʰuɤ²	tʰuo²	tʰuɤ¹/tʰɤ¹	tʰo²	tʰo²
大 大小	去歌定	ta⁵	ta⁵	ta⁵/tuo⁵	tʰa⁵/tɤ⁵	ta⁵	ta⁵
罗锣	平歌来	luo²	luɤ²	luo²	luɤ¹/lɤ¹	no²	no²

字例	音韵地位	北京	济南	西安	太原	武汉	成都
左	上歌精	tsuo³	tsuɤ⁵	tsuo³	tsuɤ³/tsɤ³	tso³	tso³
歌	平歌见	kɤ¹	kɤ¹	kɤ¹	kɤ¹	ko¹	ko¹
可	上歌溪	kʰɤ³	kʰɤ	kʰɤ³	kʰɤ³/kʰaʔ⁸	kʰo³	kʰo³
鹅	平歌疑	ɤ²	ŋɤ²	ŋɤ²	ɣɤ²	ŋo²/o²	o²
我	上歌疑	uo³	uɤ³	ŋɤ³	ɣɤ³	ŋo³/o³	ŋo³
饿	去歌疑	ɤ⁵	ŋɤ⁵	ŋɤ⁵	ɣɤ⁵	ŋo⁵/o⁵	o⁵/ŋo⁵
河	平歌匣	xɤ²	xɤ²	xuo²	xɤ¹	xo²	xo²

以武汉、成都为参照，进一步观察。从音值角度看，不难发现各地的各种音读形式和"o/a"关系密切："o"前加介音得"uo"；"o"展唇化得"ɤ"；"ɤ"前加介音得"uɤ"；"a"促化得"aʔ"。从音读的分布格局看，北京和济南的"三分"，无非就是对应武汉、成都主体层"o"的一分为二，分化的条件应该在于声母的发音部位的差异（牙喉音/非牙喉音），其中牙音的"我"不读"ɤ"可算是例外。西安、太原也可以看作三分格局，与北京、济南不同的地方主要集中在部分常用的牙音字，如"我""河"等。

表 3-18 "o/a"的方音比较

字例	音韵地位	武汉	成都	北京	济南	西安	太原
多	平歌端	o	o	uo	uɤ	uo	uɤ/ɤ
拖	平歌透						
驮	平歌定						
罗锣	平歌来						
左	上歌精						ɤ
我	上歌疑						
河	平歌匣			ɤ	ɤ		

续表

字例	音韵地位	武汉	成都	北京	济南	西安	太原
歌	平歌见	o	o	ɤ	ɤ	ɤ	ɤ
鹅	平歌疑	o	o	ɤ	ɤ	ɤ	ɤ
饿	去歌疑	o	o	ɤ	ɤ	ɤ	ɤ
可	上歌溪	o	o	ɤ	ɤ	ɤ	ɤ/aʔ
他	平歌透	a	a	a	a	a	a
大大小	去歌定	a	a	a	a	a/uo	a/ɤ

结合古音研究成果与现代方言的平行比较，歌韵字在北方方言中的读音大致经历了如下的演变过程，见表3-19。

表 3–19　歌韵字在北方方言中读音的演变过程

阶段	音变	主要变化	以北京话为例
I	*ai 上古拟音 > a	韵尾丢失	"他""大"滞留于此
II	> ɑ > ɔ > o	后高化	
III	> uo (> uɤ)	加介音	非牙喉音字，少数牙喉音字停留于此
IV	> ɤ 牙喉音	依声母发音部位分化	牙喉音继续发展至此

综上，原来同音的一系列字，在发展过程中速度并不一致。经过一段时间的演变这些字大致可划归为三个集合：超前层（少数发展速度较快的）、主体层（绝大多数发展速度居中的）、滞留层（少数发展速度较慢的）。这还仅仅是就语言的本体层而言。语言本体层之外，还可能有外借层。

将语言的演变类比于大家熟悉的跑步比赛，这样理解起来应该就很容易了。

表 3-20　语言演变过程

众人同一起跑线 ——原本一批同音字	
奔跑中渐次排开 ——随着时间推移语音渐变	
持续奔跑出现分层，有前方个别领跑者，后方殿后者，中间群体人数最多——同一本体层可划分为超前层、滞留层、主体层	
在奔跑途中，场外人员可能因为种种原因进入跑道——本体层之外可能会有外借层	

生活经验告诉我们，比赛运动员和场外人员若同处跑道中时，一般是很容易被辨别的，但如果场外人员经过一番趋同性调整，比如换上运动装备，并在跑道中奔跑，还是可能混迹其中而不为人所发现的。对语言系统来说，外借成分刚开始一般是显眼的、容易被辨认的，但随着时间推移和趋同性自我调整后，就可能融入本体层。在比赛中超前者关乎输赢，大体量的中间者吸引了观者绝大多数的注意，其中最容易被忽略和遗忘的往往是殿后者，因为数量少又不关乎输赢。同理，在语音演变过程中，主体层是容易辨认的，滞留层数量少，且脱离主体层太久，是否与主体层同属一个本体层是不确定的。如此，假设一个词的读音属于某个本体层的滞留音读，我们很可能会因为该本体层绝大多数字不发这个音，而不认可该字来自这个本体层，因而舍近求远，南辕北辙。

闽南方言称呼女性为"[tsa¹bɔ³]"，有人认为其本字可能是"诸母"，[①] 且看《汉语大词典》给出的释义：

---

① 杜佳伦:《闽语历史层次分析与相关音变探讨》，中西书局，2014，第 245 页。

【诸母】1. 庶母。《礼记·曲礼上》："诸母不漱裳。"郑玄注："诸母，庶母也。"孔颖达疏："诸母，谓父之诸妾有子者。"2. 称与父亲同辈或年龄相近的妇女；老妇。《史记·高祖本纪》："沛父兄诸母故人日乐饮极欢，道旧故为笑乐。"《汉书·蒯通传》："臣之里妇，与里之诸母相善也。里妇夜亡肉，姑以为盗，怒而逐之。妇晨去，过所善诸母，语以事而谢之。"3. 特指伯母、叔母。清黄遵宪《拜曾祖母李太夫人墓》诗："诸母背我骂：健犊行破车。"

说"[tsa¹bɔ³]"与"诸母"语义相通是说得过去的。但语音的对应就比较难解了，特别是"[tsa¹]"和"诸"韵母的对应问题。① "诸"所属鱼韵和麻开三韵在闽南方言中的韵读情况见表 3-21，不存在这两韵读成 [a] 的字例，至少说中古以降，要这两个韵读为 [a] 在闽南方言中并非常例。

表 3-21　鱼韵、麻韵在闽南方言中的韵读

	韵母	今白读	今文读
鱼韵	u		女如
	i	女吕徐猪除锄书鼠如举锯去渠鱼余	许
	ɔ	许	初所
	e	初所	
麻韵	ua	蛇	
	ia	姐写斜谢车蛇射爷野夜	斜谢

因为古今韵不相符，"[tsa¹bɔ³]"本字为"诸母"就值得怀疑，这

① "诸"广韵有两个反切："正奢"切（章麻开三平）、"章鱼"切（章鱼合三平）。章母读为 [ts-]，是闽南方言的常规对应，章母平声对应现代的阴平也是常例。由此可见，说闽南方言的 [tsa¹] 对应"诸"，声、调均符。

是否意味着就完全不可能呢？中古鱼韵，上古属鱼部，拟音为 [a] 基本是一个共识。假设"章鱼切"的"诸"没有赶上"a > ɔ/u/i/e"的音变，而成为一个上古音滞留成分，那它是可能读成"[tsa¹]"的。如此来看，"[tsa¹bɔ³]"本字为"诸母"亦是值得考虑的一种方案。

七　层次的多样与底层的干扰

越来越多的研究表明，东南汉语方言并非北方汉语的完全移植。"究竟东南汉语方言是原住民改口说的并不地道的以少数民族语言为基础的'古南方方言'，或是吸收某些民族语言特点的汉语的新的变异？近些年来研究东南方言的学者颇有一些不同的看法。"[①]但说包含闽南方言在内的东南汉语方言多少存有一些早期非汉语成分大体是可信的。学界通常把这类早期非汉语成分因为民族融合过程而被借用并留存于汉语方言中的语言现象称为底层现象。底层成分包括发音特色、音素、词汇、语法规则等。能被留存下来的底层成分，往往有其特别之处，即使数量不多，也需要引起足够的重视。

早期民族融合过程中，汉语与非汉语间的借用往往是相互的。"由于交往历史长、分化语种多，如果未经周详的调查，要对底层词作出同源或借用的判断，确实是不容易的。"根据现有研究，我们可以得到这样的启发："方言向民族语言早期借用的底层词常在方言和民族语各自的内部是普遍通行的，语音上不但存在着明显的对应，而且读音相近，语义也比较一致，而且在民族语言中多未分布到别的语族，在汉语则未见于更古时期的通语和其他方言。""这些根词借用的时间长了，又很常用，所以汉语古籍中也有明确的记载。如果未必太常用，有时方言中自制俗字"，"有时一直是'有音无字'或者采取代用字"。[②]

---

① 李如龙：《关于东南方言的"底层"研究》，《民族语文》2005 年第 5 期，第 1 页。
② 李如龙：《关于东南方言的"底层"研究》，《民族语文》2005 年第 5 期，第 12~13 页。

如厦门闽南话"[lut⁷]脱落"是一个日常生活很常用的单音词,在古代汉语中找不到合适的对应字,俗称"有音无字",在词汇记录中常用"□"替代。学者们从其周边汉语方言、"古百越语"(今壮侗语)里找到读音相近、语义相同的说法,如广州粤语"[lɐt⁷ᵇ]"、梅州客家话"[lut⁷]"、龙州壮语"[lu:t⁷]"、西双版纳傣语"[lut⁷]"等。厦门闽南话"[lut⁷]脱落"很有可能是一个非汉语的底层成分,无汉字记录就不足为奇。当然也不是在典籍可以找到文字记载的字词就一定不是底层成分。如闽南方言中的"[kiã³]儿子>名词词尾",《集韵》收了该词,记为"囝,九件切,闽人呼儿"。很难想象这么重要的核心词在上古汉语中毫无踪迹,而突然从闽地被创造出来,并被广泛使用,而今又能在孟-高棉语族等其他族群语言中找到音义相同的说法,最大的可能就是该词是从古百越语借用的。这类底层词之所以为韵书所记录过,是因为它们在当时的东南方言中被经常使用,可能是这些地方文人根据文字的形音义原则,特别是同音原则,为其制造了"本字"。类似这样的还有闽南方言的"骹[kʰa¹]脚、腿",《集韵》收有"骹,口交切,胫骨近足细处",在其他汉语方言中用例极少,但在很多南方民族语言中有音义对应的词,如壮语"[ka¹]"、傣语"[xa¹]"、黎语"[ha¹]"、水语"[qa¹]"。这个词若不是汉台语的同源词,便是闽语向壮侗语借用的底层词。①

总之,如果我们忽视语言间的借用,忽视外来借用层的留存,而一味地硬要从音韵规律对应和文献佐证中为每个本字未明的词找到古代汉语的来源,这就有了"时空错位及主客位混乱之虞"。②

综上所述,汉语方言特别是南方汉语方言历史音韵层次并不单一,考求本字需要慎重地遵循历史比较法原则,建立各种不同的语音对应规

① 李如龙:《关于东南方言的"底层"研究》,《民族语文》2005年第5期,第3页。
② 邓晓华:《闽客方言一些核心词的"本字"的来源——兼论汉语方言的考"本字"问题》,《语言研究》2006年第1期,第86页。

律来解释方言词语因历史音韵层次不同而造成的一词多音多义问题，甚至还需要运用同源词理论以及语言接触理论来解决方言底层词的本字问题。相对而言，主体层来历一般较易于把握，但主体层以外的读音到底是从其他民族语言借用而来的底层，还是自身本体系统中的滞留层成分，还是超前层成分，还是特殊的音变、义变成分，往往不容易下定论。跨出方块汉字的框架，在更广泛的时空背景下进行更大范围的系统比较分析，让更多解释可能得到充分的碰撞和争锋是以往推动方言本字研究走向深入的有益经验。

第五节　对待方言用字的态度

一　考本字的作用和意义

"有人说，记录方言词汇把音记准，把意义注解清楚就行了，用汉字书写方言词，应该'从俗从众'，写不出字'开个天窗'也很好，何必总想到古书上去找个生僻字来写？大家都不认识的字，写了也白写。这是不理解考本字的意义所造成的误解。""考求方言词的本字可以透过方音和古音的对应关系（包括常例对应和变例对应或特例对应）去认识方言词和古代语词的历史关系，为方言的继承和演变做历史的定位。这是一项十分重要的基础工作，也是把方言语音和方言词汇联系起来相互论证的科学方法。弄清楚方言词的本字不但可以了解方言词的流变，也可以补充方言语音演变的例证。不仅如此，弄清楚方言词的本字还有助于我们去了解方言和不同时代古汉语的关系及方言间的亲疏远近的关系。换言之，只有考定了本字才能进行纵横两向的语音、词汇的比较研究。搞清楚本字是理解方言语词的起码条件，也是对方言进行整体研究的必要基础。"也即"考本字是为了研究方言而不是为了给方言词寻找汉字书写形式"。如果仅仅是为了记录方言词，确实未必一定要考出本字，但如果要拿方言和古汉语、和普通话、和其他方言做比较研究，就需要考本字了。①

二 本字的用与不用

既然"考求方言词本字是为了认识方言语音和古代语音的演变关系，为了了解方言词语的含义和来历"，而"并不是为了给方言词提供书写的规范"，②那么确实没有必要苛求随时随处都要使用本字。事实上，"建国前，闽方言地区流行过的民间唱本、地方戏戏文在书写方言词时或采用同音字，或写训读字，或造俗字，因为约定俗成，也能在本地流通"。③

这就提醒我们：①考本字的成果在理论著作和实际应用中不必强求推广，方言著作中也可以使用俗字、训读字、同音字。如闽南方言"[tʰai²]杀"本字应该是"治"，但现在以"治"来记录该词，反倒不如用方言形声俗造字"刣"容易为人所接受。如闽南方言"[ts/ta¹bɔ³]女性""[ts/ta¹pɔ¹]男性"这两个词的本字尚存争议，有人认为是"诸母""丈夫"，有人认为在核心语素"母""父"前加一个同样的词头，有人认为是少数民族语言底层而非汉语成分。此时采用音近替代字"查某""查甫"记录就成了惯常的做法。闽南方言"[tsʰa²]"本字应该是从母宵韵开口三等平声的"樵"，但该词的方音与"柴"的普通话音义相近，以训读字"柴"记录也相当普遍的。②面向大众的、以传播思想内容为主的文学作品中的方言词语或是方言文学作品用字不妨强调意译，少用生僻字，以照顾更多读者群的阅读需求。

挨咯挨	挤呀挤
治鸡请阿舅	杀鸡请阿舅
阿舅食𣍐了	阿舅吃不完

① 李如龙：《从闽语的"汝"和"你"说开去》，《方言》2004 年第 1 期，第 5~6 页。
② 李如龙：《考求方言词本字的音韵论证》，《语言研究》1988 年第 1 期，第 111 页。
③ 李如龙：《考求方言词本字的音韵论证》，《语言研究》1988 年第 1 期，第 111 页。

请客鸟	请喜鹊
客鸟食了欲佫添	喜鹊吃完要再添
攑饭匙介拍喙边	拿饭匙给它打嘴边

　　试比较同一首闽南方言童谣的不同用字记录方式，左边更多用了本字、方言自造字，右边更多用了训读字，甚至有"意译"的部分，在不注重方音的情况下，右边文字更便于一般读者准确把握该闽南方言童谣的意义，即使是外方言区读者也能进行无障碍阅读。

　　看来我们应该对方言用字保持相对宽容的态度。因为记录需求的不同、记录者专业素养的差异、记录载体的选择等都可能影响方言用字的选择。这里给出两个建议供大家参考。①方言论著还是尽量用本字，不采用本字的最好能加以说明或标注。"不注意区别本字读音和训读、同音现象，就会误记字音，在归纳方音和古音的对应、方音和普通话语音的对应或方言文白异读时就会误立条目，调查方言词汇时也会造成粗疏"。[①] 如当我们把闽南方言中的"[laŋ²]人"记为"人"字（本字为"农"，常写作"侬"）[②]，就很容易让人误以为"人"字在闽南方言中有 [dzin²]、[laŋ²] 两个读音。由于误认了训读音，就会进一步误列出一系列古今音对应和文白对应条例，进而影响后续的方言调查研究质量。②在不涉及语音对应关系，不求使用本字的情况下，尽量选择计算机录入便利的字。明清以来闽南方言戏文、闽南传统韵书、现代闽南方言词典、各种方言志、闽南方言研究论著等各有各的用字特色。一个闽南方言词往往有多种字形与之对应，在不苛求本字的情况下，尽量选择计算机自带字库中的规范字，而规避那些需要特殊处理的字形[③]。历史上手写于纸上的录入方式对字体缺点少画、任意简省、任意添加、部件任意

---

　　① 李如龙：《考求方言词本字的音韵论证》，《语言研究》1988 年第 1 期，第 111 页。

　　② 具体论证见黄典诚《闽语人字的本字》，《方言》1980 年第 4 期，第 312~313 页。

　　③ 如自造字符、插入图片。

组合等兼容度很大。如明刊闽南戏文中：

心字简作→横笔：愁→；意→；思→；愿→；忽→；惹→；悠→；想→

两横笔简作→竖笔：值→；身→；前→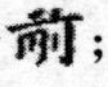；相→；且→；息→；

而今以电子设备为录入载体，就应该尽量规避系统不自带的字形。这样至少有几方面好处：①减少录入的难度。②保持版面编辑的简便和美观。③有效避免传递过程中出现乱码问题。

最后，综合“闽南方言的记录（上、下）”两章所述，闽南方言的记录若能同时包含音标记音、汉字记义、普通话对译等内容，其作为文献语料的适用范围应该更广，使用价值应该更高。例如：

《漳浦闽南方言歌谣——天乌乌》

方言：天乌乌卜落雨。

音标：thĩ^{43}Øou^{33}Øou^{43}bɛʔ^{0}lɔ^{21}hou^{33}

意译：天黑黑要下雨。

方言：阿公啊揭锄头去巡水路。

音标：Øa^{33}koŋ^{43}Øa^{0}gia^{21}ti^{33}t^{h}au^{412}k^{h}u^{21}sun^{33}tsui^{33}lou^{33}

意译：老公公扛着锄头去察看水路。

方言：掘啊掘，掘啊掘，掘着蜀尾膝蛄溜。

音标：kut^{54}la^{0}kut^{54}，kut^{54}la^{0}kut^{54}，kut^{4}tiɔ^{21}tsit^{21}bue^{43}ts^{h}an^{33}kou^{33}liu^{43}

意译：掘啊掘，掘啊掘，掘到一条田泥鳅。

方言：阿公啊卜煮咸，阿妈卜煮饗。

音标：Øa^{33}koŋ^{43}Øa^{0}bɛʔ^{4}tsu^{43}kiam^{412}，Øa^{33}mã^{51}bɛʔ^{4}tsu^{43}tsiã^{51}

意译：老公公要煮咸的，老婆婆要煮淡的。

方言：两侬相拍弄破鼎啊弄破鼎。

音标：lŋ²¹laŋ⁴¹²siɔ³³pʰaʔ⁵⁴loŋ⁵¹pʰua⁵¹tiã⁵¹Øa⁰loŋ⁵¹pʰua⁵¹tiã⁵¹

意译：两人打架打破锅啊打破锅。

课后思考

1. 对想考本字的人而言，最好是能拥有一份全面准确的古今音对照表，然而现今很多方言报告是不提供古今音对照表的，怎么办？

2. 尝试调查一下"小偷""女人""男人""杀"等词在闽南话中的说法，并尝试推测其本字或对前人考释的本字做出评析。

附：

闽南方言常用字（词）对应举例

音	义	本字	训读字	音	义	本字	训读字
kuan²	高	悬	高	目 tsiu¹	眼睛	目珠	目睭
kʰia⁶	站立	徛	企	tsʰa²	木柴	樵	柴
tsʰan²	田	塍	田	tsʰiŋ⁶	穿	颂?	穿
hioʔ⁸	叶子	箬	叶	te³	短	?	短
pʰu³	霉	殕		ta¹	干燥	焦	干
kiã³	儿	囝	儿	li³	你	汝	你
tʰau³	解（开）	敨	解	tsʰui⁵	嘴	喙	嘴
am³	米汤	饮		mã³	祖母	妈	奶
mẽ²	夜晚	冥	夜	tsut⁸ 米	糯米	秫米	糯米
baŋ³	蚊子	蠓	蚊	tsʰeʔ⁷	喝粥或汤水	歠	喝
tsʰi⁶	喂养	饲	养	puaʔ⁸	摔倒	跋	摔
tsʰit⁷	擦拭	拭	擦	siu²	游水	泅	游
ak⁷	浇水	沃	浇	pʰak⁸	晒	曝	晒
tu³	顶住，碰到	拄	遇	pit⁷	裂开	必	裂
tʰan⁵	赚	趁	赚	hip⁷	闷热，不通气	熻	闷
tsʰe¹	蒸	炊	蒸	tsiã³	味淡，色浅	饗	淡
uã⁵	不早	晏	晚	nui⁶	蛋	卵	蛋
ti⁶	筷	箸	筷	tʰui⁵	脱	褪	脱
kʰŋ⁵	藏	囥	藏	ka¹	剪	铰	剪
pak⁸	绑	缚	绑	sio¹ 水	热水	烧水	热水
puã⁶	弹去衣物上的灰尘	拌	拂	pʰue¹	信件	批	信
tsʰu¹	平展地铺开	舒	铺	huaʔ⁸	跨出的步子	伐	步
oʔ⁷	难、慢、不易	恶	慢	ke⁶	低	下	低

第四章

闽南方言的特点（上）：兼容与整合

第一节　闽南方言的文化类型

一　方言文化特征的多方面考察

20 世纪 90 年代，李如龙提出方言的文化特征可以从五个方面进行考察，从而归纳出不同的文化类型：从方言形成的整合力看，有单纯型和驳杂型之别；从方言之间的聚合力看，有向心型和离心型之别；从方言接触中的竞争力看，有扩展型与收缩型之别；从方言使用中的活跃度看，有活跃型和萎缩型之别；从方言的演变速度看，有稳固型和变异型之别。[①]

二　闽南方言的文化类型特征

闽南方言是单纯型、向心型、扩展型、活跃型、稳固型的方言（见表 4-1）。各个特征之间是相互关联的。如整合力强的方言系统严整，向外辐射力就大，民众对母语的忠诚度就高，对中心区方言特征的变异就少，母语的使用度也高。单纯、向心的特征决定了方言在外播之

---

① 李如龙：《论语言社会类型学研究》，《语文建设通讯》1992 年第 3 期；李如龙：《方言与文化的宏观研究》，《暨南师范大学学报》（哲学社会科学版）1994 年第 4 期；李如龙：《福建方言》，福建人民出版社，1997；等等。

后能较好地保持自身的独立性。强势、向心、整合力强的方言更趋于稳定。这些关于闽南方言的文化特征，既含有对闽南方言之于其他汉语方言之个性特点的认知，也含有对闽南方言内部方言间相互关系的说明。由此可见，本土闽南方言和外播闽南方言同中有异，异中有同。先天的共同源流关联让各地闽南方言保持着不少共性"底色"，后天各异的生存环境让各地闽南方言呈现出不少个性"变异"。

表 4-1　闽南方言的文化类型

方言的文化类型			闽南方言的文化类型及表现
方言形成的整合力	单纯型①	+②	拿文白的系统对应来整合多来源多层次的旧音和官音③
	驳杂型		
方言之间的聚合力	向心型④	+	外播各地的闽南方言与本土闽南方言保留很多相通之处⑤
	离心型		
方言接触中的竞争力	扩展型⑥	+	外播各地的闽南方言相对成区，界限清晰
	收缩型		
方言使用中的活跃度	活跃型⑦	+	本土闽南方言相对活跃
	萎缩型		海外闽南方言和省外一些闽南方言岛出现明显萎缩
方言演变速度	稳固型	+	变化较慢，保留很多古语特征，百年来没多大变化
	变异型		

注：①方言在形成过程中有强劲的整合力。
②"+"表示闽南方言所具有的文化类型。
③从闽南方言的形成来说，它是多来源的，但它在形成过程中是有强劲整合力的。闽南方言的"单纯"不是指组成来源的单一，而是语音系统本身具有明确而严整的对应系统。（粤语的"单纯"就是来源的单一。）论方言的文化特征，厦漳泉等核心区闽南方言更显单纯。潮州话、雷州话、海南话等因为地域较小，地理环境和社会文化背景各异，语言上又与外区方言有多种接触，而发生许多新的变异，故单纯性不如核心区闽南方言严整和明晰。
④指同区方言中，小方言点更多地体现了有代表性的中心区方言的特征。
⑤闽南方言的向心不在于距离的远近，而在于整合力的大小和语言意识的强弱。整合力强的方言内部系统严整，对周边小方言的辐射力就大。母语意识强，对中心区方言背离和变异就少，向心倾向就多。
⑥扩展型指方言地域分布的扩大。外播方言仍较好地保有母体特征，与周边方言保持相对独立的分布。更准确地说，扩展型方言是强势方言。因为从总体上看，方言的扩展期已经成为历史。方言在现代生活中能得以保持、存活已很不易了。
⑦活跃型指方言在语言生活中的应用指数高。

三 "双线"并进看闽南方言的特点

了解本土闽南方言对内一致性、对外排他性的特点，是我们认识闽南方言基本特征的重心。对比闽南方言内部差异，了解各地闽南方言共性之余的差异，是我们认识闽南方言与其周边其他方言相互接触、相互影响关系的窗口。关于闽南方言特点的说明，可分两线进行：①本土闽南方言重在展示闽南方言之特点，即闽南方言对内一致性和对外排他性。②通过闽南方言内部比较，展示若干外播闽南方言有别于本土闽南方言的个性特征。前者与闽南方言的形成问题关系密切，后者是闽南方言内部分区的基础。本章我们重点介绍本土闽南方言之于其他汉语方言在语音、词汇、语法等方面的特点。至于内部比较下的外播闽南方言个性特点的基本情况，我们将在第五章加以介绍。

第二节 闽南方言异读系统的特点

一 汉语方言的字音系统

语音是语言的物质外壳，是理解和掌握方言的头道门。无论是共时的结构还是历时的演变，方言的语音系统是相对稳定和封闭的。语音的结构及其所体现的历时演变规律具有严密的系统性，它所展示的方言特征是典型的。

特点，人或事物所具有的独特之处。如何断定某种表现是否独特？比较对象显得尤为重要。特点往往是相对而言的。历来所说的方言语音特点，如果纯粹从共时的角度去描述，诸如有几个元音音位、辅音音位，tɕ-、tɕʰ-、ɕ- 不拼开口呼和合口呼等，总觉得不能说明问题，非得另外罗列一套"舌上音读为舌头音""轻重唇不分"之类的音韵特征才算是说到点子上。这种特点表述其实都是以广韵系统为参照系的历时比较的特点，而不是共时的结构特征。历来方言学一说语音特点便走向历时，这是由汉语方言特有的结构基础所决定的。①对汉语来说，本来只有"字"的观念。凡字，都有形、音、义。许多字都是时贯古今，地跨南北。各个字的音义古往今来，南北四方可以有同有异。就字音的异同而论，古今南北是存在一定的对应的，所发生的变异也有一定的规律性，构成汉语语音的特有系统——最能体现汉语特色的字音系统。汉语方言的字音系统包括两个方面：一是音类系统，一是异读系统。音类系统是指每个音管了哪些字，包括每个音节所管的字和每个声、韵、调的类别所管的字，也就是字在音节或声、韵、调的类别中的分布。异读系统是指方言词语用到的字都有哪些不同的读音，也就是不同音节在字里的共现。②

二 字音异读的类型

汉字有一字一音的，也有一字两音甚至多音的。根据字音差异，可以把字音异读分为同形异义异读和同形同义异读。

1. 同形异义异读

同形异义异读指字形相同，字义不同的一字多音现象，即我们通常所说的"别义异读"。如：

词	字义	字形	字音
好$_1$	形容词，美好	好	hau^3
好$_2$	动词，喜欢	好	hau^5

词语"好$_1$"和"好$_2$"语义有引申关系，共用同一个字形"好"。[hau^3][hau^5]异读产生的客观原因是词义引申和词性分化。这种别义异读实际上可看成一种音变构词的手段。

---

① 音节、词的概念是后来从国外语言学引进的。
② 李如龙:《汉语方言学》，高等教育出版社，2001，第59~60页。

有些别义异读现象古已有之。有些现代方言异读和古代别义异读是一脉相承的。

《广韵》	厦门话
长，直良切_{平声阳韵}，久也，远也，常也，永也。	长 [tioŋ²] _{~安} 长 [tŋ²] _{~短}
长，知丈切_{上声养韵}，大也。	长 [tioŋ³] _{成~} 长 [tŋ³] _{~大（发育）}
	长 [tiũ³] _{组~}
长，直亮切_{去声漾韵}，多也。	长 [tioŋ⁶] _{~淡薄（剩下少许）}

厦门话"长 [tioŋ²]—[tioŋ³]—[tioŋ⁶]""长 [tŋ²]—[tŋ³]"读音只有声调的区别，声调有别，意义有别。这种区别和《广韵》中"长"的三种音义是对应的。

2. 同形同义异读

字形相同、词义也基本相同，但有多个读音的状况也不少。

（1）新老派异读

新老派异读指方音音值随着时间推移发生渐变，并在老年人和青年人之间因年龄层次不同而产生的异读。例如，厦门话"河"老派读作 [ho²]，新派读作 [hə²]，即厦门青少年有把"o"变读为"ə"的趋势。新老派异读也可以出现在同一个人的口中，但没有语用场合的分别，通常是新派逐渐取代老派。①

（2）借用异读

原来方言有自己的读音，后来受共同语或其他方言影响而借用了另一个音与原有读音并行，这种类型被称为借用异读。例如漳州角美话"女"原来只有 [lu³] 一读，后来受漳州城区读音影响，也有人将之读成

---

① 一般老年人说的是老派音，青年人说的是新派音。但部分老年人跟进新变，读新派音，部分青年人保持旧读，读老派音也是常有的。

[li³]，两个读音没有语用差别或词汇分布的差别，可以在同一个人口中并存，随机自由地使用。

（3）又读

又读指零散的、不成系统的、条件不明的异读。又读多为自由变读。例如北京话"法"有上声和去声两种读音，"结"有阴平和阳平两种读音。

（4）文白异读

对"文白异读"这个概念，大家或许不熟悉，但"文白异读"现象却并不少见，如北京话的"择 [tʂai²₋菜]/[tsɤ²₋选]""薄 [pau²₋纸]/[po²₋弱]"等。从共时角度看，文白异读是因语用场合不同而产生的异读，用于读书等比较文雅的场合的称为"文读音"（或读书音、文言音），日常口语中使用的称为"白读音"（或白话音），但文白读所指向的基本义是相同的。文白异读首先是语音现象，字的不同读音有不同的语言系统来源，形成于不同的历史时代，它反映了语音的不同历史层次。如北京话的"薄 [po³⁵]"是早期传下来的本地音，"[pau³⁵]"是后来从外地传入的音。

三　文白异读的特点

综合前人对文白异读特点的论述，我们可用同一性、互补性、系统性、层次性、成片性来粗略概括文白异读的特点，展示文白异读与其他异读类型的区别。

同一性。主要体现在以下几个方面：①文白读音联系的字必须具有相同的来历，即在广韵系统里有完全相同的音韵地位。① ②文白异读

---

① 比如，拥有别义异读的字，在广韵中往往原本就分属不同的反切。如厦门话"长 [tŋ³]₋大"对应广韵"知丈切"的"长"，厦门话"长 [tŋ²]₋短"对应广韵"直良切"的"长"。拥有文白异读的字，只对应广韵的一个反切。如厦门话"长 [tioŋ²]₋安/[tŋ²]₋短"都对应广韵"直良切"的"长"。

的构成音读同处于一个语言系统中。① ③在音韵行为上，特别是在声调系统方面常具有一致性，如文白读往往共享相同的连读变调规律，文白读即使无法保持调类归纳的完全一致，也至少能够保证二者所具有的调位基本相同。②

互补性。主要指文白异读的不同读音是与词结合而存活在人们的口语中，不同音读分布在不同的词汇中。文白异读不仅是一种语音现象，也是一种词汇现象，常表现为书面语词读为与共同语相近的音，口语词读为方言固有的音③，如厦门话"天：[tʰian¹] ~然——[tʰĩ¹] ~气"。

系统性。主要指文读音和白读音之间的对应关系及各自形成的语音系统。

层次性。主要指形成异读的两个读音来源于不同的语言系统，也即它们之间体现的不是某一音素在同一语言系统内部音变的不同形式，而是同源成分在不同语言系统中按不同的语音规律发展演变后的再汇聚。简言之，构成文白异读的不同读音有不同的语言系统来源，它们之间是一种层次关系，而非音变关系。

成片性。主要指在地理区域相邻的同类方言中常出现类似的文白异读。具体例字见表4-2。

表4-2　闽南方言文白异读的例字比较

	漳州漳浦	漳州东山	漳州芗城	厦门思明	泉州晋江	泉州石狮
大	tua⁶/tai⁶	tua⁶/tai⁶	tua⁶/tai⁶	tua⁶/tai⁶	tua⁶/tai⁶	tua⁶/tai⁶
果	kue³/kɔ³	kue³/kɔ³	kue³/kɔ³	ke³/kɔ³	ke³/kɔ³	ke³/kɔ³
谢	tsia⁶/sia⁶	tsia⁶/sia⁶	tsia⁶/sia⁶	tsia⁶/sia⁶	tsia⁵/sia⁵	tsia⁵/sia⁵

① 可理解为有些学者指出的"两读都是地道的方言"。
② 即所谓外来音读一般不超出本土方言声调系统。
③ 文读音和白读音是相对稳定的，一般不能随意换用。

第四章　闽南方言的特点（上）：兼容与整合

四　闽南方言文白异读

谈及闽南方言的字音系统，一定绕不开闽南方言的文白异读。闽南方言文白异读的丰富程度和复杂程度堪称汉语方言之最。

1.闽南方言文白异读的系统性

闽南方言文白异读中的文读音和白读音几乎可各自形成一个语音系统。具体表现如下。

（1）从涉字多寡来看，闽南方言文白异读大量存在。"以《方言调查字表》所收的 2297 个音节 3758 个单字在厦门方言里的读音做粗略统计，其中有 1219 个音节有文白异读，占一半以上，有 1529 个单字有文白异读，占 1/3。"[①]

（2）某一特定古音类所包含的字，往往具有相同的一种或几种文白对应模式。反之，某一文白对应规则在某一特定古音类范围内，一般都不是孤立地只适用于一个字，而是可以在不同的字中反复被应用的。以厦门话青韵为例，具体见表 4-3。

表 4-3　厦门话青韵文白对应示例

	文	白	例字
青开四	iŋ	iã	听厅庭鼎定锭
		ĩ	冥暝靪青腥醒经挺
		an	瓶钉亭零星

就单字内部有文白两读的字来看，厦门话青韵主要有"文 iŋ—白 iã""文 iŋ—白 ĩ""文 iŋ—白 an"三组对应规则。其中每组对应都不只有一个字。

（3）从音类分布的角度看，闽南方言文白异读不是局部的，而是全面的，涵盖了绝大多数的音类。如厦门话 14 个声母的文读多数有自

---

① 周长楫、欧阳忆耘:《厦门方言研究》，福建人民出版社，1998，第 100 页。

己对应的白读，49 个文读韵母中有白读对应的多达 30 个。文白对应条例（如：文 ɔŋ—白 aŋ）有 200 条左右。"在声母和声调方面，文读系统和白读系统是交叉重迭的。所谓重迭，就是文、白读一样是十四个声母，七个声调；所谓交叉就是并非每一个声母和声调都完全重迭，而存在着交叉的对应"，"在韵母方面，情况就比较复杂了，文白读的交叉对应更加繁杂了，而文读的韵母系统和白读的韵母系统也不完全重迭。文读系统的韵母有不见于白读的；白读系统的韵母也有不见于文读的。"①

关于闽南方言文读系统和白读系统之间的对应关系及各自系统的整理，李如龙（1963），杨秀芳（1982），周长楫、欧阳忆耘（1998）等都有细致深入的分析和讨论。

2. 闽南方言文白异读的层次性

文白异读的层次性指方言在不同历史阶段所形成的方言语音差异。② 一般认为闽南方言文读系统接近于中古音，白读系统接近于上古音。以厦门话果摄为例（见表 4-4）：

表 4-4　厦门话果摄文白异读示例

韵目	文读	白读	例字	
歌开一	o	——	多锣搓哥俄娥河贺驼左	舵
		ai①		
		ua	何歌可拖箩我②	
		ia	鹅蛾③	
		a	奈	
戈开三	io		茄	

---

① 李如龙：《厦门话的文白异读》，《厦门大学学报》（社会科学版）1963 年第 2 期，第 78-79 页。

② 参见李如龙《厦门话的文白异读》，《厦门大学学报》（社会科学版）1963 年第 2 期，第 100 页。

续表

韵目	文读	白读	例字	
戈合一④	o	——	波坡玻菠婆梭窝妥裸锁播座锉卧禾魔惰	
		e	锅科祸螺脶坐和果裹火伙货课	过
		ua	磨破	
		ue	倮	
戈合三	io	e	瘸	
		ia	靴	

注: ①这里暂时略去对"大"字的收录。对厦门话"大 [tai⁶/tua⁶]"两音读的文白归属如何界定还需商榷。因为,着眼于整个果摄文白对应之系统性,"大"字 [ai]、[ua] 两读都属白读,且 [ai] 还保留有韵尾,应该是比 [ua] 更早的读音层次。但单就"大"字而言,联系目前 [ai]、[ua] 两读所结合的词的词汇色彩及常用度等(大 [ai]:大学、大丈夫、大便、大臣、大典、大度、大方;[ua]:大步、大肠、大车、大豆、大队),[ai] 一般被指认为"大"之文读,而 [ua] 为"大"之白读。

②"我"文读实为 [ŋɔ³]。果合一戈韵里也有文读为 [ɔ] 的,如磨 [mɔ²]、魔 [mɔ²]。这些字都是鼻音声母字,[ɔ] 很可能就是 [o] 在鼻音声母后的条件变体。

③下加横线表示该字只收录有白读音,而无对应的文读音。

④厦门话果合一戈韵"蓑"读为 [ui]。戈韵读 [ui] 的只有这一个字,显得独特。厦门话戈韵"蓑"读为 [ui] 恰与微韵白读同音(如,机 [kui¹]、几 [kui³]、气 [kʰui⁵])。考虑到上古"蓑"属微部,与"机""几""气"等微韵字恰有同一上古韵部来源,"蓑"读为 [ui],应该是体现了上古歌微相混的历史层次。

就厦门话文白读在果摄的分布情况可见,无论是从语音的类别上,还是从具体音值上来看,果摄文读音与中古音系统存在比较整齐的对应。如不同韵文读音主要元音保持一致,其中三等有介音,一等无介音。文读 [o] 很可能经由"ɑ > ɔ > o"演变而来。白读音则含有不少上古音的成分。如白读 [ua]、[ia] 和麻韵、支韵部分字相混,反映上古歌部分化前的韵类情况(见表 4-5)。

表 4-5 歌部韵类比较

上古	歌部										
中古	歌韵	歌韵	麻韵	麻韵	支韵	支韵	歌韵	歌韵	麻韵	支韵	支韵
例字	歌	破	沙	麻	倚	披	蛾	鹅	瓦	寄	蚁
读音	kua¹	pʰua⁵	sua¹	mua²	ua³	pʰua¹	ia²	gia²	hia⁶	kia⁵	hia⁶

再者，"舵"白读 [ai]，音读与上古歌部 [*ai] 读音相近，反映的当是上古歌部的读音痕迹。

3. 闽南方言文白异读和词汇

（1）文白读音互补分布

闽南方言文白异读不只是为少数文人所掌握，而且为广大群众所熟悉，并同时扎根在人们的日常口语中。也就是说大多数文白两种或多种读音都同时用于闽南方言的白话音系统中，是每个使用闽南方言进行口语交际的人都要同时掌握的。关于文白读音与词汇配对的情况，据现代闽南方言，可得一整体印象：一个汉字可以有文白异读，且可以有不止一个文读和白读，但不同读音与具体词语的结合往往是固定的，不能随意替换，其分布是近乎互补的，少有交叉的情况。

表 4–6　文白读音词汇分布示例

例字	文读词[1]	文白	白读词
安 an¹/uã¹	平安、安装、安静、安全、安居乐业		同安[2]、南安、惠安、安海
气 kʰi⁵/kʰui⁵	煤气、气候、勇气、气氛、气急败坏	空气[3]	喘气、差气、够气、外气
读 tʰɔk⁸/tʰak⁸	宣读、读破、读书、读物	读音	读中学、读册

注：①李如龙（1963：90）"把以字的文读音构成的词叫文读词，以字的白读音构成的词叫白读词"，本文从之。
②同安、南安、惠安、安海均为闽南地区地名。
③词形同而音义不同。文读词"空气 [kʰɔŋ¹kʰi⁵]"，一种气体。白读词"空气 [kʰaŋ¹kʰui⁵]"义为"事情、事儿"。

如表 4-6 所示，除"读音 [tʰɔk⁸im¹/ tʰak⁸im¹]"是真正文白读音在词语中有交叉的情况外，其他都是各司其职、泾渭分明。

（2）文白变读构词

闽南方言将文白变读作为派生新词的手段，生发出两种极具特色的构词法。

①单字文白读重叠式

利用某一个单音词的文白两个不同读音合成一个双音词。该类双音词的词义常与其中一个构词语素的意义相当或相关。

表 4-7　单字文白读重叠式示例

例字	单音字（词）音义		合成词音义	
	文读	白读		
变	[pian⁵] 改变	[pĩ⁵] 改变	变变	[pian⁵ pĩ⁵] 改变
倚	[i³] 凭靠	[ua³] 倚靠	倚倚	[i³ua³] 依靠, 倚赖
使	[sai³] 使唤	[su³] 使唤	使使	[sai³ su³] 使唤, 唆使
缺	[kʰiʔ⁷] 欠缺, 缺角	[kʰuat⁷] 欠缺, 缺人	缺缺	[kʰiʔ⁷ kʰuat⁷] 残缺, 短缺

需要指出的是，闽南方言单字文白读重叠式与一般的单音词重叠是有别的，例如：

文白读重叠式　　　　　　单音词重叠式

敢敢 [kam³⁻¹kã³] 副词，岂敢、哪敢　敢敢 [kã³⁻¹kã³] 勇敢点

指指 [ki³⁻¹tsai³] 食指　　　指指 [ki³⁻¹ki³] 指指点点

第一，前后语音相同与否：文白重叠不同，一般重叠同。第二，前后构词成分意义是否有别：文白重叠往往有细微差别，一般重叠相同并列。第三，重叠后意义与原单音成分是否有别：文白重叠往往有些不同，一般重叠并无大的不同。①

②双音词文白读变换式

利用双音词中两个不同语素本身所具有的文白读音形式进行变换，以构成词形相同，但读音和词义有别的两个词。如：

雨 [u³/ hɔ⁶] 水 [sui³/tsui³]　雨水 [u³sui³] 二十四节气之一　雨水 [hɔ⁶tsui³] 天上降的水

变 [pian⁵/pĩ⁵] 天 [tʰian¹/tʰĩ¹]　变天 [pian⁵tʰian¹] 改朝换代　变天 [pĩ⁵tʰĩ¹] 天气变化

---

① 周长楫：《一厦门话构词法、二说"一"和"蜀"》，全国汉语方言研究会论文，1981，第369页。

鼓 [kɔ³] 吹 [tsʰui¹/tsʰe¹]　　　鼓吹 [kɔ³tsʰui¹] 鼓动、宣扬　　　鼓吹 [kɔ³tsʰe¹] 喇叭

破 [pʰɔ⁵/pʰua⁵] 格 [kik⁷/ke²ʔ]　　破格 [pʰɔ⁵kik²ʔ] 超越常规　　破格 [pʰua⁵ ke²ʔ] 不得体

五　比较中的闽南方言文白异读

系统性是各汉语方言文白异读的共性。同时就文白异读系统性特点而言，闽南方言以其文白读几乎各成系统，在汉语方言中独树一帜也为多数人共传。同有系统性特点，各地方言表现有何不同？闽南方言文白异读真有那么独特吗？为此，我们通过对比苏州、厦门、广州、长沙、南昌等南方方言和北京、济南、太原等北方方言来加以观察。

1. 数量多，分布广

据统计 [①]，闽南方言文白异读的数量在汉语方言中最多，且优势明显。即使不考虑辖字数量，闽南方言文白异读在音类分布方面也占有绝对优势（见表4-8）。

表4-8　方言中文白异读的数量比较

音类 [*]	韵类 148	声类 40	调类 8	音类	韵类 148	声类 40	调类 8
厦门	130	35	8	武汉	27	17	4
广州	28	16	5	扬州	18	12	4
南昌	28	14	4	济南	32	18	5
苏州	47	17	7	北京	24	13	5
长沙	31	20	6	太原	48	13	5

注：* 音类以《方言调查字表》（中国社会科学院语言研究所，商务印书馆，2004）为准。

由表4-8可见，闽南方言文白异读分布在几乎所有的音类，其他方言分布面虽然也不至于太少，特别是声类、调类也有达半数左右的，但

---

① 为增强可比性，各方言点语料一律来源于北京大学中国语言文学系语言学教研室编《汉语方音字汇》（语文出版社，2003）。

较之闽南方言，差距就十分明显。关于闽南方言文白异读在音类方面的分布情况有两点值得说明：①不存在文白对应的音类，不少都是因为本身含字很少，如果开三戈（茄）、果合三戈（靴）、蟹开三废（刈）、曾合一登德（弘国或）、曾合三职（域）等。②含字相对多点的音类，只要闽南方言没有文白异读的，其他方言也几乎没有。如蟹合四齐（奎桂惠慧）、流开三幽（彪谬丢纠幽幼）、臻开一痕（吞跟根恳垦啃痕很恨恩）、臻开三殷（斤筋谨劲勤芹近欣殷隐）、滂母、透母、庄母等。①

2. 辖字多，规则明

从文白对应规则辖字数量看，以闽南方言和粤方言的比较为例，粤方言除了梗摄三四等、疑母、浊上等音类中同一文白对应规则辖字达 4 个或 4 个以上，其他音类之文白对应规则多只辖一两字。如：

表 4-9　粤方言文白对应规则及辖字示例

		œŋ/ɔŋ	仰（宕开三阳）
ŋ/ɛŋ	柄病平命惊影（梗开三庚） 正声饼名领岭令精井净清晴请 姓赢（梗开三清）屏顶订定听 厅艇宁灵零青星腥醒（梗开四青）	j/ŋ	吟研逆仰（疑母）
		f/pʰ	浮妇伏（奉母）
		j/ŋ	仁韧（日母）
ɪk/ɛk	赤脊惜席（梗开三昔）	n/j	浓（泥）
y/øy	除厨橱（遇合三鱼）	6/4	下怠肾伴断坐重近（浊上）
ɔ/ai	舵搓（果开一歌）	8/6	伏（浊入）

注：表中 4、6、8 分别代表阳上、阳去、阳入。

闽南方言复现率高的文白对应规则比比皆是。如：

o/ua　歌可拖箩我（果开一歌）簸破磨（果合一戈）

a/e　爬马骂渣榨诈叉茶岔纱加家假嫁架价虾霞夏牙芽哑
　　　（假开二麻）

---

① 除微母、影母外。以上收字以《汉语方音字汇》为准。

iau/io 　　招赵照潮标表漂飘票描庙蕉椒轿桥霄小邀腰摇窑（效
　　　　　开三肴）

概言之，闽南方言文白异读以其涉字多、音类分布面广、系统对
应性强为显性特征。这足以让它在各汉语方言文白异读中独树一帜。如
果我们一定要说文白异读是一种系统性的又音现象，那么闽南方言算得
上是全面对应，因为它涉及的音类广，与每个音类相联系的文白对应规
则辖字多不单一；而其他方言充其量只能算是局部对应，因为它们涉及
音类少，不少文白对应规则辖字都在三个以下。

第三节　闽南方言音类系统的特点

瑞典学者高本汉认为《切韵》语言是除闽语以外的绝大多数现代
汉语方言的祖语。虽然他没有举出具体证据，但是闽语中确实存在一些
早于《切韵》音系，即中古音的音韵特点。这些特点一直以来也是闽语
音韵史研究的重点之一。本节通过若干本土闽南方言与切韵音类系统古
今对比总结特点，特别是早于中古音的音韵特点。这些特点有些是闽南
方言特有的，有些是闽语共有的，还有少部分为南方方言共有的。

一　声母方面的特点 [①]

1. 轻唇音读同重唇音

古"非、敷、奉、微"声母今闽南方言白读为 p-、pʰ-、m-、b-。
这类读音状况反映了唐以前的语音特征。在其他汉语方言中，只有少数
几个字保留上古音的读法，大面积读为重唇音的仅见于闽语。

[①] 该部分语料来源：厦漳泉采自《闽南方言大词典》（未收录之字根据《闽语研
究》《泉州方言志》等其他调查资料增补），其他采自《汉语方音字汇》。有文
白异读的，多只取白读音。

表4-10 方言中轻唇音读同重唇音的比较

地点	飞非	蜂敷	饭奉	物微	布帮	破滂	婆並	面明
厦门	pe¹	pʰaŋ¹	pŋ⁶	mĩʔ⁸	pɔ⁵	pʰua⁵	po²	bin⁶
漳州	pue¹	pʰaŋ¹	pũi⁶	mĩʔ⁸	pɔ⁵	pʰua⁵	po²	bin⁶
泉州	pə¹	pʰaŋ¹	pŋ⁵	mŋʔ⁸	pɔ⁵	pʰua⁵	po²	bin⁵
福州	puei¹	pʰuŋ¹	puɔŋ⁶	uʔ⁸	puɔ⁵	pʰuai⁵	pʰɔ²	meiŋ⁵
梅县	pi¹	foŋ¹	fan⁵	vut⁸	pu⁵	pʰɔ⁵	pʰɔ²	mien⁵
苏州	fi¹	foŋ¹	vE⁶	mɤʔ⁸	pu⁵	pʰu⁵	bu²	miɪ⁶
广州	fei¹	foŋ¹	fan⁶	mɐt⁸	pou⁵	pʰɔ⁵	pʰɔ²	min⁶
南昌	fəi¹	foŋ¹	fan⁶	ut⁷	pu⁵	pʰɔ³	pʰɔ²	mien⁶
长沙	fei¹	fan¹	fan⁶	u⁷	pu⁵	pʰo⁵	pʰo²	miẽ⁶
北京	fei¹	faŋ¹	fan⁵	u⁵	pu⁵	pʰo⁵	pʰo²	mien⁵

2.舌上音读同舌头音

古"知、彻、澄"声母今闽南方言口语中一部分读为t-、tʰ-。这是"古无舌上音"的上古音留存。其他方言或有个别字保留这一特点，但远不如闽语所涉及的字多。

表4-11 方言中舌上音读同舌头音的比较

地点	猪知	桌知	抽彻	拆彻	茶澄	池澄	刀端	拖透	台定
厦门	ti¹	toʔ⁷	tʰiu¹	tʰiaʔ⁷	tɛ²	ti²	to¹	tʰua¹	tai²
漳州	ti¹	toʔ⁷	tʰiu¹	tʰiaʔ⁷	tɛ²	ti²	to¹	tʰua¹	tai²
泉州	tɯ¹	toʔ⁷	tʰiu¹	tʰiaʔ⁷	tɛ²	ti²	to¹	tʰua¹	tai²
福州	ty¹	toʔ⁷	tʰieu¹	tʰieʔ⁷	ta²	tie²	tɔ¹	tʰua¹	tøy²
北京	tʂu¹	tʂuo¹	tʂʰou¹	tʂʰai¹	tʂʰa²	tʂʰʅ²	tau¹	tʰuo¹	tʰai²
苏州	tsʅ¹	tsoʔ⁷	tsʰɤ¹	tsʰɒʔ⁷	zo²	zʯ²	tæ¹	tʰɒ¹	dE²
长沙	tɕy¹	tso⁷	tsʰəu¹	tsʰɤ¹	tsa²	tsʅ²	tau¹	tʰo¹	tai²
广州	tʃy¹	tʃœk⁷	tʃʰɐu¹	tʃʰak⁷	tʃʰa²	tʃʰi²	tou¹	tʰɔ¹	tʰɔi²
梅县	tsu¹	tsɔk⁷	tsʰu¹	tsʰak⁷	tsʰa²	tsʰʅ²	tau¹	tʰo¹	tʰɔi²
南昌	tɕy¹	tsɔk⁷	tsʰəu¹	tsʰak⁷	tsʰa²	tsʰʅ²	tau¹	tʰo¹	tʰai²

3. 泥、来母不分

古"泥、来"声母在今闽南方言中同读为 l-，如厦门话"难_泥 = 兰_来 [lan²]"。从音值角度看，闽南方言有 n-、l- 之别，但从分布角度看，二者可以归并为一个音位，视为条件变体关系，因为能与二者拼合的韵母呈互补分布关系（n- 与鼻化韵相拼，l- 与非鼻化相拼），如漳州话"怒_泥 [nɔ̃⁶] ≠ 路_来 [lɔ⁶]""兰_{白读} [nã²] ≠ 兰_{文读} [lan²]"。

表 4-12 方言中的泥、来母比较

地点	难_泥	兰_来	怒_泥	路_来	女_泥	吕_来	浓_泥	龙_来
厦门	lan²	lan²	nɔ̃⁶	lɔ⁶	lu³	lu⁶	lɔŋ²	liŋ²
漳州	lan²	nã²	nɔ̃⁶	lɔ⁶	li³	lu⁶	lɔŋ²	liŋ²
泉州	lan²	lan²	nɔ̃⁵	lɔ⁵	lu³	lu³	lɔŋ²	liŋ²
福州	naŋ²	laŋ²	nou⁶	lou⁶	ny³	ly³	nyŋ	leiŋ²
北京	nan²	lan²	nu⁵	lu⁵	ny³	ly³	nuŋ²	luŋ²
苏州	nɛ²	lɛ²	nəu⁶	ləu⁶	ŋy⁶	li⁶	noŋ²	loŋ²
长沙	lan²	lan²	ləu⁵	ləu⁶	ŋy³	lei³	lən²	lən²
广州	nan²	lan²	nou⁶	lou⁶	nøy⁴	lɯ⁴	nʊŋ²	lʊŋ²
梅县	nan²	lan²	nu⁵	lu⁵	ny³	li¹	ŋiuŋ²	liuŋ²
南昌	lan⁵	lan⁵	lu⁶	lu⁶	ny³	li³	ŋiuŋ⁵	luŋ²

4. 古全浊声母多读不送气清声母

中古全浊声母在今汉语方言的读音大概有五种情况：第一，全浊声母清化，平声送气，仄声不送气，如北京话；第二，全浊声母清化，无论平仄一律送气，如梅县客家话；第三，全浊声母清化，无论平仄一律不送气，如湘语；第四，全浊声母清化，送气不送气皆有，但分野条件不明，如闽语；第五，全浊声母保留浊音的读法，如吴语。

古全浊声母在现代闽南方言中已经清化。浊音清化后读为送气清音或不送气清音，表面规则不如北京话"平声送气，仄声不送气"规则清晰、齐整。读为送气音的字可能是更早时期传下来的。

表 4-13　方言中古全浊声母发音比较

地点	盘並平	伴並仄	徒定平	度定仄	除澄平	柱澄仄	渠群平	距群仄
厦门	puã²	pʰuã⁶	tɔ²	tɔ⁶	tu²	tʰiau⁶	ku²	ku⁶
漳州	puã²	pʰuã⁶	tɔ²	tɔ⁶	ti²	tʰiau⁶	ki²	ki⁶
泉州	puã²	pʰuã⁶	tɔ²	tɔ⁴	tɯ²	tʰiau⁴	kɯ²	kɯ⁴
福州	puaŋ²	pʰuaŋ⁶	tu²	tou⁶	ty²	tʰieu⁶	ky²	køy⁶
北京	pʰan²	pan⁵	tʰu²	tu⁵	tʂʰu²	tʂu⁵	tɕʰy²	tɕy⁵
苏州	bø²	bø⁶	dəu²	dəu⁶	zʮ²	zʮ⁶	dzy²	dzy⁶
长沙	põ²	põ⁶	təu²	təu⁶	tɕy²	tɕy⁶	tɕʰy²	tɕy⁵
广州	pʰun²	pʰun⁴	tʰou²	tou⁶	tʃʰøy²	tʃʰy⁶	kʰøy²	tʰøy⁴
梅县	pʰan²	pʰan⁵	tʰu²	tʰu⁵	tsʰu²	tsʰu¹	kʰi²	kʰi³
南昌	pʰɔn²	pʰɔn⁶	tʰu²	tʰu⁶	tʃʰøy²	tʃʰy⁶	tɕʰy²	tɕʰy⁶

5. 古擦音声母部分读为塞擦音

古"心、邪、生、书、禅"等声母在今闽南方言口语中一部分读 ts-、tsʰ-。

表 4-14　方言中古擦音声母发音比较

地点	醒心	碎心	饲邪	生生	水书	手书	树禅	市禅
厦门	tsʰĩ³	tsʰui⁵	tsʰi⁶	tsʰĩ¹	tsui³	tsʰiu³	tsʰiu⁶	tsʰi⁶
漳州	tsʰẽ³	tsʰui⁵	tsʰi⁶	tsʰẽ¹	tsui³	tsʰiu³	tsʰiu⁶	tsʰi⁶
泉州	tsʰĩ³	tsʰui⁵	tsʰi⁵	tsʰĩ¹	tsui³	tsʰiu³	tsʰiu⁶	tsʰi⁴
福州	tsʰaŋ³	tsʰui⁵	tsʰei⁵	tsʰaŋ¹	tsy³	tsʰieu³	tsʰieu⁵	tsʰei⁶
北京	ɕin³	suei⁵	sʮ⁵	ʂəŋ¹	ʂuei³	ʂou³	ʂu⁵	ʂʮ⁵
苏州	sin³	sᴇ⁵	zʮ⁶	saŋ¹	sʮ³	sɤ³	zʮ⁶	zʮ⁶
长沙	ɕin³	sei⁵	sʮ⁵	sən¹	ɕyei³	səu³	ɕy⁵	sʮ⁵
广州	ʃɛŋ³	ʃøy⁵	tʃi⁶	ʃaŋ¹	ʃøy³	ʃɐu³	ʃy⁶	ʃʮ⁴
梅县	siaŋ³	sui⁵	tsʰʮ⁵	saŋ¹	sui³	su³	su⁵	sʮ¹
南昌	ɕiaŋ³	sui⁵	sʮ⁶	saŋ¹	sui³	səu³	ɕy⁵	sʮ⁶

6. 古"精、庄、章"合流为舌尖前音

古"精、庄、章"组声母在今闽南方言中同读舌尖前塞音、塞擦音。闽南方言声母无平卷舌之分。

表 4-15　方言中"精、庄、章"声母发音比较

地点	增精	争庄	蒸章	枪清	疮初	昌昌
厦门	tsiŋ¹	tsiŋ¹	tsiŋ¹	tsʰiaŋ¹	tsʰŋ¹	tsʰiɔŋ¹
漳州	tsiŋ¹	tsiŋ¹	tsiŋ¹	tsʰiaŋ¹	tsʰŋ¹	tsʰiɔŋ¹
泉州	tsiŋ¹	tsiŋ¹	tsiŋ¹	tsʰiaŋ¹	tsʰŋ¹	tsʰiɔŋ¹
福州	tseiŋ¹	tseiŋ¹	tseiŋ¹	tsʰuɔŋ¹	tsʰouŋ¹	tsʰuɔŋ¹
北京	tsəŋ¹	tʂəŋ¹	tʂəŋ¹	tɕʰiaŋ¹	tʂʰuaŋ¹	tʂʰaŋ¹
苏州	tsən¹	tsən¹	tsən¹	tsʰiaŋ¹	tsʰɒŋ¹	tsʰaŋ¹
长沙	tsən¹	tsən¹	tsən¹	tɕʰian¹	tɕʰyan¹	tsʰan¹
广州	tʃɐŋ¹	tʃɐŋ¹	tʃiŋ¹	tʃʰœŋ¹	tʃʰɔŋ¹	tʃʰœŋ
梅县	tsɛn5	tsɛn¹	tsən¹	tsʰiɔŋ¹	tsʰɔŋ¹	tsʰɔŋ¹
南昌	tsɛn¹	tsɛn¹	tsən¹	tɕʰiɔŋ¹	tsʰɔŋ¹	tsʰɔŋ¹

7. 古"匣"母部分读同群母

古"匣"母字今闽南方言口语中一部分读为 k-、kʰ-。这是上古音"匣、群"尚未分化特点的保留。这类字虽然不多，但在其他方言中极为少见，很具特色。

表 4-16　方言中古"匣"母发音比较（一）

地点	猴匣	糊匣	咸匣	滑匣	厚匣	寒匣	含匣
厦门	kau²	kɔ²	kiam²	kut⁸	kau⁶	kuã²	kam²
漳州	kau²	kɔ²	kiam²	kut⁸	kau⁶	kuã²	kam²
泉州	kau²	kɔ²	kiam²	kut⁸	kau⁴	kuã²	kam²
福州	kau²	ku²	keiŋ²	kouʔ⁸	kau⁶	kaŋ²	kaŋ²
北京	xou²	xu²	ɕien²	xua²	xou5	xan²	xan²

续表

地点	猴匣	糊匣	咸匣	滑匣	厚匣	寒匣	含匣
苏州	ɦɤ²	ɦəu²	ɦɛ²	ɦua?⁸	ɦɤ⁶	ɦø²	ɦø²
长沙	xəu²	fu²	xan²	ua5	xəu⁶	xan²	xan²
广州	hɐu²	wu²	ham²	wat⁸	hɐu⁴	hɔn²	hɐm²
梅县	hɛu²	fu²	ham²	vat⁸	hɛu5	hɔn²	hɛm²
南昌	hɛu²	fu⁶	han²	uat⁸	hɛu⁶	hɔn²	hɔn²

8.古"匣"母今一部分读同云母、以母

古"匣"母字在今闽南方言口语中一部分读为零声母。

表4-17　方言中古"匣"母发音比较（二）

地点	鞋匣	红匣	黄匣	闲匣	话匣	盒匣	学匣
厦门	ue²	aŋ²	ŋ²	iŋ²	ue⁶	a?⁸	o?⁸
漳州	e²	aŋ²	ũi²	iŋ²	ua⁶	a?⁸	o?⁸
泉州	ue²	aŋ²	ŋ²	iŋ²	ue⁵	a?⁸	o?⁸
福州	ɛ²	yŋ²	uoŋ²	eiŋ²	ua⁶	a?⁸	ɔ?⁸
北京	ɕie²	xuŋ²	xuan²	ɕiɛn²	xua5	xɤ²	ɕiau²
苏州	ɦɒ²	ɦoŋ²	ɦuɒŋ²	ɦɛ²	ɦio⁶	ɦia?⁸	ɦo?⁸
长沙	xai²	xən²	uan²	xan²	fa⁶	xɔ⁷	ɕio⁷
广州	hai²	hʊŋ²	wɔŋ²	han²	wa⁶	hɐp⁸	hɔk⁸
梅县	hai²	fuŋ²	vɔŋ²	han²	va5	hap⁸	hɔk⁸
南昌	hai²	fuŋ⁵	uɔŋ⁵	han²	ua⁶	hɔt⁸	hɔk⁸

9.古"云"母今小部分读擦音声母

古"云"母字在今闽南方言口语中一部分读为 h- 声母，而非零声母。这也与上古音的特点有关。

表 4-18　方言中古"云"母发音比较

地点	园云	云云	雄云	熊云	雨云	远云
厦门	hŋ²	hun²	hiŋ²	him²	hɔ⁶	hŋ⁶
漳州	hũi²	hun²	hiŋ²	him²	hɔ⁶	hũi⁶
泉州	hŋ²	hun²	hiŋ²	him²	hɔ⁴	hŋ⁴
福州	hŋ²	xuŋ²	xyŋ²	xyŋ²	xuɔ⁶	xuɔŋ⁶
北京	yan²	yn²	ɕiuŋ²	ɕiuŋ²	y³	yan³
苏州	jiø²	jyn²	jioŋ²	jioŋ²	jy⁶	jiø⁶
长沙	yẽ²	yn²	ɕin²	ɕin²	y³	yẽ³
广州	jyn²	wɐn²	hʊŋ²	hʊŋ²	jy⁴	jyn⁴
梅县	ian²	iun²	hiuŋ²	hiuŋ²	i³	ian³
南昌	yɔn⁵	yn⁵	ɕiuŋ⁵	ɕiuŋ⁵	y³	yɔn³

10. 古"以"母今个别读塞擦音、擦音声母

少量古"以"母字在今闽南方言口语中不读为零声母，而读为 ts-、s- 等。这反映了上古音"以、邪"通谐的特点。

表 4-19　方言中古"以"母发音比较

地点	蝇以	盐以	痒以	翼以
厦门	sin²	sĩ²	tsiũ⁶	sit⁸
漳州	siŋ²	sĩ²	tsiɔ̃⁶	sit⁸
泉州	siŋ²	sĩ²	tsiũ⁴	sit⁸
福州	siŋ²	sieŋ⁵	suɔŋ⁶	siʔ⁸
北京	iŋ²	iɛn²	iaŋ³	i⁵
苏州	in²	jiɪ⁶	jiaŋ⁶	jiɪʔ⁸
长沙	in²	iẽ²	ian³	ie⁵
广州	jiŋ²	jim²	iœŋ⁴	jɪk⁸
梅县	in²	iam²	iɔŋ¹	it⁸
南昌	in⁵	iɛn⁵	iɔŋ³	it⁸

11. 古庄组声母今读同端组

古庄组声母在今闽南方言口语中个别读为 t-、tʰ-。

表 4-20　方言中古庄组声母发音比较

地点	窗初	筛生	锄崇	事崇
厦门	tʰaŋ¹	tʰai¹	ti²	tai⁶
漳州	tʰaŋ¹	tʰai¹	ti²	tai⁶
泉州	tʰaŋ¹	tʰai¹	tɯ²	tai⁵
福州	tsʰoŋ¹	tʰai¹	tʰy²	tai⁶
北京	tʂʰuaŋ¹	ʂai¹	tʂʰu²	ʂʅ⁵
苏州	tsʰɒŋ¹	sɒ¹	zɿ²	zɿ⁶
长沙	tɕʰyan¹	sa¹	tsəu²	sʅ⁶
广州	tʃʰœŋ¹	ʃai¹	tsʰu²	ʃʅ⁶
梅县	tsʰuŋ¹	sai¹	tsʅ²	sʅ⁵
南昌	tsʰoŋ¹	sai¹	tsʰu²	sʅ⁶

12. 古"日、疑"母今部分白读为 h-

古"日、疑"母在今闽南方言口语中部分白读为 h-，这是上古音"日、疑、晓"母常有通谐关系的反映。

表 4-21　方言中古"日、疑"母发音比较

地点	耳日	箬日	鱼疑	蚁疑
厦门	hi⁶	hioʔ⁸	hi²	hia⁶
漳州	hi⁶	hioʔ⁸	hi²	hia⁶
泉州	hi⁶	hioʔ⁸	hɯ²	hia⁶
福州	ŋei⁶	——	ŋy²	ŋie⁶
北京	ɚ³	——	y²	i³
苏州	l⁶	——	ŋ²	mi⁵
长沙	ɤ³	——	y²	ŋi⁶
广州	ji⁴	——	jy²	ŋei⁴
梅县	ŋi³	——	ŋ²	ni¹

地点	耳日	箸日	鱼疑	蚁疑
南昌	ə³	——	ŋiɛ⁵	ŋi⁶

此外，有些字声母有特殊读法，闽南方言区内相当统一，在其他闽语区或外方言区很少见。如：碧 pʰ-、展 t-、舰 l-、指 k-、咬 k-、痣 k-、吸 kʰ-、许（姓）kʰ-、岁 h- 等。

二　韵母方面的特点

1. 古开口一等歌韵部分今读合口

古开口一等歌韵字在多数汉语方言中读为开口呼，在闽南方言中则有部分常用字读为合口呼。

表 4–22　方言中开口一等歌韵发音比较

地点	拖歌开一	箩歌开一	我歌开一	大歌开一
厦门	tʰua¹	lua²	gua³	tua⁶
漳州	tʰua¹	lua²	gua³	tua⁶
泉州	tʰua¹	lua²	gua³	tua⁵
福州	tʰua¹	lai²	ŋuai³	tuai⁶
北京	tʰuo¹	luo²	uo³	ta⁵
苏州	tʰɒ¹	ləu²	ŋəu⁶	dɒu⁶
长沙	tʰo¹	lo²	ŋo³	tai⁶
广州	tʰɔ¹	lɔ²	ŋɔ4	tai⁶
梅县	tʰɔ¹	lɔ²	ŋai⁵	tʰai⁵
南昌	tʰɔ¹	lɔ⁵	ŋɔ³	tʰɔ⁶

2. 古二等韵牙喉音开口字今读洪音

见系开口二等韵字在今北方方言中多读为齐齿呼"tɕ/tɕʰ/ɕ-i-X"（如北京话"见 [tɕian⁵]"）。在包括闽南方言在内的很多南方方言中则多读为"k/kʰ/h-（u）-X"（如厦门话"街 [kue¹/ke¹]"）。

表 4-23　方言中二等韵牙喉音发音比较

地点	家见麻开二	虾匣麻开二	街见佳开二	交见肴开二	江见江开二
厦门	ke¹/ka¹	he²	kue¹/ke¹	ka¹/kau¹	kaŋ¹
漳州	kɛ¹/ka¹	hɛ²	ke¹	ka¹/kau¹	kaŋ¹
泉州	ke¹/ka¹	he²	kue¹	ka¹/kau¹	kaŋ¹
福州	ka¹	xa²	kɛ¹	ka¹/kau¹	køyŋ¹/kouŋ¹
北京	tɕia¹	ɕia¹	ɕie¹	tɕiau¹	tɕiaŋ¹
苏州	kɒ¹/tɕiɒ¹	ho¹	kɒ¹	kæ¹/tɕiæ¹	kɒŋ¹/tɕiɒŋ¹
长沙	ka¹/tɕia¹	xa¹/ɕia¹	kai¹	tɕiau¹	tɕian¹
广州	ka¹	ha¹	kai¹	kau¹	kɔŋ¹
梅县	ka¹	ha²	kɛ¹	kau¹	kɔŋ¹
南昌	ka¹	ha¹	kai¹	kau¹	kɔŋ¹

3. 古"支、脂、之"韵小部分字今韵腹为低元音

古止摄开口字在阴闽语外的其他汉语方言中韵腹多为 i/ɿ/ʅ 等高元音，而闽南方言白读音中则有部分读为低元音的 a。

表 4-24　方言中古"支、脂、之"韵发音比较

地点	纸支	倚支	寄支	狮脂	使之
厦门	tsua³	ua³	kia⁵	sai¹	sai³
漳州	tsua³	ua³	kia⁵	sai¹	sai³
泉州	tsua³	ua³	kia⁵	sai¹	sai³
福州	tsai³	ai³	kie⁵	sai¹	sai⁵
北京	tʂʅ³	i³	tɕi⁵	ʂʅ¹	ʂʅ³
苏州	tsɿ³	i¹	tɕi⁵	sɿ¹	sɿ³
长沙	tsɿ³	i³	tɕi⁵	sɿ¹	sɿ³
广州	tʃi³	ji³	kei⁵	ʃi¹	ʃi⁵
梅县	tsɿ³	i³	ki⁵	sɿ¹	sɿ³
南昌	tsɿ³	i³	tɕi⁵	sɿ¹	sɿ³

4. 有些古三等韵字今读同相对的一等韵

表 4-25　方言中古一、三等韵发音比较

地点	楼一—流三		桑一—霜三	
厦门	au²		ŋ¹	
漳州	au²		ŋ¹	
泉州	au²		ŋ¹	
福州	au²		ouŋ¹	
北京	ou²	iou²	aŋ¹	uaŋ¹
苏州	ɤ²		ɒŋ¹	
长沙	əu²	iəu²	an¹	yan¹
广州	ɐu²		ɔŋ¹	œŋ¹
梅县	ɛu²	iu²	ɔŋ¹	
南昌	ɛu⁵	iu⁵	ɔŋ¹	

5. 古四等韵字部分今白读为洪音

表 4-26　方言中古四等韵发音比较

地点	西	洗	青	踢
厦门	sai¹	se³	tsʰĩ¹	tʰat⁷
漳州	sai¹	sɛ³	tsʰɛ̃¹	tʰat⁷
泉州	sai¹	se³	tsʰĩ¹	tʰat⁷
福州	sɛ¹	sɛ³	tsʰaŋ¹	tʰeiʔ⁷
北京	ɕi¹	ɕi³	tɕʰiŋ¹	tʰi¹
苏州	si¹	si³	tsʰin¹	tʰiɪʔ⁷
长沙	ɕi¹	ɕi³	tɕʰin¹	tʰia¹
广州	ʃai¹	ʃai³	tʃʰəŋ¹	tʰɛk⁷
梅县	si¹	sɛ³	tsʰiaŋ¹	tʰɛt⁷
南昌	ɕi¹	ɕi³	tɕʰiaŋ¹	tʰit⁷

6. 古"歌、豪"韵字今同读

4-27　方言中"歌、豪"韵字今同读示例

地点	多端歌平—刀端豪平		锣来歌平—劳来豪平		左精歌上—枣精豪上		贺匣歌去—号匣豪去	
厦门	to¹		lo²		tso³		ho⁶	
漳州	to¹		lo²		tso³		ho⁶	
泉州	to¹		lo²		tso³		ho⁵	
福州	tɔ¹		lɔ²		tsɔ³		xɔ⁶	
北京	tuo¹	tau¹	luo²	lau²	tsuo³	tsau³	xɤ⁵	xau⁵
苏州	tɒ¹	tæ¹	ləu²	læ²	tsəu¹	tsæ³	ɦiəu⁶	ɦiæ⁶
长沙	to¹	tau¹	lo²	lau²	tso³	tsau³	xo⁶	xau⁶
广州	tɔ¹	tou¹	lɔ²	lou²	tʃɔ³	tʃou³	hɔ⁶	hou⁶
梅县	tɔ¹	tau¹	lɔ²	lau²	tsɔ³	tsau³	fɔ⁵	hau⁵
南昌	tɔ¹	tau¹	lɔ⁵	lau⁵	tsɔ³	tsau³	hɔ⁶	hau⁶

7. 中古梗摄开口三等昔韵字分读两类

表 4-28　中古梗摄开口三等昔韵字分读两类

地点	上古锡部			上古铎部		
中古昔韵	脊	迹	益	惜	赤	尺
厦门	ia?			io?		
漳州	ia?			io?		
泉州	ia?			io?		
北京	i（ʅ）					

　　周祖谟曾指出中古开口三等昔韵乃是上古不同韵类合并而来的，合并时间约为刘宋时代（420~479 年）。中古昔韵字在闽南方言中有两类不同读音，恰对应于上古韵部的分野。这是学者较早关注的闽语中早于中古音的音韵特点之一。

8. 中古二等麻韵分读两类

表 4-29　中古二等麻韵分读两类

地点	上古歌部			上古鱼部		
中古麻二	沙	麻	鲨	把	茶	骂
厦门	（u）a			e/a		
北京	a					

在中古音里"沙"类和"把"类合并为麻韵，而在闽南方言中仍保存着上古韵部的分野。

9. 部分合口字白读非合口

有些合口字在闽南方言中的白读音为非合口，这类字例少见于其他方言。如：坐 [tse⁶]、退 [tʰe⁵]、脆 [tsʰe⁵]、圆 [ĩ²]、院 [ĩ⁶]、物 [mĩʔ⁷]、穴 [hiak⁷]、欠 [kʰiam⁵]、缺 [kʰiʔ⁷]、玄 [hian²]、曝 [pʰak⁸] 等。

10. 部分开口字读为合口

有些开口字在闽南方言中的白读为合口，这类字例少见于其他方言。如：梯 [tʰui¹]、徙 [sua³]、纸 [tsua³]、倚 [ua³]、气 [kʰui⁵]、衣（胎盘）[ui¹]、几 [kui³]、汗 [kuã⁶]、拔 [puak⁸]、线 [suã⁵]、热 [luaʔ⁸]、晏 [uã⁵]、麻 [muã²]、沙 [sua¹]、蛇 [tsua²] 等。

上述音韵特点充分显示出闽南方言确实具有不少早于中古音的音韵特点，但这并不表示闽南方言与中古音少有关联。对此，我们有必要分层看待。相比较而言，闽南方言白读音系统呈现出较为复杂的状况，可以"看到一堆比较零乱的音韵残迹"。其中有一突出特点就是在音类分合或音值方面保留了不少上古音的痕迹。闽南方言文读音系统则与中古音系有比较整齐的音类对应关系，这种音类的整齐对应在韵类方面表现尤为突出。李如龙（1963：84）曾将《切韵》韵目和《诗韵》韵目以及唐人作诗的通押情况列表加以表示，并与厦门话文读韵母系统加以对照。现转引如下（见表 4-30）。

表 4-30　《切韵》《诗韵》韵目及唐人合韵与厦门话文读对照

《切韵》	《诗韵》	唐人合韵	厦门话文读	《切韵》	《诗韵》	唐人合韵	厦门话文读
东	东	东 ɔŋ 香 iɔŋ		萧宵	萧	朝 iau	
冬钟	冬			肴	肴	交 au	
江	江	——江 aŋ		豪	豪	高 o	
支脂之	支	基 i 规 ui		歌戈	歌		
微	微			麻	麻	——嘉 a 迦 ia 瓜 ua	
鱼	鱼	沽 ɔ(一等) 珠 u(三等)		阳唐	阳	——（东 ɔŋ 香 iɔŋ）	
虞模	虞			庚耕清	庚	经 iŋ	
齐	齐	——稽 e		青	青		
佳皆	佳	皆 ai 乖 uai		蒸登	蒸		
灰咍	咍	——桧 ue		尤侯幽	尤	——秋 iu（沽 ɔ）	
真谆臻	真	——宾 in		侵	侵	——金 im	
文殷	文	春 un		覃谈	覃	甘 am	
元魂痕	元			盐添严	盐	——兼 iam	
寒桓	寒	干 an		咸	咸		
删山	删						
先仙	先	——坚 ian 官 uan					

　　从表 4-30 不难看出，厦门话的文读韵母系统相当接近唐人作诗用韵的情况，与中古音系统有着密切的联系。

三　声调方面的特点

1. 单字调的数量及其分合情况

　　闽南方言声调多为 7 个调类。平声、入声各分阴阳，基本是统一的，上声、去声的调类分合情况和具体调值是各地闽南方言声调的主要区别所在。

表 4-31　方言中声调比较

地点	诗阴平	时阳平	使阴上	是阳上	试阴去	事阳去	识阴入	石阳入
泉州	1（33）	2（24）	3（55）	4（22）	5（41）	5（41）	7（5）	8（24）
厦门	1（44）	2（24）	3（53）	6（22）	5（21）	6（22）	7（32）	8（4）
漳州	1（44）	2（13）	3（53）	6（22）	5（21）	6（22）	7（32）	8（121）
福州	1（44）	2（52）	3（31）	6（242）	5（213）	6（242）	7（23）	8（4）
北京	1（55）	2（35）	3（214）	5（51）	5（51）	5（51）	2（35） 5（51）	2（35）
苏州	1（44）	2（24）	3（52）	6（31）	5（412）	6（31）	7（4）	8（23）
长沙	1（33）	2（13）	3（41）	6（21）	5（45）	6（21）	7（24）	7（24）
广州	1（53）	2（21）	3（35）	6（22）	5（33）	6（22）	7（5）	8（2）
梅县	1（44）	2（11）	3（31）	5（52）	5（52）	5（52）	7（1）	8（5）
南昌	1（42）	5（24）	3（213）	6（21）	5（45）	6（21）	7（5）	8（21）

注：厦漳泉语料采自周长楫《闽南方言大词典》（福建人民出版社，2006）。

2. 文白系统间的调类差异

闽南方言文白读在调类上存在一定差异。其中部分次浊上声字白读调类和文读调类存在明显的对应关系（厦漳 6/3 泉 4/3）。

表 4-32　闽南方言中文白读声调差异

地点	老来		五疑		耳日		养以		有云	
	白读	文读	白读	文读	白读	文读	白读	文读	白读	文读
厦门	lau⁶	lo³	gɔ⁶	ŋɔ̃³	hi⁶	nĩ³	tsiũ⁶	iɔŋ³	u⁶	iu³
漳州	lau⁶	lo³	gɔ⁶	ŋɔ̃³	hi⁶	nĩ³	tsiɔ̃⁶	iaŋ³	u⁶	iu³
泉州	lau⁴	lo³	gɔ⁴	gɔ³	hi⁴	nĩ³	tsiũ⁴	iɔŋ³	u⁴	iu³

以上我们汇集了前人关于闽南方言音类方面的若干较为明显的特点。语言事实显示，闽南方言确实拥有不少古音的语音特征（存古性），又有多层次的语音表现（多层次）。下面以"日"母的读音情况为例，

详见表4-33。①

表 4–33　闽南方言中"日"母的读音

闽南	闽东	闽北	例字	字词分布	历史层次及音韵特点
l-dz-z*	Ø	ɦ/Ø	儿_文燃_文扰人	文读	唐宋文读层；日母独立
l-l（dz）-l（z）	n	n	二儿_白惹日	白读非阳声韵	晋代北方层 + 六朝江东层；泥日同读
n/l	n	n	让_白染_白闰	白读阳声韵	
h	n	n	耳_{耳朵}燃_白箬	白读	上古层；非汉语清鼻音干扰

注：*"l-dz-z"分别为"泉腔 – 漳腔 – 潮腔"的对应关系。

　　闽语日母今读在几大次方言中形成 4 种对应关系，分别对应不同历史层次，表现出不同音韵层次特征。部分常用日母字声母读 h- 是闽南方言的一个重要特色，该音读可推至上古层，且可能是一种底层干扰的遗迹。可见，欲全面、深入、客观地了解闽南方言语音系统的特点，离不开对其进行层次分析。反之，闽南方言的存古性和多层次特点，也使它成为历史层次研究中受人瞩目的研究对象。与之相对应的是，关于闽南方言音韵层次分析的研究成果成了闽南方言研究的重要组成部分。

四　闽南方言与历史层次分析法

1. 历史比较法及其理论基础

　　"语言谱系分类及历史比较法是十九世纪历史语言学研究印欧语所取得的标志性成就。亲属语言因演变而从一个原始语言分化为不同的语族、语支、语言、方言等。人们可以通过比较分化以后的子语言（文献语言或者活语言）来重建这个原始母语。反过来，合理的构拟可以用音变规则来解释从原始母语到各子语言的演变。"② 用历史比较法来研究印

---

① 该分析是在杜佳伦（《闽语历史层次分析与相关音变探讨》，中西书局，2014，第 379~382 页）基础上提炼简化而来。

② 陈忠敏：《也谈历史比较法与历史层次分析法——回应秋谷裕幸、韩哲夫〈历史比较法和层次分析法〉》，《语言学论丛》2013 年第 1 期。

欧语的历史取得了巨大的成功。自高本汉以来，汉语方言的研究也从历史比较法中获得重大的启发与进展。不妨举个简单的例子来说明一下历史比较法的使用。

表 4-34　部分词语的比较

	英语	德语	哥特语
石头	stone	stein	stains
全部	whole	heil	hails
家	home	heim	haims
山羊	goat	geiss	gaits
面包	loaf	laif	hlaifs
记号	token	zeichen	taikns
	[ou]	[ai]	[ai]

从一批词的语音对应角度看，英语、德语、哥特语之间存在"[ou]：[ai]：[ai]"的整齐对应关系，这应该不只是简单的巧合，而是说明其间存在同源的亲属关系。其间差异的形成大概可以解释为在"*ai > a > ɑ > ɔ > o > u > ou"的演变中，发展速度不同，哥特语和德语语音形式更接近祖语，英语发展速度较快（经历了韵尾脱落，韵腹后高化，最后高位出顶，裂化为双元音）。

然而，历史比较法得以运用是有其前提的，至少包括：（1）音义结合的任意性；（2）音变的规律性；①（3）语言演变的均变性；②（4）原

---

① 规则音变（the regularity of sound change），是比较法得以在语言历史研究中运用的很重要的理论基础。规则音变是由新语法学派提出的，它的主要内容是：音变有时间性和地域性；音变无例外，相同的语音条件必定有相同的音变；音变的条件是纯语音的，跟语义、句法、形态等非语音因素无关；破坏规则音变的因素有两个，即类推（analogy）和语言借用（borrowing）。（陈忠敏：《也谈历史比较法与历史层次分析法——回应秋谷裕幸、韩哲夫〈历史比较法和层次分析法〉》，《语言学论丛》2013 年第 1 期。）

② 语言演变的基本原则、机制现在是这样的，过去也应该是这样的，所以可以通过比较亲属语言现在的语音形式来构拟和追溯以前的语音面貌。（陈忠敏：《也谈历史比较法与历史层次分析法——回应秋谷裕幸、韩哲夫〈历史比较法和层次分析法〉》，《语言学论丛》2013 年第 1 期。）

始语言的一致性;^①（5）分化以后的语言（方言）不发生深度的接触而产生趋同的现象。^②面对谱系不明确、语言接触复杂的语言时，历史比较法的运用就会遇到挑战。为此，面对不同语言的历史时，研究者应该根据各自语言演变的背景和特点，对历史比较法做出调整和补充。

2. 汉语方言的形成和历史层次分析法

"分散在我国不同地域的汉语，因发展有快慢并与不同语言融合从而形成方言。汉语产生于中原，逐步向周边扩散，长江以南原说非汉语，因历史上汉语分批南迁，分别与土著的南蛮（苗瑶）、百越（侗台）语言的不同支系结合，乃形成湘赣客语、吴闽粤语等方言。所以汉语方言可分为两类：北方的官话和南方的非官话。"（郑张尚芳 2012：1-2）"两千多年来汉语发展的基本格局是：以历代的中原权威官话为中心，逐渐同化周边的语言（方言），这一过程是一个语言趋同过程，使得周边语言汉语化，汉语方言官话化。汉语发展的这些特点在世界其他语言里是绝无仅有的。"（陈忠敏 2013：38）对于南方汉语方言而言，本土的民族语言底层、南下一波波移民潮带来的口语层次、历代通过文教习传下来的文读层次等多种不同外源性成分杂糅叠置，加上方言自身内部的自源性音变，可谓纷繁复杂，表现在语音上的一个现象就是一字多音多，文白异读复杂。

总之，汉语独特的形成过程决定了汉语语音系统的来龙去脉是无法单纯地用语言同质分化的历史比较法来解释的。例如：

---

① 语言谱系分化的假设：原始母语分化之前是一个单一的（the uniformity of the proto-language）、内部没有变异的同质系统（homogeneous system）。（陈忠敏：《也谈历史比较法与历史层次分析法——回应秋谷裕幸、韩哲夫〈历史比较法和层次分析法〉》，《语言学论丛》2013 年第 1 期。）

② 为了保证所比较的同源词的语音形式都是来自共同的原始语，所以得首先剔除由于语言接触所造成的借词。如果分化以后的语言（方言）由于深度接触而产生了语言融合或趋同，无法区别同源和借用，就无法构拟出同质的原始语言。（陈忠敏：《也谈历史比较法与历史层次分析法——回应秋谷裕幸、韩哲夫〈历史比较法和层次分析法〉》，《语言学论丛》2013 年第 1 期。）

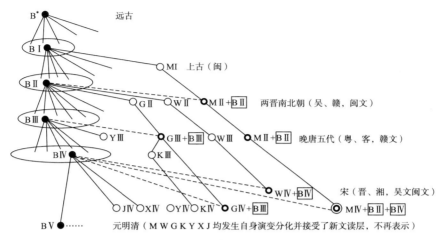

图 4-1　汉语方言发展示意图

　　注：1.BMWGKYXJ分别代表北方方言、闽语、吴语、赣语、客家话、粤语、湘语、晋语。2. Ⅰ、Ⅱ、Ⅲ等分别代表演变的不同历史时期。

　　资料来源：王洪君：《兼顾演变、推平和层次的汉语方言历史关系模型》，《方言》2009 年第 3 期。

表 4-35　方言中"平"的读音比较

地点	"平"的读音
北京	$p^{h}iŋ^{2}$
上海	$biŋ^{2}$
长沙	pin^{2}
南昌	$p^{h}in^{2}/p^{h}iaŋ^{2}$
梅县	$p^{h}in^{2}/p^{h}iaŋ^{2}$
广州	$p^{h}iŋ^{2}/p^{h}ɛŋ^{2}$
厦门	$piŋ^{2}/pĩ^{2}/p^{h}ĩ^{2}/piã^{2}/p^{h}iã^{2}$
潮州	$p^{h}eŋ^{2}/pẽ^{2}$
福州	$piŋ^{2}/paŋ^{2}/p^{h}aŋ^{2}$
建瓯	$pein^{4}/piaŋ^{5}$

　　如果直接用历史比较法，我们无法判断北京话、上海话、长沙话的"平"读音跟其他方言的哪个读音对应；即使在闽语内部，我们也很

难判断厦门话的"平"的 5 个读音跟潮州话、建瓯话、福州话"平"的多个读音的对应关系。这种一字多读现象，很大一部分是由语言接触所引起的语音层次叠置的结果。直到 20 世纪末，研究者开始用层次分析的观点来重新审视这种现象。①

历史层次分析法和历史比较法都是研究语言历史的方法，都是用晚期语言材料来探寻早期的语言面貌。但历史层次分析法不像历史比较法把确定语言的发生学关系和重建亲属语言的原始形式作为主要研究目标，而是为了离析由于语言接触所造成的语言层次，排列层次的时间先后及建立不同方言间的层次对应。它比较的对象不限于亲属语（含方言），也包括非亲属语，因为语言接触的产物——层次的来源可以是亲属语也可以是非亲属语。② 比较观之，历史比较法和历史层次分析法是可以互为补充的。通过历史层次分析可以剔除语言接触借用的成分，以确保比较的项目都出自同源，然后用历史比较法来构拟出单一的原始形式。反之，就语音层次分析而言，语言层次的鉴定、层次的时间先后、方言间层次的对应都需要借助历史比较法。"汉语各方言间语言接触也是十分频繁且具有深度的，但是它们跟多中心混合型语言不同，即只有一个中心。③ 中原权威官话长期的输出，形成了以中原权威官话为中心

---

① 当高本汉用历史比较法排列对比汉语方言读音时，其处理方式是遇到一字多音、文白异读只选其中一种他认为"合乎规律"的读音做比较，其他读音则被视为方言混用造成的例外，且这些例外很多长期以来没有得到解释。

② 正如郑张尚芳所述"南方汉语最早形成的是楚语，在先秦即已形成，其余则皆在秦汉以后楚语、北语的基础上形成。所以在南方方言的历史层次分析中，都要先找寻底层民族语言层次与楚语层次，然后察看最早可能以秦汉为起点的本源历史层次，最后再察看晋魏、唐宋不同时期的外源覆盖层次。"（郑张尚芳：《汉语方言特点的形成及历史层次分析》，《语言研究集刊》（第九辑），上海辞书出版社，2012。）

③ 陈忠敏总结汉语方言的层次有如下一些特点是印欧语没有或不明显的。第一，层次源头单一，方向性强（今南方方言的几个大层次都可以溯源到历代的中原官话）。第二，历代的中原官话对周边语言（方言）渗透时间长、程度深。第三，中原官话通过文教习传和历代移民口语两种路径向周围扩散，影响不限于文化、宗教层面，更有日常口语层面上的。第四，汉字属于表意文字，同一个字形读音可以因时因地而异，所以读音层次的区别不直接反映在字形里。（陈忠敏：《有关历史层次分析法的几个问题》，《汉语史学报》2005 年第 00 期。）

的多层次向周围语言（方言）渗透的演变模式，所以应该将历史比较法和历史层次分析法结合起来研究汉语方言史。"①

3. 闽南方言历史层次分析个案展示

闽南方言不乏一字三音以上字例，其历史层次的丰富性和系统性是相当明显的。

表 4-36　闽南方言中一字多音示例

例字	读音	出现词语	例字	读音	出现词语
当	taŋ¹	当然	上	siaŋ⁶	上好 最好
	toŋ¹	当今		sioŋ⁶	上课
	tã¹	到当 至今		tsiɔ̃⁶	上班
	tŋ¹	担当		tsʰiɔ̃⁶	上水 用水桶从井里向上吊水
丈	tiaŋ⁶	丈夫 配偶	下	ε⁶	下底
	tioŋ⁶	丈夫 男子汉		kε⁶	悬下 高下
	tiɔ̃⁶	姑丈		hε⁶	下降
	tŋ⁶	一丈长 量词		ha⁶	下元节
前	tsian²	前进	相	siaŋ	互相
	tsin²	头前 前面		siɔ̃¹	相思
	tsun²	前年		sio¹	相拍 厮打
	tsĩ²	檐前 屋檐下		sã¹	相输 打赌

分析闽南方言语音的历史层次，首先要基于方言音韵系统内部的比较，辨析多个音读中有哪些是"异源性层次叠置"的结果，有哪些是"自源性语音变化"的产物。内部语音变化可能造成同一层次音读的条件分化，或者不同层次音读的合流，甚至也可能形成滞留性音变层次，增加层次分析的难度。因此，排除内部语音变化的交错影响是方言内部

① 陈忠敏：《也谈历史比较法与历史层次分析法——回应秋谷裕幸、韩哲夫〈历史比较法和层次分析法〉》，《语言学论丛》2013 年第 1 期。

分析时的重要任务。其次，还要做足跨方言、跨语言、跨音类的比较以获得较贴近原始面貌的研究成果。

闽南方言鱼韵音读复杂，引来不少学者参与分析讨论。为了便于大家比对前人研究成果，我们先就厦漳泉鱼韵字的读音做一个罗列。

表 4-37　厦漳泉鱼韵字读音示例

方言	非庄组鱼韵字		庄组鱼韵字	
	读音	例字	读音	例字
厦门	i	女徐(姓氏)序~大(长辈)猪箸锄去鱼许(指示代词,那)	ɔ	蔬疏阻楚所助
	u	女庐吕虑滤蛆絮徐(文)序~言叙绪著除储锄诸煮处书舒鼠暑汝如居车举据锯巨距语御虚许(文)~可预誉	ue	蔬疏梳苎贮黍
	ɔ	庐卢(白)姓氏许(白)姓氏		
泉州	ɯ	女庐吕虑滤蛆絮徐序叙绪猪著除储箸锄诸煮处书舒鼠暑汝如居车举据锯去巨拒距鱼语御虚许预誉	ɔ	阻楚锄蔬疏所
	u	女如	ue	梳蔬疏苎
	i	徐姓氏序		
	ɔ	庐(白)许姓氏		
漳州	i	女庐吕虑滤蛆絮徐序叙绪著除猪储箸锄煮处书舒鼠暑汝如居车举据锯巨拒距语御虚许预誉	ɔ	蔬疏阻楚所助
	u	女诸	e	蔬疏梳苎贮黍
	ɔ	庐卢(白)姓氏许(白)姓氏		
台湾	i	徐姓氏猪箸锄薯鱼(白)去虚墟许~可	ɔ(o)	疏蔬楚助所
	u	吕虑滤絮序著除贮苎煮处~理杵书舒鼠署薯渔(文)鱼(文)语御余与预誉许~可	e	梳蔬苎贮
	ɔ	卢(白)姓氏芦许姓氏		

注：表格中各方言的例字主要依据笔者收集到的材料。某些方言所列举的例字少，往往是由于受材料的限制，而并不一定说明该方言某韵读某音的少。标有方框的字是各家分析时所持读音有别，或对其来源有较大争议的字。不同人分析鱼韵层次所据的语料不同，具体到每个字的字音存有出入。双下划线表文读，单下划线表白读。以下表格中双划线与单划线表意与此处一致，不再标注。

核心区闽南方言鱼韵字今至少有7种韵读形式"i/u/ɯ/o/ɔ/e/ue"。"ɔ"或为庄组鱼韵字的文读，或为非庄组鱼韵字的白读，应该是同一种音读形式分属两个不同层次。[①] 每个方言点中白读"ue厦泉（e漳台）"和白读"ɔ"分布是互补的，前者是庄组字的读法，后者是非庄组字的读法，一般视其为同一个层次的音读因内部语音变化而形成的条件变体，[②] 这些基本是共识。至于如何处理"i/u/ɯ/o/ ɔ文"之间的层次关系则莫衷一是。

陈忠敏重点分析泉州、厦门读音，视"u"和"ɔ文"为互补分布的变体关系[③]，将其归为同一个层次。[④] 分析结果如表 4-38、表 4-39 所示。

表 4-38　陈文闽南方言鱼韵的读音层次

层次	泉州	厦门	备注
第一层	ue（ɔ白）	ue（ɔ白）	早期白读层
第二层	ɯ	i	泉州：老文读；辖字多，今仍为主流文读层 厦门：*-ɯ > -i；受新文读 -u 排挤，辖字少
第三层	u（ɔ文）	u（ɔ文）	受"标准官话"影响而生的新文读 泉州：新生文读；辖字数量少 厦门：新生文读；辖字数量多，成主流文读层

表 4-39　陈文泉厦鱼韵层次对应关系

	非庄组鱼韵	庄组鱼韵
第一层	ɔ白	ue
泉州	庐许	梳蔬疏苎
厦门	庐卢许	蔬疏梳苎贮黍

---

① 文白异读属于不同层次。
② 能用语音条件来解释的变异是反映同一层次的音异。
③ 前者见于非庄组字，后者见于庄组字。
④ 陈忠敏：《吴语及邻近方言鱼韵的读音层次——兼论"金陵切韵"鱼韵的音值》，载林焘编《语言学论丛》（第二十七辑），商务出版社，2003；陈忠敏：《论闽语鱼韵的读音层次——兼论层次分析与层次比较的方法》，《语言研究集刊》（第九辑），上海辞书出版社，2012。

续表

	非庄组鱼韵	庄组鱼韵
第二层	ɯ-i/u-i	
泉州	ɯ：女庐吕虑滤蛆絮徐序叙绪猪著除储箸锄诸煮处书舒鼠暑汝如居车举据锯去巨拒距鱼语御虚许预誉	
厦门	i：女猪箸锄去鱼许	
第三层	u	ɔ文
泉州	u：女如	阻楚锄蔬疏所
厦门	u：女庐吕虑滤蛆絮徐(文)序-言叙绪著除储锄诸煮处书舒鼠暑汝如居车举据锯巨拒距语御虚许(文)-哥预誉	蔬疏阻楚所助

朱媞媞考察了厦漳泉潮台五地鱼韵读音，①其观点如下（见表4-40、表4-41）。

表4-40　朱文闽南方言鱼韵的读音层次

层次	泉州	厦门	漳州	备注
第一层	ue（ɔ白）	ue（ɔ白）	e（ɔ白）	厦漳泉：共有白读层；①鱼虞有别层
第二层	i白(序)	i白(序徐鱼)	——②	厦泉：白读层；鱼虞有别层
第三层	ɯ（ɔ文）	—	—	泉：主流文读层；鱼虞有别层
第四层		u（ɔ文）	i（ɔ文）	厦漳：主流文读层；鱼虞相混层
第五层	u		u	新文读层；辖字少；鱼虞相混层

注：①*ɯa上古鱼部＞ɯ＞ue泉厦＞e漳
②厦门话里的 i 和漳州话的 i 性质不同。厦门话遇摄读 i 的只有鱼韵字，没有虞韵字，而漳州话鱼虞都有读为 i 的，即漳州话里的 i 是鱼虞相混层，厦门话里的 i 是鱼虞有别层。尽管读音相同，但属于不同层次。

表4-41　朱文厦漳泉鱼韵层次对应关系

	非庄组鱼韵	庄组鱼韵
第一层	ɔ白	ue-ue-e

① 朱媞媞：《〈广韵〉中鱼韵在闽南方言里的读音层次》，《福建师范大学学报》（哲社版）2011年第6期，第105~111页。

	非庄组鱼韵	庄组鱼韵
泉州	庐许	梳蔬疏苴
厦门	庐卢许	蔬疏梳苴贮黍
漳州	庐卢许	蔬疏梳苴贮黍
第二层	i	
泉州	徐序	
厦门	徐序鱼	
漳州	——	
第三层	ɯ	ɔ文
泉州	ɯ：女庐吕虑滤蛆絮徐序叙绪猪著除储箸锄诸煮处书舒鼠暑汝如居车举据锯去巨拒距鱼语御虚许预誉	蔬疏阻楚所助
厦门	——	
漳州	——	
第四层	-u-i	ɔ文
泉州	——	
厦门	女庐吕虑滤蛆絮徐(文)序~言叙绪著除储锄诸煮处书舒鼠汝如居车举据锯巨拒距御虚许(文)~可预誉	蔬疏阻楚所助
漳州	女庐吕虑滤蛆絮徐序叙绪著除猪储箸锄煮处书舒鼠暑汝如居车举据锯巨拒距语御虚许预誉	蔬疏阻楚所助
第五层	u	
泉州	女如	
厦门	——	
漳州	女诸	

　　曾南逸在陈忠敏、朱媞媞基础上继续分析，认为陈文分析适用于鱼韵非庄组字，鱼韵庄组字的读音层次需要单独分析，且鱼韵非庄组字的分

析仍需改进。① 曾文将厦门郊区的同安方言纳入观察范围，在个别字音的收录上也与陈文有别，较明显的是厦门话"楚"有"o/ɔ"两读，这使得厦门话多了一个不见于漳泉的白读音"o"，而且仅有"楚"字。作者并没有轻易将其视为"ɔ"变读，而是扩大调查了厦门周边同安区西部、泉州安溪、泉州南安北部、泉州永春一带的读音，发现这些区域"楚础"二字普遍有 -o 的白读，同时引入潮州闽南话、粤语，比较也跨出了鱼韵庄组。

表 4-42　曾文厦门、潮州鱼韵读音比较

厦门				潮州		
遇摄一等	鱼韵庄组		果摄一等	遇摄一等	鱼韵庄组	果摄一等
普兔粗姑	初梳助础	楚	歌罗破和	普兔粗姑	初梳助础楚	歌罗破和
-ɔ	-o			-ou	-o	

比较结果显示，厦门话鱼韵庄组字的 -o 对应潮州话鱼韵庄组字的 -o，与果摄一等字同韵。联系粤语也存在鱼韵庄组字与果摄一等字同韵的现象，由此推断闽南方言和粤方言在此特征上的相似性可能是二者对唐宋时期同一通语的继承。厦门话的 -o 是晚于 -ue 形成的一个独立层次。厦泉漳等地鱼韵庄组字的对应关系被归纳为：

表 4-43　曾文厦泉漳等地鱼韵庄组字的对应关系

泉州	同安	厦门	潮州	漳州
-ue（第一层）	-ue（第一层）	-ue（第一层）	-iu（第一层）	-e（第一层）
-ɔ（第二层）		-o（第二层）	-o（第二层）	
	-ɔ（第二层）	-ɔ（第三层）		-ɔ（第二层）

鱼韵庄组字除去共有的白读层 -ue，厦潮受到唐宋通语的影响产生了与果摄一等文读音合流的第二层 -o。此后，厦漳同等地受到近代官话的影响产生了与遇摄一等字合流的第三层 -ɔ。-ɔ 层排挤 -o 层，致使 -o

---

① 曾南逸：《论厦门、漳州、潮州方言鱼韵字的读音层次》，《语言学论丛》2013年第 2 期，第 23~48，369~370 页。

层濒临消亡，只残留在厦门的"楚"字上，在漳同则完全消亡。泉州话果摄一等文读已经与遇摄一等合流为 -ɔ，此合流应该波及鱼韵庄组字的读音，因此泉州话的第二层 -ɔ 同时相当于厦门话的 -o、-ɔ 两层。再看鱼韵非庄组字的读音情况：

表 4-44　曾文泉州、同安、厦门鱼韵非庄组字的读音比较

	黍苎	许	鱼猪去箸	吕绪书煮鼠渠许余	徐	序	署	女
泉州	-ue	-ɔ	-ɯ	-ɯ	-ɯ	-ɯ	-u	-ɯ/-u 新
同安	-ue	-ɔ	-ɯ	-ɯ	-ɯ/-i	-ɯ	-ɯ	-ɯ
厦门	-ue	-ɔ	-u/-i	-u	-u/-i	-u/-i	-u	-u

若如陈文分析厦门话鱼韵非庄组字 -i 层对应泉州话的 -ɯ 层，泉州话的 -u 层是受"标准官话的影响"而新生的，那么比较不会受到官话影响的口语常用字或在泉州话中读 -ɯ 的有音无字的音节，大概在厦门话和泉州话中形成"i-ɯ"的对应。然而事实是"煮鼠"等基本只用于口语中的字，在泉州话中读 -ɯ，在厦门话中并未如预期读 -i，而是只念 -u。泉州话本字未明的口语词"[lɯ²]纷乱"在厦门读"[lu²]"而不读"[li²]"。这说明厦门话的 -u 也有由 -ɯ 演变而来的可能。比较厦泉同鱼韵非庄组字中"-i、-u、-ɯ"音读的分布情况，可得表 4-45。

表 4-45　泉州、同安、厦门 "-i、-u、-ɯ" 音读的分布情况

		泉州 -ɯ	泉州 -u	同安 -ɯ	同安 -u	同安 -i	厦门 -u	厦门 -i
t-组	t-	猪除著箸		猪除著箸		著又	猪除著	猪
	tʰ-	储褚		储褚			储	
	l-	驴女汝吕旅虑滤	女新	驴女汝吕旅虑滤			驴女吕旅虑滤	汝
ts-组	ts-	书诸煮薯		书诸煮薯			书诸煮薯	
	tsʰ-	蛆舒鼠处	处新	蛆舒鼠处		徐	蛆舒鼠处	徐
	s-	书徐署庶绪叙序	书又署	书徐庶绪叙序		署署	书徐署署绪叙序	序
	dz-/l-	如	如又	如		如又如		

续表

		泉州		同安			厦门	
		-ɯ	-u	-ɯ	-u	-i	-u	-i
k-组	k-	居车举据锯渠巨拒距		居车举据锯渠巨拒距			居车举据锯渠巨拒距	
	kʰ-	去		去			<u>去</u>	去
	g-	语御禦		语御禦			语御禦<u>鱼</u>	
	h-	虚墟许鱼渔		虚墟许鱼渔			虚墟嘘许	<u>鱼</u>
	ø-	於余馀与誉预像		於余馀与誉预像			淤於余馀与誉预	

厦门话 -u 恰对应于厦门郊区同安话的 -ɯ,[①] 由此推断厦门话经历了"*-ɯ > -u"的演变。结合陈文厦门话经历"*-ɯ > -i"的演变，及厦门话 -u、-i 的声母分布情况，曾文指出厦门话经历的变化可形式化为如下规则：

$$厦门 * ɯ→u/\{ts\text{-}组\}\underline{\quad}\#$$
$$→i/\{t\text{-}组，k\text{-}组\}\underline{\quad}\#$$

同理比对泉州话和漳州话，可见鱼韵非庄组字的口语常用词和泉州话读 -ɯ 的有音无字的音节，在漳州话读为 -i，由此断定二者是对应的层次。同读 -u，泉州话主要见于文化词，漳州话却包含"薯舒"两个口语常用词，可见泉漳两地 -u 的性质不同，前者是官话影响的产物，后者是邻近的厦门一带方言影响的产物。至此，厦漳泉鱼韵非庄组字的读音层次可归纳如下。

---

① 其中"序"是例外，但"序大依"这个词中"序"是否本字还待考，姑且将之剔除在外。

表 4-46　曾文厦漳泉鱼韵非庄组字的读音层次

层次	泉州	厦门	漳州	备注
第一层	ue（ɔ_白）	ue（ɔ_白）	e（ɔ_白）	厦漳泉：共有白读层；
第二层	ɯ	i_{t-、k- 组}/u_{ts- 组}	i	-ɯ 在漳厦按不同条件演变为 -i 或 -u
第三层	u	u_{t-、k- 组}		泉厦：受官话影响而产生的新文读
其他	i 徐	i 徐	u	泉厦：受漳州话影响的零星音读 漳：受厦门一带方言影响的音读

表 4-47　曾文厦漳泉鱼韵层次对应关系

	非庄组鱼韵	庄组鱼韵
第一层	ɔ_白	ue-ue-e
泉州	庐许	梳蔬疏苎
厦门	庐卢许	蔬疏梳苎贮黍
漳州	庐卢许	蔬疏梳苎贮黍
第二层	ɯ-i/u-i	ɔ_文
泉州	ɯ：女庐吕虑滤蛆絮徐序叙绪猪著储箸锄诸煮处书舒鼠暑汝如居车举锯去巨拒距鱼语御虚许预誉	蔬疏阻楚所助
厦门	u：蛆絮叙绪著除储锄诸煮处书舒鼠暑汝如（ts- 组） i：猪箸锄去鱼徐（t-、k- 组）①	阻楚锄蔬疏所②
漳州	i：女庐吕虑滤蛆絮徐序叙绪著除猪箸锄煮处书舒鼠暑汝如居车举据锯巨拒距语御虚许预誉	蔬疏阻楚所助
第三层	u	
泉州	女如	
厦门	女庐吕虑滤居车举据锯巨拒距语御虚预誉（t-、k- 组）	
漳州	——	
其他	i/o/u	
厦门	i：徐③/o：楚④	
漳州	u：女诸⑤	

注：① *ɯ 在不同声母条件下的音变。
②受近代官话影响产生的、与遇摄一等字合流的音层。
③受漳州话影响而新生的零星音读。
④受唐宋通语影响而生的早于 ɔ_文的层次，现在只残留于个别字读上。
⑤受厦门话影响而新生的零星音读。

比较观之，以上三种分析同中有异、异中有同，各有自己的依据。

表 4-48　闽南方言鱼韵层次分析之分歧

观点分歧	陈文	朱文	曾文
庄组和非庄组是否分别分析	-	-	+
鱼虞相混能否直接作为判断层次早晚的标准	+	+	-①
厦门话 -i、-u 各自直接分属不同层次	+②	+③	-④

注：①陈、朱将鱼虞是否相混作为判断某一层次的早晚或各方言点读音层次之间是否对应的标准。曾文不把"鱼虞相混"简单视为某一层次较晚的证据，而是更注重分析部分鱼虞相混现象形成的原因和过程。如漳州话鱼韵非庄组读 -i，而虞韵也有大量读 -i 的情况，朱文据此认为漳州话 -i 属鱼虞相混层，与泉州话的 -ɯ 不属于同一层次。曾文则认为，漳州话鱼韵读 -i 是比虞读 -i 更早的层次，虞韵早先不读 -i，后来在官话影响下发生叠置式音变才产生 -i，以致鱼虞相混，这并不妨碍将漳州话鱼韵 -i 与泉州话 -ɯ 处理为一个层次。

②厦门话 -i 自成一层，对应泉州话 -ɯ 层，为老文读，厦门话 -u 自成一层，与泉州话 -u 对应，为新文读层。

③厦门话 -i 自成一层，对应泉州的 -i，是时间晚于 -ue 但早于 -u 的白读层。厦门话的 -u 自成一层，对应于漳州话的 -i，而不对应于泉州话的 -ɯ（鱼虞有别，主流文读）或 -u（新生文读），是厦门话的主流文读层（鱼虞相混）。

④厦门话 -i、-u 各自内部都还得再析分成不同的层次，-i 内含 -i$_{t、k-组}$ 和以"徐"字为代表的个别字的读音，前者对应于泉州话的 -ɯ 层，后者是受漳州话影响而产生的个别文读。-u 分为 -u$_{ts-组}$ 和 -u$_{t、k-组}$，前者对应于泉州话的 -ɯ 层，与 -i$_{t、k-组}$ 为同一层次的变体关系，后者对应泉州话的 -u 层，是新生文读层。

其中，曾文在前人研究的基础上分析更细致和深入，所呈现出的厦漳泉鱼韵读音层次的对应更规整、紧凑，在分得的每个层次中各地所涉之字无论是数量还是具体含字都相对统一和均衡。

4.历史层次分析的难度和意义

鱼韵语音层次的讨论让我们看到了闽南方言语音层次的丰富性和复杂性，也让我们看到了历史层次分析所面临的困难。

很多南方汉语方言的层次单纯只分为文读层与白读层是不够称说的，它们往往汇合了更多不同来源的历史层次①。如果说给单点方言不同

---

① 其间可能包括有百越语底层、上古汉语留存、唐宋通语影响、近代汉语影响、周边方言的渗透等。

读音分层，并对其产生的时间进行排序还不那么难，也较容易获得一致认识的话，那么对各次方言的读音层次进行对应就容易产生分歧了。具体说来，"每一个历史层次音读进入闽地不同地区，又可能经历不同的发展过程，导致今日各次方言同一类字，甚至同一历史层次，却为不同的音读形式。更错综复杂的是，可能某一历史层次的音读，在甲地因其他条件影响而分化，在乙地则因为层次竞争而被另一层次音读替代，因而造成闽语各次方言之间的音读对应参差的情况。"[①]

表 4-49　闽语层次与音变关系

时间	历史层次	音韵层次	音变影响	
			甲地	乙地
T1	A	a	a′	a″
T2	B	b	a′	a″
			b′	
T3	C	c	c′ 1	c″
			c′ 2	
T4	D	d	d′ （= a′ ）	d″

资料来源：杜桂伦：《闽语历史层次分析与相关音变探讨》，中西书局，2014，第 2 页。

假设闽语具有几个不同来源的历史层次 A、B、C、D，分别于不同时间点进入闽地，T1 为最早时间点，T4 为最晚时间点，其所带进的原始音韵层次分别为 a、b、c、d，甲地相应为 a′、b′、c′、d′，乙地相应为 a″、b″、c″、d″。叠置后的层次或发生竞争，或发生内部音变，整合成一个个因时因地而异的有机的语言体。例如层次 A 和层次 B 发生竞争，在甲地音读 a′ 逐渐渗透至层次 B 的部分语词，原本应读为 b′ 的部分词，转读成了 a′，在乙地则是音读 a″ 完全替代了 b″。层次 C 在甲地发生了内部语音变化，原本应读 c′ 的字词按一定条件分化为 c′1、

---

① 杜佳伦：《闽语历史层次分析与相关音变探讨》，中西书局，2014，第 1 页。

第四章　闽南方言的特点（上）：兼容与整合

135

c′2 等不同形式，在乙地则仍保持为 c″ 一种读音。层次 D 在甲地因为音变恰与早期层次 A 的音读 a′ 为同一语音形式。可见，同样的读音形式可能分属不同的层次；不同的读音形式反倒可能是同一个层次的条件变体；不同读音层次因竞争可能形成犬牙交错的不规则分布状况，也可能某一个层次被覆盖而不为人所知。这些都大大提升了历史层次分析的难度，使得层次分析面临重重困难。

汉语方言形成模式的独特性为历史语言学提供新的研究视角。历史层次分析法是汉语方言语音史研究在方法论上的重要创新，是历史比较法在汉语研究中的拓展与创新。可以说，方言历史层次研究是极具理论开创意义的课题。近年来学界对汉语方言层次问题的重视，促使汉语方言历史层次理论得到迅速的发展，尤其是共时理论体系已相对成熟。何为历史层次、如何区分音变关系和层次关系、如何确定层次时间的早后、如何寻找方言间的对应层次、历史层次分析的注意事项等问题都在一个个案例分析实践中得到理论的提升。作为一种新的语言史观，历史层次分析法无疑是正确的，但也需承认，作为一种新的分析方法，历史层次分析法尚存在许多不足和争议，有待更多的具体分析实践来求得验证和完善。

第四节　闽南方言词汇的特点

关于闽南方言词汇特点在此我们也只能择其一二做概括性的介绍。延续语音存古和多层的独特性，本节我们重点介绍闽南方言的特征词和闽南方言词汇的构成。

一　闽南方言的特征词

（1）方言特征词概述

各种汉语方言都有自己的词汇特征。方言的词汇特征首先体现在方言特征词上。所谓方言的特征词，是指在一定地域的方言里，具有特征意义的方言词，也即具有对内一致性（在方言区内普遍通行、大体一致）、对外排他性（在方言区外又比较少见）的一类方言词。[1] 方言特征词一般要有一定的批量，因为单个方言词往往多变，也容易借用，有一定批量才能形成"同语线丛"，才能显示出可信的方言区域特征。方言区往往有典型的核心区和非典型的边缘区之分。方言特征词一般来说在核心区表现较为明显，在边缘地带则因受周边方言的影响而表现得不充分。考察方言特征词可以先把重点放在核心区。方言特征词也有不同的重要性。凡是区内分布越普遍、区外越少见的就是越重要的方言特征词。

说到底，方言特征词的研究就是方言词汇的比较研究。其间既有"方—方"或"方—普"的共时（横向）比较，也有"古—今"的历时（纵向）比较。方言特征词的研究对于考察古今词汇演变、"普—方"词汇交互、方言分区等诸多方面都有非常重要的意义。

（2）闽南方言特征词举例

闽南方言中最具独特性的词要数那些内部多数一致，跨出闽南方言区，哪怕与闽语内部其他多数方言点相比都已经有别的词。例如：

表 4-50　闽南方言特征词举例

共同语词	方言特征词	厦门	台湾	漳州	泉州	汕头
丈夫	翁	aŋ¹	aŋ¹	aŋ¹	aŋ¹	aŋ¹
妻子	某ᐧ	bɔ³	bɔ³	bɔ³	bɔ³	bɔ³
女婿	囝婿	kiã³sai⁵	kiã³sai⁵	kiã³sai⁵	kiã³sai⁵	kiã³sai⁵
公公	大官	ta⁶kuã¹	ta⁶kuã¹	tua⁶kuã¹	ta⁴kuã¹	ta³kuã¹
婆婆	大家	ta⁶kɛ¹	ta⁶kɛ¹	tua⁶kɛ¹	ta⁴kɛ¹	ta³kɛ¹

---

① 不同的方言因为有历史上或地域上的联系而有一些共有的特征。如同区方言中，处于边缘地带的方言受他区方言的影响，不具备本区方言的特征词，而使用了他区方言的特征词，是常见的现象。因此，方言特征词不能完全排除与外区的交叉，也不能排除本区少数点例外的条目。

闽南方言研究

共同语词	方言特征词	厦门	台湾	漳州	泉州	汕头
亲戚	亲情	tsʰin¹tsiã²	tsʰin¹tsiã²	tsʰin¹tsiã²	tsʰin¹tsiã²	tsʰiŋ¹tsiã²
屁股	尻川	kʰa¹tsʰŋ¹	kʰa¹tsʰŋ¹	kʰa¹tsʰũi¹	kʰa¹tsʰŋ¹	kʰa¹tsʰɤŋ¹
头发	头毛	tʰau²mŋ²	tʰau²mŋ²	tʰau²mɔ̃²	tʰau²mŋ²	tʰau²mõ²
衣裳	衫裤	sã¹kʰɔ⁵	sã¹kʰɔ⁵	sã¹kʰɔ⁵	sã¹kʰɔ⁵	sã¹kʰou⁵
雨鞋	水鞋	tsui³ue²	tsui³e²	tsui³e²	tsui³ue²	tsui³oi²
眼镜	目镜	bak⁸kiã⁵	bak⁸kiã⁵	bak⁸kiã⁵	bak⁸kiã⁵	mak⁸kiã⁵
书	册	tsʰeʔ⁷	tsʰeʔ⁷	tsʰeʔ⁷	tsʰeʔ⁷	tsɯ¹tsʰek⁷
渣	粕	pʰoʔ⁷	pʰoʔ⁷	pʰoʔ⁷	pʰoʔ⁷	pʰoʔ⁷
火苗	火舌	he³tsiʔ⁸	hue³tsiʔ⁸	hue³tsiʔ⁷	hə³tsiʔ⁷	hue³tsiʔ⁷
帆船	篷船	pʰaŋ²tsun²	pʰaŋ²tsun²	pʰaŋ²tsun²	pʰaŋ²tsun²	pʰaŋ²tsuŋ²
小母鸡	鸡健	kue¹nuã⁶	ke¹nuã⁶	ke¹lua⁶	ke¹nuã⁶	—
自己	家己	ka¹ki⁶	ka¹ki⁶	ka¹ki⁶	ka¹ki⁶	ka¹ki⁶
湿	澹	tam²	tam²	tam²	tam²	taŋ²
满	滇	tĩ⁶	tĩ⁶	tĩ⁶	tĩ⁴	tĩ⁴
干	焦	ta¹	ta¹	ta¹	ta¹	ta¹
粥稀	漖	ka⁵	ka⁵	ka⁵	ka⁵	ka⁵
茶浓	厚	kau⁶	kau⁶	kau⁶	kau⁶	kau⁶
不早	晏	uã⁵	uã⁵	uã⁵	uã⁵	uã⁵
香	芳	pʰaŋ¹	pʰaŋ¹	pʰaŋ¹	pʰaŋ¹	pʰaŋ¹
低	下	ke⁶	ke⁶	kɛ⁶	ke⁶	ke⁶
坏	否	pʰai³	pʰai³	bai³	pʰai³	pʰai³
饿	枵	iau¹	iau¹	iau¹	iau¹	iau¹
瘦	瘠	san³	san³	san³	san³	saŋ³
疯	痟	siau³	siau³	siau³	siau³	siau³
拔	挽	ban³	ban³	ban³	ban³	ban³

共同语词	方言特征词	厦门	台湾	漳州	泉州	汕头
舔	舓	tsĩ⁶	tsi⁶	tsi⁶	tsi⁴	tsi⁶
跌	跋	puaʔ⁸	puaʔ⁸	puaʔ⁸	puaʔ⁸	puaʔ⁸
移	徙	sua³	sua³	sua³	sua³	sua³
靠	倚	ua³	ua³	ua³	ua³	ua³
紧绑得紧	绲	an²	an²	an²	an²	aŋ²
抓	掠	liaʔ⁸	liaʔ⁸	liaʔ⁸	liaʔ⁸	liaʔ⁸
找	揣	tsʰe⁶	tsʰe⁶	tsʰue⁶	tsʰɔ⁶	tsʰue⁶
认识	八	bat⁷	pat⁷	pat⁷	pat⁷	pak⁷
带领，娶	㪗	tsʰua⁶	tsʰua⁶	tsʰua⁶	tsʰua⁵	tsʰua⁶

注：＊或说本字作"母"。

其次是与闽语其他点一致，而与闽语以外其他方言有别的词语。例如：

表 4–51　闽南方言同于其他闽语的特征词举例

共同语词	方言特征词	厦门	台湾	漳州	泉州	汕头
嘴	喙	tsʰui⁵	tsʰui⁵	tsʰui⁵	tsʰui⁵	tsʰui⁵
脚	骹	kʰa¹	kʰa¹	kʰa¹	kʰa¹	kʰa¹
儿子	囝	kiã³	kiã³	kiã³	kiã³	kiã³
蛋	卵	nŋ⁶	nŋ⁶	nũi⁶	nŋ⁴	nɤŋ⁶
水稻	秎	tiu⁶	tiu⁶	tiu⁶	tiu⁴	tui⁴
土	涂	tʰɔ²	tʰɔ²	tʰɔ²	tʰɔ²	tʰou²
田	塍	tsʰan²	tsʰan²	tsʰan²	tsʰan²	tsʰaŋ²
叶子	箬	hioʔ⁸	hioʔ⁸	hioʔ⁸	hioʔ⁸	hioʔ⁸
夜晚	暝	mĩ²	mĩ²	mẽ²	mĩ²	me²
边缘	墘	kĩ²	kĩ²	kĩ²	kĩ²	kĩ²

共同语词	方言特征词	厦门	台湾	漳州	泉州	汕头
年糕	粿	ke³	ke³	kue³	kə³	kue³
筛子	篩	tʰai¹	tʰai¹	tʰai¹	tʰai¹	tʰai
站立	徛	kʰia⁶	kʰia⁶	kʰia⁶	kʰia⁴	kʰia⁴
咀嚼	哺	pɔ⁶	pɔ⁶	pɔ⁶	pɔ⁵	pou⁶
浇灌	沃	ak⁷	ak⁷	ak⁷	ak⁷	ak⁷
吹气	歕	pun²	pun²	pun²	pun²	puŋ²
孵	伏	pu⁶	pu⁶	pu⁶	pu⁵	pu⁶
短	#①	te³	te³	te³	tə³	te³
鸟	#②	tsiau³	tsiau³	tsiau³	tsiau³	tsiau³
高	悬	kuãi²	kuãi²	kuan²	kũi²	kũi²

注：①本字不明，常写作"短"。②本字不明，常写作"鸟"或少数作"爪"。

二 闽南方言词汇的构成

词汇的构成可以从不同角度考察。如从词汇的来源看，一个汉语方言的词汇应该有自身固有词的沿用、有历代古汉语词的继承、有现代共同语词的影响、有外族语词的借用等。从词汇的性质来看，有基本词汇、一般词汇。从构词角度看，有单纯词、合成词，合成词又可分为复合词和派生词。在此，我们重点介绍闽南方言词汇的来源，突出强调闽南方言词汇的存古性和多源性。

1. 古语词的留存

闽南方言存古特征不仅表现在语音方面，在词汇方面也有所反映。

这里所谓古语词，是指古代，尤其是上古和中古时代的一些汉语词语，且自古以来在各方言区都普遍沿用的基本词汇（如"天、地、人、山、水……"）。很多古语词随着时间的推移，在共同语乃至其他汉语方言中已因词义发展或新词更替等，而不用或少用，但在闽南方言却仍活跃于日常口语中，且保有构词能力。

表 4-52　闽南方言古语词

北京	长沙	苏州	南昌	梅县	广州	福州	厦门	构词举例
脸	脸	面孔	脸	面	面	面	面	面盆、面桶
嘴	嘴巴	嘴	嘴巴	嘴	嘴 / 口	喙	喙	喙齿、喙水
眼睛	眼睛	眼睛	眼睛	目珠	眼	目	目	目镜、目眉
眼泪	眼泪	眼泪	眼泪	目汁	眼泪	目淬	目屎	目屎膏
脚	脚	脚	脚	脚	脚	骹	骹	骹手、桌骹
你	你	倷	你	你	你	汝	汝	汝好、汝的
他	他	俚倷	佢	佢	佢	伊	伊	伊的
筷子	筷子	筷子	筷子	筷只 / 箸只	筷子	箸	箸	箸笼、铁箸
粥	粥	粥	粥	粥	粥	粥	饮（糜）	啉饮、饮饮
走	走	走	走	行	行	行	行	行路、行法
跑	跑	奔	跑	趋	走	走	走	走路、行走
站	站	立	徛	徛	徛	徛	徛	徛班、徛牌
高	高	高	高	高	高	悬	悬	悬下、升悬
香	香	香	香	香	香	香	芳	米芳、芳水

在沿用古语词时，闽南方言也会有一些创新性的发展。如"颔"本义"下巴"。

相逢应不识，满颔白髭须。（唐 白居易《东南行》）

时至今日，"颔_{下巴}"已基本不见于各地方言，就是闽南方言也是用"下颏""下斗"来指称"下巴"。然而"颔"并没有退出闽南方言的日常口语系统。它以词义转移的方式，通过转指"脖子"而继续存留。在其他方言或用"脖"或用"颈"时，闽南方言的"颔管""颔"就显得尤为特别。再如"长",《广韵》"直亮切,多也",在闽南方言中引申出"剩余""占便宜"等义。

作为地域性口语交际工具,现代人对闽南方言的使用主要集中于听说,少见读写。随着闽南方言沿用的古语词在共同语系统的消逝,一般民众往往无从得知自己口中的古语词该对应哪些字形。失去字形联系的古语词,对使用者来说,往往就只是一批"有音无字"、只知道整体词义不解语素构成的、来源不明的词语。也就是说,闽南方言中有一部分古语词的沿用是其使用者所不自知的。如"小偷"在闽南方言称为 [tsian³⁻¹liu³⁻¹a³]。根据闽南方言的构词特点,[a³] 应是词缀"仔",可使谓词性成分名词化(如:拍铁_打铁_—拍铁仔_打铁匠_),那"小偷"就该是"[tsian³⁻¹ liu³] 的人"。不少民众根据自身的语感,在常用词中寻找对应,认为"[tsian³⁻¹liu³]"当是"剪纽",取义小偷通过破坏衣服上的纽扣来窃取他人身上的财物。殊不知,该词古已有之,应写作"剪绺"。"绺"本义"丝缕合成的线",引申为"系钱物的绦带"。"剪绺"或称"绺窃",即剪断他人系钱包的带子或剪破他人衣袋以窃人钱财的窃贼。

2. 现代通用语词的渗透

一个国家中通用书面语对各地方言或语言的影响,是语言接触的一种重要类型。书面语主要通过读书识字的特别途径传播,所及之地不一定地域相邻。我国地域广阔,在中央集权的封建社会,一方面各地经济独立、风俗各异;另一方面有政治文化上的大一统:统一的政令和科举、统一的文字和通用书面语。通用书面语联系着各地政治和文化的统一,联系着各地人民的交际。不同历史时期的通用书面语都对各地方言有所影响。随着中华人民共和国的建立,受教育群体的扩大,传媒条件的革新等,普通话对各地方言的影响力大大提升。很多普通话词语通过语音折合而进入闽南方言,成为闽南方言词汇中的一员。

表 4-53　闽南方言中的普通话语音折合词示例

普通话词	闽南方言语音折合词	闽南方言固有词
故意 [ku⁵i⁵]	故意 [kɔ⁵i⁵]	刁工 [tiauˈkaŋ¹]、刁持 [tiauˈti²]
随便 [suei²pian³]	随便 [sui²pian⁶]	清采 [tsʰiŋ⁵tsʰai³]
地震 [ti³tʂən³]	地震 [te⁶tsin³]	地动 [te⁶taŋ⁶]
汽车 [kʰi⁵tsʰɤ¹]	汽车 [kʰi⁵tsʰia¹]	龟仔车 [kuˈa¹tsʰia¹]
医生 [iˈʂəŋ¹]	医生 [iˈsiŋ¹]	先生 [sinˈsẽ¹]
水果 [ʂuei³kuo³]	水果 [tsui³ko³]	果子 [ke³tsi³]
花生 [huaˈʂəŋ¹]	花生 [huaˈsiŋ¹]	涂豆 [tʰɔ²tau⁶]
辣椒 [la³tsiau¹]	辣椒 [luaʔ⁸tsio¹]	番薑 [huanˈkiũ¹]
厨房 [tʂʰu²faŋ²]	厨房 [tu²paŋ²]	灶骹 [tsau⁵kʰa¹]
手电 [ʂou³tian⁵]	手电 [tsʰiu³tian⁶]	电火 [tian⁶hue³]

　　普通话词语通过语音折合而进入闽南方言，与闽南方言固有词形成同义并用的局面。二者共用竞争，来源于普通话的新词对固有词大有取而代之的倾向，特别是在年轻一代的闽南方言使用者中，不少闽南方言固有词已被遗忘。

　　3. 外来词的借用

　　这里的"外来词"主要指从印度尼西亚语、马来西亚语、英语、日语等语言中吸纳到闽南方言的词。其中以来自印度尼西亚语、马来西亚语的外来词最多。闽南地区的人民，至少从唐宋开始，就因各种原因漂洋过海，迁移至异国他乡。南洋群岛的菲律宾、印度尼西亚、马来西亚、新加坡以及泰国、老挝、缅甸、越南等国是闽南人重要的迁移地。闽南方言中的外来词，很多就是由迁徙到东南亚各国的华侨华人带回来的。

表 4-54　闽南方言中的外来借词示例

普通话	闽南方言	马来西亚语	借用方式
肥皂	雪文 [sap⁷⁻⁸bun²]	sabun	音译
市场	巴刹 [pa¹⁻⁶sat⁷]	pasar	音译

普通话	闽南方言	马来西亚语	借用方式
鳄鱼	磨仔 [bua$^{2\text{-}6}$a^3]	buaya	音译
洋式礼帽	招瓢 [tsiau$^{1\text{-}6}$p^{h}io^2]	taipio	音译
西式手杖	洞葛 [toŋ$^{6\text{-}5}$kat^7]	tongkat	音译
寄食于人的人	郎邦 [loŋ$^{2\text{-}5}$paŋ^1]	longpaŋ	音译
木棉	加薄棉 [ka$^{1\text{-}6}$po$?^{8\text{-}5}$mĩ^2]	kapok	音译 + 意译
芥末来自南洋	沙茶辣 [sa$^{1\text{-}6}$te$^{2\text{-}6}$lua$?^8$]	sate	音译 + 意译
骑楼	五骹记 [gɔ$^{6\text{-}5}$k^{h}a$^{1\text{-}6}$k^{h}i^5]	limakaki	音译 + 意译

这类外来语向闽南地区输入的不仅是一时的、若干的口语用词，还可能是一种富有地域特色的生产生活方式。如骑楼①在闽南一带称"五骹记"，借自马来西亚语。在东南亚，骑楼应气候状况和经济发展需求而生。东南亚热带雨林气候普遍，炎热且午后多阵雨，许多人购物途中突遇大雨无处躲避，大大拉低购物体验，也不利于商业发展。"外廊式建筑"的骑楼恰可以遮风挡雨、防热防晒，与东南亚地域特点十分契合，在东南亚十分风靡，随后也传入华南地区。骑楼是我国海南、福建、广东、广西等沿海侨乡特有的南洋风情建筑。现在，当你漫步在厦门的中山路、漳州的古城、泉州的中山路就能置身于骑楼的廊道中，伴着一些"老字号"古早味的店铺和往来人群，昔日的市井风情、商业氛围、历史底蕴迎面扑来，那是一个时代的记忆，是一个地域的财富。再比如"沙茶"引自东南亚，进入闽南地区平常百姓厨房。"沙茶面"也成了闽南地区的特色小吃，遍布街头巷尾。

在吸收外来语方面，台湾闽南方言有其独特性：源自日语的外来词比核心区闽南方言多得多。这跟我国台湾曾受日本殖民统治的历史密

---

① 建筑物一楼临近街道的部分建成行人走廊，二楼及以上楼层"骑"在一楼之上，楼下经商，楼上住人，既可以防雨防晒，又便于展示橱窗，招徕生意。

切相关。例如：

表 4-55　台湾闽南方言日语借词示例

普通话	台湾闽南方言	普通话	台湾闽南方言
司机	运掌手 [un⁶tsiaŋ³tsʰiu³]	飞机	飞行机 [peˈliŋ²kiˈ]
计程车	塔区蚀 [tʰaʔ⁷kʰu³siʔ⁷]	火车站	驿头 [ia⁸tʰau²]
自行车	自转车 [tsu⁶tsuan³tsʰiaˈ]	播音器	放送头 [hɔŋ⁵sɔŋ⁵tʰau²]
照相	写真 [sia³tsinˈ]	照相机	卡蔑拉 [kʰa⁶meˈaʔ⁸]
菜肴	料理 [liau⁶li³]	蛋糕	须提拉 [suˈtʰe²laˈ]
生鱼片	沙西乜 [saˈsi³miʔ⁷]	啤酒	米汝 [biˈlu⁵]
邮政	邮便 [iu²pian⁶]	厕所	便所 [pian⁶sɔ³]
香烟	塔麻考 [tʰaʔ⁸ba³kʰoʔ⁷]	钢笔	万年笔 [banˈian²pit⁷]
领带	捏居带 [neˈkuˈtai³]	饭盒	便当盒 [pian⁶tɔŋˈaʔ⁸]
父亲	乌多桑 [ɔˈtoˈsaŋ³]	银行户头	口座 [kʰau³tso⁶]

　　此外，闽南方言中还有少量其他外语借词。如早期称"大衣"为
"□ [kʰut⁷]"，是英语 coat 的音译。台湾闽南方言称"船"为"某渡
[bɔ³tɔ⁶]"，是英语 boat 的音译词。从数量上看，闽南方言中的外来词总
数并不多，但其使用频率不低，且是我们了解闽南方言和整个闽南方言
区人民与海外各国友好往来历史的窗口。

4. 其他来源的遗留

　　今天的闽语分布有一个特点，即接着吴语沿着海岸线继续向南延
伸。这反映了吴闽两地人民历史上曾经存在过一些很密切的关系。福建
古时候叫方外之地，根据各种史料的相互印证和对一系列出土文物的
判断，远古时期福建地区乃百越族一个分支——闽越族的栖息地。《史
记·越王勾践世家》记载，当楚威王之时，越北伐齐。齐威王使人说越
王，越释齐而伐楚。楚威王兴兵伐越，于公元前 334 年败越杀越王无
疆。越以此散，诸侯子争立，或为王，或为君，滨于江南海上，服朝于

楚。公元前 223 年秦灭楚，废除早已分裂的越族的首领，以其地为闽中郡。在这样的历史地理背景下，先秦古楚语、古吴、越语在闽地有较深入接触融合的契机。先秦古楚语、古吴、越语应是与华夏语（汉语的前身）有较大区别的语言，①随着时间的推移，在闽地语言不断汉化的进程中，这些非汉语成分被部分保留下来，成了日后闽南方言的"底层"②。现今闽南方言中还有一些与南方其他少数民族语言有关的词语。例如：

释义	闽南方言	壮侗语
（粥）稠	泉州 kap^8，潮州 kɯk^8	武鸣壮语 kɯt，柳江壮语 kɯk，临高话 kɔt^8
松脱、滑落	厦门、漳州 lut^7	龙州壮语 lu:t^7，版纳傣语 lut^7
嗜好	泉州 gam^5	武鸣壮语 gam^5
傻	厦门、漳州 gɔŋ^6	傣语 ŋoŋ，黎语 ŋaŋ
次（量词）	厦门、漳州 pai^3	壮语、布依语、傣语 pai^2
盖上	厦门、漳州 kʰam^5/kʰap^7	武鸣壮语 ko:m^5，傣语 hɔm^5，水语 kəm^5
吮吸	厦门 suʔ^7，漳州 soʔ^7	侗语 sot^9 武鸣壮语 θut^7，泰语 su:t^7
泡沫	厦门 pʰeʔ^8 漳州 pʰueʔ^8	傣语 pok$^{9/7}$

---

① 吴王夫差将伐齐，子胥曰："不可。夫齐之与吴也，习俗不同，言语不通，我得其地不能处，得其民不能使。夫吴之与越也，接土邻境，壤交通属，习俗同，言语通，我得其地能处之，得其民能使之。越于我亦然。"（《吕氏春秋·知化》》

② 语言底层是语言使用者操习得语时所带有的母语或底层母语（指已经死亡了的母语）的成分或特征，其性质属于语言接触中、语言转换中的母语或底层母语干扰（shift-induced interference）现象。

今壮侗语族一般被认为是古百越人的后代。闽南方言中来历不明，而又与壮侗语在音义上极为相似的词，很可能就是来源于百越语的底层成分。闽语地区很多地名中带有"那、拿、畲、畬、寮、坂"等字，这些地名很可能也是壮侗语族的先民在汉人南下之前就已命名，后来一直被沿用下来。

除开百越语底层，闽南方言中可能还有其他语言的留存。"囝"是闽南方言的核心词。宋代《集韵》始有记录，不见于其他地区（其他方言常用"儿、娃、子"等）。"囝"可能不是汉语，而是从南岛语借过来的，始用于闽南地区。称"人"为"侬"，以"健"表成年（如"鸡健仔"，成年鸡），这可能就是古吴语词。称"叶子"为"箬"可能源于古楚语。

三　闽南方言词汇的调查和研究

1. 方言词汇调查的意义和难点

现代汉语方言的调查从语音调查开始。因为语音调查系统性强，与古今通语存在对应，跟音韵学研究可相互为用，是比较容易掌握其操作的。然而，说到底，"方言词汇的调查更重要，因为词汇是语言的建筑材料，是语言的最为现实的载体，离开词汇，既没有语音，也没有语法。尤其是使用汉字的汉语，每个音节都和字融为一体，都是有意义的词或语素，我国古代的方言研究着重于词汇，是有道理的"。退一步说，方音的调查也离不开方言词汇的调查。仅靠字表调查而得的方音资料不免会多出不少"文绉绉"的、于方言使用和研究无大意义的"类推"字音，又遗漏不少于方言来说高频而有特色的"有音无字"的字音。再说，没有足够的词汇调查，很多连读音变规律是无法显现出来的。"就词汇和语法的关系说，汉语的词语的构成和句子的创造、使用的规律大体相同，语法意义的主要承担者是实词转化而来的虚词，句法关系中的词语组合经常与词义相关。""作为语言结构系统的底座，语言发展的源泉，词汇的重要性是不言而喻的。"①

方言词汇调查重要但又存在很多困难。例如，词汇系统庞大，数量繁多，大小类别、层次重叠，即使是用很长时间调查也不可能穷尽。记录词汇不但要标注读音、注释词义，还要考究用字，这些工作精细而又烦琐，想要面面俱到、一步到位、样样记录准确几乎是不可能的。每一个词都有其历史②，理解其内涵并不易。加上在多言多语并用、语言接触频繁深入的现代社会，方言处于急剧演变之中，即使是同一区域的人对同一个词都可能存在认知差异。

2. 方言词汇调查的语料搜集和注意事项

方言词汇调查的首要任务是搜集词条。目前进行方言词汇调查一般会选用某些词表，以提高搜集词汇的效率。例如邢向东（2007：118）介绍道，小型、初步的调查可以《方言调查词汇手册》③为基础，中型调查可以《汉语方言词汇》④为基础，大型调查可以《汉语方言词语调查条目表》⑤为调查表。（美）史皓圆、顾黔、石汝杰等编著的《汉语方言词汇调查手册》（中华书局，2006）包括简表、详表和短表三个不同用途的调查表。简表收词 450 个，适宜在某个地区进行面积较大、布点较多的调查，以利于比较研究。如果发现其中某几个点特别有意思，值得进一步发掘，就采用详表深入调查。详表收词 1900 个，调查完毕后对该方言的词汇就有了详尽的了解。从词汇的口语中整理出来的语音系统，更能全面而真切地反映当地方言的实际情况和历史层次。短表收词 60

---

① 李如龙：《汉语方言调查》，商务印书馆，2017，第 108 页。
② 包括产生依据：造词法、构词法。来历情况：先前的传承、固有的自创、后来的变异、外来的借用。发展状况：使用中定型、演变。历史烙印：反映的社会文化特点等。（李如龙 2017：109）
③ 中国科学院语言研究所编《方言调查词汇手册》，中国科学院语言研究所，1955。
④ 北京大学中文系语言学教研室编《汉语方言词汇》，语文出版社，1995。
⑤ 中国社会科学院语言研究所方言研究室资料室：《汉语方言词语调查条目表》，《方言》2003 年第 1 期。

个，适用于绘制方言地图、调查方言同言线。

如果是为某个统一规格要求的工程项目所做的词汇调查，为了便于平行比较，就严格根据限定的条目进行逐一调查。如若不是，则可以根据实际情况对调查表做一定程度的修改，如增加实际有而词表未列的条目，放弃词表有而实际无对应词的条目。可以在田野调查实施前，针对调查点，先搜集前人记录过的词条（本区或邻近区域的），在现有词表的基础上进行个性化调查表的编制。田野调查时，如果词表问完后还有时间，可以按照义类一项一项进行仔细调查。如关于房屋，从不同时期的房子里里外外的不同部分进行调查。也可以按照生活传统一串一串地问，比如婚丧喜庆、习俗节庆等。和音系调查坚守一个发音人原则不同，方言词汇搜集过程中的访谈对象最好要广泛一些，毕竟每个人的词汇量都是有限的。在有稳定的一两个基本调查对象以外，可以以访谈的方式约请不同行业、不同专长的老人来协助调查。方言词汇调查要注意收集一词多说的语料，并做好区分标注，如哪些是固有的，哪些是受普通话影响而产生的，哪些较自然的，哪些较不自然的。方言词汇调查要把注意力集中在口语词的调查上，越是"土得无字可写"的口语常用词，越是重要的方言词。

3. 闽南方言词汇调查和研究概况

就语言学本体研究而言，闽南方言有诸多可圈可点的特点，吸引众多海内外学者的长期关注和研究，已有研究成果的规模和质量在方言学界都是有一定代表性的。相比之下，闽南方言的词汇研究最显单薄。（1）成果数量少。[①]（2）呈现形式较为单一。近三四十年间，闽南方言词汇调查研究成果最主要的呈现形式是方言词典的编制和调查报告中词汇表的收录。（3）研究深度有限。大体可概括为两类，一是共时内部差异比较或普方比较，特点是印象式总结和列举式论证。二是以历史语

---

① 以"闽南方言""闽南话""闽南语"为篇名或关键词，对中国知网文献加以检索，可检索到近600篇文献，其中涉及词汇研究的仅有20篇左右。

言学理论为指导的历时演变描写和成因初探。无论是词义的分析，还是词汇系统的研究都还很不够。这里给大家推介几本涉及厦门、漳州、泉州、台湾等核心区闽南方言的较为常用的方言词典。

（1）《普通话闽南方言词典》

这是一部普通话和闽南方言词语对照的中型语文词典。

它是由厦门大学中国语言文学研究所汉语方言研究室的黄典诚、洪笃仁、周长楫、李熙泰、林宝卿、黄丁华等人，从 1975 年开始编写，历时 5 年完成，并由福建人民出版社于 1982 年 10 月出版的。总字数将近 400 万字。

该词典旨在帮助解决人们在学习与推广普通话及从事文化、教育、宣传工作和日常交际时所遇到的语言问题。同时，对于汉语方言的研究工作，也可以提供一定的资料。其中收录普通话词语 5 万多条，闽南方言词语（包括跟普通话形义相同仅在语音上不同的方言词）约 7 万条。普通话部分主要依据中国社会科学院语言研究所编写的《现代汉语词典》。闽南方言部分则以厦门话为主，同时也适当收录泉州、漳州两地中同一意义但在说法上同厦门话有较大差别的一些词语。中等文化程度的读者即能使用。

在方言词语和普通话对照的编排方面，先排列跟普通话形义相同仅在语音上不同的方言词，再排列与普通话词语意义基本相同的方言同义词或近义词（这部分方言词与普通话词不可避免地存在感情色彩、使用范围等方面的差异，其间的对照只能是大体对应）。对于与普通话词对照存在困难的方言特有词，就加空心括号表示并加以注释说明。用字方面尽可能用本字，无法确定的也使用同音替代字和方言俗字。

（2）《闽南方言大词典》

这是一部包括厦门、泉州和漳州三地语汇的综合闽南方言词典。

它是由周长楫、王建设、陈荣翰等人于 2003 年起开始分工编写，历经了 4 年完成，由福建人民出版社于 2006 年出版的。总字数约 220 万字。

鉴于厦漳泉闽南方言在本土与海外紧密相融的语言事实，为了便于三地人们的使用、交流和比较，特别是便于闽南地区人民与台湾同胞以及海外闽南籍华侨华人的交流与感情沟通，该字典创新性地同时收录了厦门、漳州、泉州三地的词语。其中所收录的闽南方言词分两个部分：① 1.6万多条闽南方言特有词（与普通话同义异形或在义项上与普通话词语有所不同的词）；② 2万多条闽南方言所吸收的普通话的词语。（与普通话同形同义异音，该字典自称"对音词"。）前者注有三地读音、释义，辅有例句；后者只列词条，注明普通话与厦漳泉读音，不注释，不列例句。对所收录的近4万条方言词的三地读音还都进行了录音并制成光盘，以便读者学习、掌握和使用闽南方言，也能将三地的读音资料保留下来。为了便于读者了解厦漳泉三地的"小异"，该字典撰写"引论"简要介绍闽南方言的情况和特点。为了展示厦漳泉台闽南方言的源流关系，撰有"台湾闽南方言概述"简要介绍台湾闽南方言的分布、音系，台湾特有闽南方言词等。词典还附上百家姓、干支名称、中国历代纪元名称、中国各民族名称、中国省市名称、世界各国与地区名称等的闽南话读音表、难字表和几种注音方案对照表，配有多种检索方式，便于读者使用。

（3）《闽南话漳腔辞典》

这是一部展示漳州腔闽南方言语汇的辞典。

从2005年3月开始，在福建省政协主持下，省委统战部、省台盟、省台办、漳州市政协等部门联手展开该辞典的编辑组织工作，委托陈正统等人组成编写组，由包堃、陈荣翰、郭锦飚、张大伟等人共同编写而成，并由中华书局于2007年出版发行。总字数约140万字。

整理编纂该辞典是力图记录保存近百年来通行的漳腔常用词汇（包括濒临消亡的词）和口语交流时的各种变调，梳理漳腔闽南方言的流变，以正本清源。该辞典的编纂被编委会视为保存地方文化历史的基础措施。

该辞典共收词目 1.7 万余条，词目以旧漳州府所在地（今芗城区）为首，收录属县有差异的部分词条，也酌收台湾漳腔闽南话的部分词条。该辞典将收词重点放在白读音部分，释义从详，例句全部采用直接调查得到的口头词语，对文读音的释义从简，例句多用古代典籍中的词语，并尽可能追溯古汉语来源。在用字上尽量采用本字，同时兼用训读字、同音替代字、方言俗字等。该辞典还注意收集一定数量的具有漳州特点的民俗词语和具有漳州色彩的风物条目。

（4）《台湾闽南语辞典》

这是一部中型的台湾闽南方言辞典。

它是由董忠司、城淑贤、张屏生等人历时 4 年多编纂而成，并由台湾五南图书出版股份有限公司于 2001 年出版。总字数在 200 万字左右。

该辞典收录了现代台湾地区词汇（以在台南市语调所得为主）。所收词条以常用与实用为原则。辞典以收录一般口语词汇为主，酌情收录少量文言词和书面语。词条下附有释义、例句。书中对台湾各地方音做了一定的标注，不求齐备，但求让读者可略窥台湾闽南话之一斑。所用汉字不力求本字，而尽量采用传统共用字。辞典附有音节索引、字头音序索引、字头部首索引三种检索法。

4.闽南方言词汇调查研究的深化

（1）合理利用词表，可依可调

选择适用的词汇表进行方言词汇调查是一种相对简捷高效的方式，但还是要清醒地认识到任何调查表都只能供参考。不囿于词表，深入实地虚心动问是词汇调查的必由之路。方言词汇调查的深化至少有两个维度：一是本土的、真实的词汇量的扩容；二是内涵标注的细化（如常不常用、自不自然、具体的意义、近义词的比较等）。为此，在词汇调查时最好能扩大访谈对象的范围，增加不同行业、年龄、性别等的发音人，毕竟每个人的词汇量是有限的，并极大地受到社会因素的制约和影响。

在遵照词表逐一"对译"来求得调查可控的进度之余，应该舍得下功夫做一些看似"不务正业"的访谈，如有意设计不同对话主题引导发音人进行交谈，以更好地发挥发音人的主动性和创造性，保障所述词汇的自然度和真实性。从室内定人定点的主体访谈模式中走出去，到实地去观察调查地的地形地貌、天气变化、风土人情等，如看看当地的街巷墟市、祖祠宗庙等，在真实场景下收集更多更具地方特色的土音特词、雅称俗字。在做词义解释的时候要尽量避免调查者的主观臆断，特别是调查自己并不陌生的方言，更需要警惕同形即同义的先念，因为即使是像闽南方言这种内部一致性明显的方言，都存在很多异地同形异义的情况。①

（2）系统分析语料，丰富词汇研究内涵

记完方言词汇，将其作为音系补缺补漏的依据及后续语法例句记录的基础貌似是自然而然的行为，然而对方言词汇本身进行系统分析则长期缺位。李如龙（2017：130-132）提醒在记完方言词汇之后，有必要进行几个方面的系统分析。有了系统分析，才能理解方言词汇的特征。方言词汇的系统分析包括共时的方言词汇系统分析、历时的方言词汇系统分析、不对应词的整理和解说、专题词汇语料的整理和分析等。共时的方言词汇系统分析最重要的是提取核心词，考察核心词和基本词、一般词的关系。把表达最重要概念的常用方言词提取出来，逐一清理他们的多个义项之间的联系和区别，沿着这些基本词汇的义项衍生，追寻其语义系列。历时的方言词汇系统分析重在探究方言词汇的来源和层次。不对应词的整理和解说源于方言词汇的比较，于比较中发现不对应，于不对应中去扩展调查，并通过必要的解说来彰显方言词汇的特点。千里之行，始于足下，全面分析往往要切分成不同的专题各个击破。方言词汇语料的整理也可以选定一些专题来进行小范围的深入研究。方位词、指代词、数量词、称谓词等封闭性词汇，气候水文、地形

---

① 如"瘝 [ia⁵]"在漳州某些地方的基本义是"疲倦"，在另外一些地方的基本义则是"厌恶"。

地貌、物种物产、农耕要项、择业取向、历史地名、历史人名等与当地地理环境和历史人文特点密切相关的词都是值得整理的专题。

（3）树立大词汇科学观，拓展交叉融合研究

苏新春指出："语音、语义、语法都代表着语言体系中的一个独立要素，或是形式，或是内容，或是规则，而只有词汇是语言体系中的一级单位，在它身上既有语音形式，又有语义内容，还有语法规则。它是语言三大要素的一个综合体。""从事汉语词汇研究，需要具备三方面的知识：扎实的语言学理论修养[①]与良好的语感，大批量的语料与处理语料的手段和工具，对学科发展历史与现状的全面、充分的把握。汉语词汇研究不能追求对象的独立与单一，应结合其他各种语言要素来进行。"[②]这虽然不是针对方言词汇研究而言，但是可以借鉴。有鉴于此，得益于前人的收集汇编，拥有大批量的语料对闽南方言词汇研究者来说并不是难题；相比于继续收集和扩充语料，用什么样的手段和工具来处理大批量词汇材料，目的何在，如何处理等应该是深化闽南方言词汇研究急需思考的；相比于恪守纯正的"词汇结构的本体"研究，闽南方言词汇研究可以走"多元化"的道路，符号的、人文的、认知的、逻辑的、形式的、生物的、心理的、数理的等各个维度的考察都是可以被关注和尝试的；依托闽南方言历史文献丰富、与古汉语联系密切等优势，可以进一步加强对闽南方言词汇古今贯通的研究。

第五节　闽南方言语法的特点

语音是语言的物质外壳，方言调查研究从语音入手是自然而然的。

---

① 苏新春主编的《二十世纪汉语词汇学著作提要·论文索引》对 20 世纪的汉语词汇学研究成果作一番梳理，定位在为学习者们提供一个迅速掌握词汇学研究成果的资料汇编上，有助于初入词汇学研究领域的人省去搜寻翻检之苦。
② 苏新春：《汉语词汇研究需要开阔的视野与历史纵深感——〈二十世纪汉语词汇学著作提要·论文索引〉序》，《辞书研究》2005 年第 1 期，第 10~16 页。

加之，汉语方言之间语音差异明显，方音当仁不让地成了以往比较研究的重点。较之方音研究，方言间词汇和语法的全面调查和比较研究相对薄弱。我们这里所说的闽南方言语法特点更多也是列举式的，重点列举有别于共同语的一些表现。

一　闽南方言的构词

1. 附加式

构词法，语素组合成词的规则。根据在词中的不同作用，语素可分为词根和词缀。词缀按其功能可分为派生词缀（或称构词词缀）和屈折词缀（或称构形词缀）。闽南方言词缀多属派生词缀，即附加后构成新词，包括增加新的词义内容或改变词的类别归属等。词缀根据其与词根语素的位置关系，可以分为前缀（或称词头）、中缀（或称词嵌）、后缀（或称词尾）。闽南方言中后缀较多，前缀其次，中缀最不发达。闽南方言后缀以"仔 [a³]"的使用最频繁。"仔"相当于普通话的"子""儿"，或认为"仔"是"囝 [kiã³]_儿子"虚化的产物，其间包含着语音和语义的弱化。此外，闽南方言中有不少异于普通话的前后缀，但构词能力不如"仔"。

表 4–56　闽南方言中异于普通话的前、中、后缀

		功能	例词
前缀	阿 [a¹]	表示亲属称谓	阿爸、阿母、阿公、阿妈、阿兄
		附加在单音节人名前，表示亲昵	阿雄、阿明、阿英、阿娥、阿勇
		附加在表示特征的名物化形容词，或表示身份的名词前，用来统称某一类人	阿肥的_胖子、阿瘦的_瘦子 阿兵哥_军人、阿舍_公子哥
	拍 [pʰa ʔ⁷]	附加在动词前，把动词转换为使动用法。常含有意外、非自愿的词义	拍醒_使醒来、拍青惊_使受惊吓、拍无_使丢失、拍损_使浪费
	坦 [tʰan³]	附加在形容词或动词之前，将之转换为可以充当状语或补语的副词，表示某种姿势或状态	桌仔摆坦横_桌子打横着摆、坦徛_竖着 坦斜_斜着、坦倒_横着

			功能	例词
后缀	仔 [a³]	非轻声	附加在器具、人类、动物、植物、水果等名词之后，使单音节名词双音化	桌仔、桶仔、羊仔、猪仔、麦仔、婴仔、柑仔、梨仔
			附加在名词后，表示说话者对某人或某物的轻蔑态度	北仔_{外地人}、土匪仔_{蛮不讲理的人}、剪绺仔_{小偷}
			附加在亲属称谓后	舅仔_{妻子的兄弟}、妗仔_{兄弟的妻子}、姨仔_{妻子的姐妹}、孙仔_{兄弟的子女}、外甥仔_{姐妹的子女}
			附加在名词后，改变其意义	糖≠糖仔_{糖果}、霜≠霜仔_{冰棒}、师≠师仔_{徒弟}、新妇_{媳妇}≠新妇仔_{童养媳、养女}
			附加在名词后，带有小的意味	和尚仔_{小和尚}、查某仔_{小女孩}
			附加在动词、形容词后，使之名词化	称仔_秤、禁仔_{刹车}、夹仔_{夹子}、圆仔_{汤圆}、矮仔_{矮子}
			附加在形容词或数量词后，表程度低或数量少	小可仔_{稍微}、淡薄仔_{一点儿}、几个仔_{几个}、一碗仔_{一小碗}
		轻声	附加在单音节人名及亲属称谓之后，用来表示亲昵	英仔、嫂仔_{嫂子}、舅仔_{舅舅}、妗仔_{舅妈}
			附加在名词之后，用来表示亲昵	边仔_{旁边}、尾仔_{后头}、头仔_{前头}
			附加在重叠形容词、动词、副词后，做谓语修饰语，可使语气舒缓，具有强调性质状态的作用	匀匀仔行_{慢慢地走}、笑笑仔讲_{笑笑地说}、轻轻仔搬_{轻轻地搬}、痛痛仔互伊_{忍着给他}、拄仔来_{刚刚来}、清采仔食_{随便吃}
			附加在重叠形容词后，可充当谓语	裤头冗冗仔_{裤头有点宽松}、这小可贵贵仔_{这稍微有点贵}
	头 [tʰau²]		附加在名词后，使单音节双音化或表示特定名词	椅头_{椅子}、柴头_{木头}、菜头_{萝卜}
			附加在名词、方位词后，表示处所	路头_{位置}、顶头_{上面}、角头_{方位}
			附加在名词、动词后，表示事物的外观或状态	汤头_{汤的滋味}、症头_{病症}、手头_{经济状况}
			附在名词、动词后，表示分量、程度	秤头_{秤显示的斤两}、担头_{家计}、挡头_{承受力}
			附在名词、动词后，表示事件	空头_{把戏}、报头_{预兆}、稻头_{农务}

续表

		功能	例词
后缀	水 [tsui^{3}]	附加在名词、形容词后，表示数量、质地、性质或状态	色水色泽、喙水口才、钱水财力 硬水艰巨的状态、软水轻松的状态
		附加在序数词或指示代词后，表示次第或某段时间	头水第一次、二水第二次、即水这阵子
	仙 [sian^{1}]	附加在名词或动词后，表示从事某种职业、具有某种技能或嗜好的人	拳头仙拳师、地理仙风水师、酒仙酒徒 讲古仙说书人、拍铁仙打铁能匠
	神 [sin^{2}]	附加在名词、动词、形容词之后，构成名词，表示某种神情或状态	戆神发呆的样子、笑神笑容 猪哥神好色的样子、风车神爱吹牛的样子
	声 [siã^{1}]	附加在名词、动词后，构成名词，表示某种情况	岁声岁数、钱声钱数 范声样式、状况、重声重量
	气 [k^{h}ui^{5}]	附加在形容词、动词后，表示某种性质状态	水气漂亮、差气差劲、够气充足饱和的样子 落气丢脸、赶气满足
	路 [lɔ^{6}]	附加在名词后，表示事物的门类	头路职业、手路手艺、喙路口味
		附加在形容词后，表示事物的状态	幼路细腻、下路低下
	草 [ts^{h}au^{3}]	附加在名词后，表示事物的状况	力草力气的状况、市草行情、货草货色
中缀	仔 [a^{3}]	附加在名词中，没有特定意义	豆（仔）粒、排（仔）骨、闲（仔）话
		附加在姓、名之间，表示使用者的愤怒情绪	陈仔文雄、李仔来福
		附加在时间词之中①	今仔日今天、明仔载明天
		附加在两个名词之间，表并列关系②	爸仔团父子、翁仔某夫妻 衫仔裤衣裤、糖仔饼糖果饼干
	不 [put^{7}]	附加在某些形容词、副词中间，无特定意义	古将＝古不将姑且、局局＝局不局必定 三五时＝三不五时常常

注：①可能是“旦”的弱化。②可能是并列连词“共”或“合”的弱化。

闽南方言指示代词不是用“这”“那”来表示“近指”和“远指”，而是通过 [ʦ-][h-] 这两个声母的变换来实现，形成整齐的对应。如：

[tsia¹]（这里）——[hia¹]（那里）

[tsia³]（这么）——[hia³]（那么）

[tsit⁷le²]（这个）——[hit⁷le²]（那个）

[tsia³e²]（这些）——[hia³e²]（那些）

[tsit⁷tsun⁶]（这时）——[hit⁷tsun⁶]（那时）

有人将 [ts-][h-] 也视为一种前缀，只是这种前缀，并非常态的一个完整音节，而仅仅是一个声母，姑且称为"次音节词头"。

此外，闽南方言中"相 [sio¹]"有类似屈折前缀的功能。① 它附加在及物动词前，将及物动词转变为不及物动词，并要求主语必须为复数，同时使动词含有"相互"义，例如，"相招（相约）、相拍（打架）、相笑（相互讥笑）、相掠（互相追逐）"。"好 [ho³]""歹 [pʰãi³]""厚 [kau⁶]"可附加在名词或动词前，使之形容词化，例如，"好胆（胆大）、好食（味道好）、好写（笔流畅）、好驶（容易驾驶）；歹喙（言语粗俗苛刻）、歹命（不幸）、歹办（棘手）、歹用（难以操作）；厚话（话多）、厚性地（易怒）、厚工（费功夫）"。考虑到这些词单用时是高频实词，与其他语素结合时也还保留较明显的实词的功能和语义，或可处理为"类词缀"。

2. 重叠式

闽南方言中有许多词是以重叠方式构成的。卢广诚将传统统称闽南方言"重叠词"的词语，再细分为重叠词、叠字词、叠音词。② "重叠词"指用以重叠的部分是可以独立使用的闽南方言语词，重叠依照构词规则产生，使用者不必将所有这类词语记存在词库中。"叠字词""叠音词"则是词化了的，无法依照规则构成，是使用者必须全词记存的。

---

① "相"常被分析为副词。一般副词和动词结合并不十分紧密（二者之间可以插入其他成分，如"罔讲""罔咧讲"），而"相+动词"中间无法插入其他成分。

② 卢广诚：《台湾闽南语词汇研究》，南天书局有限公司，1999。

（1）重叠词

闽南方言动词的重叠方式、重叠后的词义等，会因为重叠部分的语义类别、音节数量、重音形式等的不同而有所差异。

表 4-57　闽南方言动词重叠形式、语义示例

前形式	后形式	重叠语义	示例
V	VV	轻微	伊小可嗽嗽。他稍微有点咳嗽。‖ 喘喘有点喘、笑笑带点笑意
V	VV 咧	短时	汝字紧写咧。你赶紧把字写完。‖ 讲讲咧、收收咧
V+补重音	V+补补	全部	菜我食了了啊。菜被我吃光了。‖ 掀开开完全打开、好离离完全康复
V重音+补	VV+补	短时+全部	鱼仔互猫仔偷食食去。鱼被猫连地全部偷吃了。‖ 掀掀开很快全打开、害害死很快全害死、园园好势很快全放好、洗洗清气很快全部洗干净、寄寄转去很快全寄回去、讲讲出来很快全说出来
V同义连用	重复第二个音节+咧	短时+全部	问题紧解决决咧。问题快解决好。‖ 整理理咧、油漆漆咧、翻译译咧

闽南方言中还有数量不多的反义连用动词的重叠，如"起起落落""来来去去""出出入入"。

闽南方言的形容词几乎都可以用重叠方式来表示状态的程度。单音节形容词双叠可弱化词义，三叠可强化词义。有很多双音节形容词①都可以重叠为 ABAB 式（弱化词义），其中有一部分还可以重叠为 AABB 式（强化词义）。

表 4-58　闽南方言形容词重叠形式、语义示例

前形式	后形式	重叠语义	示例
A	AA	弱化程度	红红有点红、大大有点大
A	AAA	强化程度	红红红非常红、大大大非常大

---

① 主谓式、偏正式、述宾式双音节形容词一般不能重叠。述补式双音节形容词本身数量少，略去不谈。有些形容词不能重叠，可能与其自身词义本身（+强烈）有关，如"勇敢"等。

前形式	后形式	重叠语义	示例
AB	ABAB	弱化程度	啰嗦啰嗦_{有点啰嗦}、糊涂糊涂_{有点糊涂}、费气费气_{有点麻烦}
AB	AABB	强化程度	啰啰嗦嗦_{很啰嗦}、糊糊涂涂_{很糊涂}、*费费气气

试比较单双音节重叠对应：

A（无程度）—AA（弱化）—AAA（强化）

AB（无程度）—ABAB（弱化）—AABB（强化）

无论是单音节还是双音节闽南方言形容词，都以双叠形式表示词义的弱化。若将单音节强化式看成"AA（弱化式）+A"，从平行对应角度看，双音节形容词的强化式就应该是"ABAB（弱化式）+AB"，而实际上双音节强化式是"AABB"。这可能是由于"汉语词语一般不超过4个音节"韵律特点的限制，而做出的形式变换。这样的分析，显示出闽南方言形容词重叠式内部一致性的构词规律，也即闽南方言形容词不分单双音节，都以双叠方式来表示程度的弱化，并在弱化式的基础上产生出强化式。①

闽南方言中有很多内含重复成分的四字词语。如：

无意无思、无规无矩；假空假榫；变鬼变怪；好锣好鼓；大主大意

无输无赢、无振无动、无管无顾；假死假活；欲死欲活；𣴒振𣴒动

无要无紧、无欢无喜、无烦无恼；假悾假痫

---

① 这就解释了为什么双音节形容词几乎有弱化式，但不都有强化式。

这类词数量多，无法尽举，但其基础语素组合类型有限。去掉重叠的"无""欲""假""变""𣍧"等，剩下的多为联合式名词、动词、形容词，如"意思""规矩""振动""死活""烦恼""欢喜"。

还有一些是重叠动词、形容词，并以"东—西""来—去""出—入"等反义语素插入其中。如：

讲东讲西、食东食西、想东想西、看东看西
行来行去、徙来徙去、摇来摇去、走来走去
抱出抱入、搬出搬入、缀出缀入、走出走入

（2）叠字词

闽南方言常见叠字词可以分成两类：一类是以叠字修饰语加单音节动词所构成的偏正式，另一类是以单音节形容词加叠字补语构成的述补式。如：

偏正式：金金看_{望眼欲穿}、溜溜去_{到处乱跑}、膏膏缠_{纠缠不休}、飏飏飞_{到处乱飞}
述补式：烧滚滚_{极滚烫}、实捅捅_{挤挤挨挨}、冷吱吱_{极冷}、冗庠庠_{极松垮}

这两类叠字词有一个共同点，重叠的部分若只以单音节形式出现，是不能和中心语构成一个有意义的语言片段的，如"金看""烧滚"都是不存在的说法。

（3）叠音词

叠音词指重叠的部分小于音节（或双声或叠韵）的词。这类词多是由一个形容词词根加上叠音的补语构成。例如：

双声式：暗 bin¹boŋ¹_{一片漆黑}、滒 tʰin²tʰoŋ²_{很稀}、瘠 pi¹pa¹_{很瘦}、歪 ki¹ko²_{东倒西歪}

叠韵式：滑 lu⁶tsʰu⁶ 滑溜溜、薄 li¹si¹ 极薄、长 loŋ⁶soŋ⁶ 很长

3. 音变式

变调、轻声、合音、增音、减音等音变现象在闽南方言中相当常见。撇开历时演变关联，单纯从共时层面来看，有不少闽南方言词是依托这类音变来区别意义的，姑且称之为音变式构词。例如：

表 4-59　闽南方言音变式构词示例

	原形式	实际形式
合音	无会 bo²⁴⁻³³e³³	𣍐 bue³³ 不会，不能
	啥侬 sia²⁴⁻³³laŋ²⁴	□ siaŋ²⁴ 谁
	唔爱 m³³⁻²¹ai²¹	嬡 mãi²¹ 不要
	互侬 ho³³⁻²¹laŋ²⁴	□ hoŋ²⁴ 被人
	共侬 ka³³⁻²¹laŋ²⁴	□ kaŋ³³ 把人
轻声	后日 au³³⁻²¹lit³² 后天	后日 au³³lit⁰ 以后
	做侬 tso²¹⁻⁵²laŋ²⁴ 为人处世	做侬 tso²¹laŋ⁰ 许配给人
	先生 sin⁴⁴⁻³³sẽ⁴⁴ 医生	先生 sin⁴⁴sẽ⁰ 先生
增音	我 gua⁵²	阮 guan⁵²
	汝 li⁵²	恁 lin⁵²
	伊 i⁴⁴	個 in⁴⁴

4. 异序式

复合词由两个或两个以上语素组成，语素排列顺序的先后关系着词汇的有无、语素组合关系的异同、词义的变更等。闽南方言存在不少与普通话同义异序的词，而其内部也有一些异序异义词。

表 4-60　普—方异序词示例

普通话	客人	干菜	干肉	拖鞋	公鸡	母鸡	母猪	公牛	母牛
闽南话	侬客	菜干	肉干	鞋拖	鸡公	鸡母	猪母	牛公	牛母

表 4-61　闽南方言异序异义词示例

车手_{车把}	手车_{手推车}	路头_{路口}	头路_{职业}	水头_{水的源头}	头水_{第一批}
手头_{手里}	头手_{—把手}	布面_{布的表面}	面布_{毛巾}	山里_{山里}	里山_{深山}
目头_{两眉附近}	头目_{头头}	彩头_{兆头}	头彩_{头奖}	冬尾_{冬末, 学期末}	尾冬_{最后一个学期}
糖乌_{经油熬的糖}	乌糖_{红糖}	桌球_{乒乓球}	球桌	插头_{插座}	头插_{头饰}
肉皮_{猪皮}	皮肉_{身上的肉}	厝瓦_{瓦片}	瓦厝_{瓦房}	尾手_{最后}	手尾_{长辈留下的遗物}

受共同语语序的影响，闽南方言有些异序词有了与普通话同序的说法。如"鞋拖"很多人也说成"拖鞋"，"风台"和"台风"都是闽南人可以接受的说法。

5. 文白异读组合式

闽南方言文白异读丰富，文白换读可以构造出不同的词。例如：

表 4-62　单音节文白读重叠式示例

类型	单字文白读	同字文白读组合	单字文白读	同字文白读组合
文白	盐 siɑ²/iam²	盐盐 iam²⁻⁶siɑ²_{汗碱}	斩 tsɑ̃³/tsam³	斩斩 tsam³⁻¹tsɑ̃³_{截断}
	胆 tɑ̃³/tam³	胆胆 tam³⁻¹tɑ̃³	敢 kɑ̃³/kam³	敢敢 kam³⁻¹kɑ̃³
白文	接 tsiʔ⁷/tsiap⁷	接接 tsiʔ⁷⁻³tsiap⁷_{接应}	使 su³/sai³	使使 sai³⁻¹su³_{唆使}
	食 tsiaʔ⁸/sit⁸	食食 tsiaʔ⁸⁻⁵sit⁸_{饭食}	指 ki³/tsai³	指指 ki³⁻¹tsai³_{食指}

表 4-63　双音节文白换读式示例

两字文白读		文白读组合 1	文白读组合 2
雨 hɔ⁶/i³	水 tsui³/sui³	雨水 hɔ⁶⁻⁵tsui³_{天上降落的水}	雨水 i³⁻¹sui³_{二十四节气之一}
行 kiɑ̃²/hiŋ²	动 taŋ⁶/toŋ⁶	行动 kiɑ̃²⁻⁶taŋ⁶_{走动}	行动 hiŋ²⁻⁶toŋ⁶_{动作行为}
破 pʰua⁵/pʰo⁵	格 kɛʔ⁷	破格 pʰua⁵⁻³kɛʔ⁷_{不得体}	破格 pʰo⁵⁻³kɛʔ⁷_{超常规}
大 tua⁶/tai⁶	家 kɛ¹/ka¹	大家 tua⁶⁻⁵kɛ¹_{婆婆}	大家 tai⁶⁻⁵kɛ¹_{众人}*
鼓 kɔ³	吹 tsʰue¹/tsʰui¹	鼓吹 kɔ³⁻¹tsʰue¹_{喇叭}	鼓吹 kɔ³⁻¹tsʰui¹_{鼓动}
冤 uan¹	家 kɛ¹/ka¹	冤家 uan¹⁻⁶kɛ¹_{吵架}	冤家 uan¹⁻⁶ka¹_{仇人}

续表

两字文白读		文白读组合 1	文白读组合 2
烧 sio^1	热 lua$\textipa{P}^8$/liat^8	烧热 sio$^{1-6}$lua$\textipa{P}^8$ 天气热	烧热 sio$^{1-6}$liat^8 发热
未 bue^6/bi^6	来 lai^2	未来 bi$^{6-5}$lai^2 将来	未来 bue$^{6-5}$lai^2 还没来

注：* 还有第三种组合——大家 [tai$^{6-5}$ka^1] 专家。

封闭性词类是词汇研究和语法研究的一个重要交汇点，也是一个容易显现出方言差异的项目，还是方言语法研究的重点和热点所在。以下我们将介绍若干封闭类词在闽南方言中的使用情况。

二 闽南方言的代词

1. 人称代词

表 4-64 闽南方言人称代词

	第一人称	第二人称	第三人称
单数	我 gua^3	汝 li^3	伊 i^1
复数	阮 guan^3 排他式 / 咱 lan^3 包含式	恁 lin^3	個 in^1

闽南方言三身代词不分性别，复数是在单数的基础上加 -n，第一人称代词复数有排除式和包含式两种，排除式的"阮"相当于普通话的"我们"，包含式的"咱"相当于普通话的"咱们"。

单复数人称代词都可以充当主语和宾语。

我想卜叫伊 / 汝同齐去。 我想要叫他 / 你一起去。

伊想卜叫我 / 汝同齐去。 他想叫我 / 你一起去。

汝想卜叫我 / 伊同齐去? 你想要叫我 / 他一起去?

阮想卜叫個 / 恁同齐去。 我们想要叫他们 / 你们一起去。

個想卜叫阮 / 恁同齐去。 他们想叫我们 / 你们一起去。

恁想卜叫阮 / 個同齐去？ <small>你们想要叫我们 / 他们一起去？</small>

A：阮先行，汝稍坐。 <small>我们先走，你再坐会儿。</small>

B：我也卜行啊，咱同齐行。 <small>我也要走了，咱们一起走。</small>

充当定语时，人称代词后的结构助词时有时无，有无条件尚不明确。

我的车无去啊。<small>我的车丢了。</small>　　　单数形式做定语＋"的"

我车无去啊。<small>我，车丢了。</small>　　　　单数形式做话题，主语为"车"

阮的车无去啊。<small>我们的车丢了。</small>　　复数形式做定语＋"的"

阮车无去啊。<small>我们，车丢了。</small>　　　复数形式做话题，主语为"车"

这是我的册。<small>这是我的书。</small>　　　单数形式做定语＋"的"

* 这是我册。　　　单数形式做定语，不加"的"句子不成立

这是阮的册。<small>这是我们的书。</small>　　复数形式做定语＋"的"

* 这是阮册。　　　复数形式做定语，不加"的"句子不成立

* 我（的）爸是老师。　　单数形式修饰亲属称谓受限

阮爸身体好啊。<small>我爸身体好了。</small>　　排他式第一人称复数修饰亲属称谓，用
　　　　　　　　　　　　　　　　于向外人诉说

* 阮的爸身体好啊。　　复数形式修饰亲属称谓，后不加"的"

咱爸身体好啊。<small>咱爸身体好了。</small>　　包含式第一人称复数修饰亲属称谓，用
　　　　　　　　　　　　　　　　于子女之间的对话

闽南方言反身代词是"家己 [ka¹⁻⁶ki⁶]"，用法与普通话"自己"相似。

我无闲，汝家己去。<small>我没空，你自己去。</small>

随人家己去准备。<small>每个人自己去准备。</small>

家己的事志家己做。<small>自己的事情自己做。</small>

伊家己讲过的话拢无算数。<small>他自己说过的话都不算数。</small>

伊讲来讲去其实嘛是讲伊家己。他讲来讲去也是讲他自己。

闽南方言他称代词是"侬 [laŋ²]"^①，用于称说听说双方以外的不确指对象，大致与普通话的"人家"相当。也可以"侬伊"连用，表示确指的第三方。"侬"和"我"组合，构成"侬我"作主语，表示申辩语气，用于诉说理由。"侬伊""侬我"都可以与反身代词"家己"连用。例如：

互侬拍去。被人打了。

侬伊有钱，汝卜共侬比什物？人家有钱，你要跟人家比什么？

侬我是因为破病则无来上课。人家我是因为生病才没来上课。

侬伊家己有本事，汝卜共侬见怪什物？人家他自己有本事，你要怪人家什么？

侬我家己会晓的，唔免汝加婆。人家我自己会，不用你管闲事。

闽南方言没有类似普通话"您"这样的敬称形式，但有替换第一人称的倨称形式"[mẽ³]"，这可能是"恁爸"的合音，类似北方人自称"（你）老子"一样，显得倨傲粗鲁。当说话者有极大情绪时，可能会不自觉地使用这个自称形式。

mẽ³ 唔知伊是刁工的，若无宁死也唔放伊煞。我不知道他是故意的，要不怎么也不会放过他。

这个倨称形式是男女通用的。闽南方言没有如北方话的"老娘""姑奶奶"之类的女性专用的倨称词语。

---

① 吴语称"人"为"侬"，源于楚语"农"。《庄子·让王》"石户之农"唐成玄英疏"农人也，今江南唤人作农"。闽语同吴语称"人"为"侬"。该词可视为楚语层次。（郑张尚芳 2012：2）

2. 指示代词

　　闽南方言指示词系统为"近—远"二分对立，大致是以说话人为主兼顾整个谈话现场的距离来切分的。闽南方言指示代词不是用"这""那"来表示"近指"和"远指"，而是通过 [ts-][h-] 这两个声母的形态变化来表示，有很整齐的区别。以泉州晋江话指示词系统为例：

表 4-65　指示代词

	近指	远指
基本	即[tsit˩]	迄[hit˩]
名物	即种[tsioŋ˩]、即号[heˇ]、即款[kʰuan˩]、种其[tsioŋˇ e˩]、攑ˇ其[tsuaiˇ e˩]（可合音为 tsuai˧）	迄种、迄号、迄款、向其[hioŋˇ e˩]、怀其[huaiˇ e˩]（可合音为 huai˧）
时间	即站(时)[tsam˥/˨˥(si)˩]、即气[kʰuiˇ]、即摆[pai˩]、即过[keˇ]、即方[paŋ˩]、即阵[tsunˇ]、这ˇ(仔)[tseˇ(a˩)]	迄站(时)、迄气、迄摆、迄过、迄方、迄阵、岁仔[heˇa˩]
处所	即畔[pu˧/piŋ˧]、即头[tʰau˧]、即位[ui˩]、即搭[t(i)aʔ˩]、只仔[tsi˩a˩]	迄畔、迄头、迄位、迄搭、许仔[hi˩a˩]
	者ˇ[tsiaˇ]、别搭[pat˥˩ t(i)aʔ˩]、块[teˇ]、嘞ˇ[·le]	
程度	障(□)[tsuan˥˩(lin˩)]、抽(□)[tsuaʔ˩(lin˩)]	奂(□)[huanˇ(lin˩)]、喝(□)[huaʔ˩(lin˩)]
方式	安ˇ呢ˇ[an˩ lin˧/an˧ n˩i˧]	

资源来源：林天送：《福建晋江话的指示词》，《方言》2012 年第 1 期，第 33 页。

　　一般被视为基本形式的 [tsit][hit]，是黏附的，只指不代，不能单独充当句子的主语、宾语，不能单说，也不能直接修饰名词。它们的用途是与数量短语、物量词、方位词等组合，形成指量短语后再充当主语、宾语、定语。例如①：

　　即三日我拢咧无闲。 <small>这三天我都在忙。</small>

　　即本册破去啊。 <small>这本书破了。</small>

---

① 远近指示代词在表达功能和句法特点上有明显的对称性，例子一律以近指赅远指。

即角较大互汝。 这块比较大给你。

我卜即两尾。 我要这两条。

指示不同对象的指示词大体是在基本形式的基础上加其他相关语素构成，后加语素因地而异，使得闽南方言内部指称事物、处所、时间、方位的指示词形式复杂多样，但表达功能和句法特点有明显的一致性。

闽南方言方式指示词不分远近，只有"按呢"一词。

即条题目唔是按呢做，是啰按呢做。 这道题目不是这样做，是要那样做。

关于闽南方言指示词来源的认识存有争议，很多指示词用什么字来书写好尚未确定下来。

3. 疑问代词

疑问代词是用在疑问句中指示疑问，也用于非疑问句中表示任指或虚指。我们根据读音形式来介绍几组常用的闽南方言疑问代词。

（1）"啥"系

这组疑问代词常用于询问事物，相当于普通话的"什么"，常见书写形式有"什物""甚物""啥""甚""乜"等。发音因地因人而异，包括 [siap⁻⁸mĩʔ⁸]、[sap⁻⁸mĩʔ⁸]、[sim⁻¹mĩʔ⁸]、[sip⁻⁸mĩʔ⁸]、[siã³]、[sã³]、[mĩʔ⁻⁸] 等。从音读形式上看，这些疑问词形式可能存有密切关系：若以 [siap⁻⁸mĩʔ⁸] 为基本形式，其他大体可以视为其弱化形式（或减音或合音）。该组疑问代词可以单独成句，单独充当主、宾语。[①] 例如：

---

① "乜"的使用在地域和功能上都相对受限。漳州腔较少用，在厦门话中常与"事"组合，"乜事"相当于普通话的"怎么回事"，如"汝是乜事啦? 你是怎么回事啦?"意在责问对方的不是。

~？汝讲~？ _{什么？你说什么？}

~便宜买~。 _{什么便宜买什么。}

汝创~则无来？ _{你为什么没来？}

汝有~意见？ _{你有什么意见？}

这组疑问代词可作为定语修饰不同的名词（中间不能插入结构助词），用于询问人、处所、时间等。例如：

~侬卜共汝同齐去？ _{什么人要跟你一起去？}

汝是~时阵出世的？ _{你是什么时候出生的？}

伊蹛伫~所在？ _{他住在什么地方？}

可以与"无"构成"无＋疑问代词"①，在否定句中作状语，表示量不多。例如：

伊饭无~食，稳当会枵咧。 _{他饭没怎么吃，一定会饿的。}

看汝也无~做，~煞做了啊？ _{看你也没怎么做，怎么还就做完了？}

与"什物 [siap⁻⁸mĩʔ⁸]"形式、功能相似的还有"哪物 [nã⁻¹mĩʔ⁸]"。例如：

哪物侬叫汝来的？ _{什么人叫你来的？}

哪物所在较舒服？ _{什么地方比较舒服？}

汝哪物时阵会转来？ _{你什么时候会回来。}

汝卜买哪物？ _{你要买什么？}

伊水无哪物啉。 _{他不怎么喝水。}

---

① 以"啥 [siã3]/[sã3]"为常见组合形式。

（2）"倒"系

"倒"相当于普通话的"哪"，可以单用，也可以与"位""落"等结合使用，主要用于询问处所。常见的读音形式有 [ta³][to³][ta³⁻¹uiˢ][to³⁻¹uiˢ] 等。

汝卜去～？ <small>你要去哪里？</small>

册仁～？ <small>书在哪里？</small>

下～拢可以。 <small>放哪里都可以。</small>

伊～也唔去。 <small>他哪里也不去。</small>

"倒" [ta³⁻¹][to³⁻¹] 还常与数量词组合用于询问人、事、物等。例如：

伊想卜买～一个（面包）？ <small>他想要买哪一个（面包）？</small>

物件下仁～一块（所在）？ <small>东西放在哪里（地方）？</small>

～一个（学生）第一名？ <small>哪一个（学生）是第一名？</small>

～一枞（树仔）是伊种的。 <small>哪一棵（树）是他种的？</small>

（3）"底"系

"底" [ti⁶⁻¹] 相当于普通话的"哪"，是一个黏附成分，需要与其他语素组合方能充当句子成分。

～侬介绍汝来的？ <small>什么人介绍你来的？</small>

即领衫是～侬的？ <small>这件衣服是谁的？</small>

汝是～侬？ <small>你是什么人？</small>

汝卜去～位？ <small>你要去哪里？</small>

汝仁～位？ <small>你在哪里？</small>

汝是～位侬？ <small>你是什么地方的人？</small>

伊～时卜出国？ _{他什么时候要出国？}

汝～时开学？ _{你什么时候开学？}

"啥"系和"底"系后加"时""侬""位"等都可用于询问时间、人物、地点等，二者的使用有地域性的习惯问题，也有语义上的区分，用前者发问，倾向要求说明，用后者提问，倾向要求指别。

咱底时出发？（听话者在一定选项范围内指别特定时间）

咱什物时阵出发？（听话者自主说明时间）

这是底侬做的？（指别特定人群中的某个或某些具体成员）

这是什物侬做的？（要求说明执行者是谁）

"底"系的使用范围相对狭小，有些地方只有"底时"，而无"底侬""底位"等的用法。

（4）"偌"系

"偌"常见读音有 [lua⁻⁶][gua⁻⁶][dzua⁻⁶] 等。

"偌"可用于询问程度，常见于"……有＋偌＋形容词"的句式。

距离有～远？ _{距离有多远？}

伊有～聪明？ _{他有多聪明？}

恁阿公有～好？ _{你爷爷有多好？}

海有～深？ _{海有多深？}

"偌（多①）"相当于普通话的"多少"，后加名词用于询问数量。名词不强制出现，但可以根据语境补足。例如：

---

① [tse6]，"多"应该是非本字。

汝有~多钱？ <small>你有多少钱？</small>

伊有~多学生？ <small>他有多少学生？</small>

煮一锅饭着~多米？ <small>煮一锅饭需要多少钱？</small>

"几 [kui³]" 也可以用来询问数量，询问的数量并不限于十以下的数字。比如我们可以问一个老者"汝几岁啊？"这并不会引起老者的不悦。

"偌"还可读作 [lua⁻²][gua⁻²][dzua⁻²]，用作程度副词。

距离~远的。 <small>距离很远的。</small>

伊~聪明的。 <small>他很聪明的。</small>

恁阿公~好的。 <small>你爷爷很好的。</small>

海~深的。 <small>海很深的。</small>

（5）"怎"系

"安怎" [an⁻¹tsuã³⁻¹]、"怎样" [tsuã³⁻¹iũ⁶⁻⁵] 用于询问方式、性状，相当于普通话的"怎么"。

面包卜~做？ <small>面包要怎么做？</small>

伊的名卜~写？ <small>他的名字要怎么写？</small>

去县城着~行？ <small>去县城要怎么走？</small>

汝~，看起来无欢喜。 <small>你怎么啦，看起来不高兴。</small>

最近睏眠~？ <small>最近睡眠怎样？</small>

汝~会做着者快？ <small>你怎么能做得那么快？</small>

三　闽南方言的介词

闽南方言的介词有相当一部分跟普通话一样，如"为""替""将""比""按""照"等。此处重点介绍闽南方言中形式多样的"在"义介词。

1. "在" 义介词的形式和句法功能

"伫 [ti^6/tsi^6/tu^6/$tɯ^6$]" "蹛 [tua^5/tai^5]" "垫 [$tiam^5$]" "下 [he^6]" "橐 [$lɔk^7$]" "那 [na^6]" "嘞 [$leʔ^{-8}$/$ləʔ^{-8}$]" "哩 [$liʔ^{-8}$]" 等在闽南方言中都有类似介词 "在" 的功能。这些介词可以先按是否能同时做动词而分为两类, "伫" "蹛" "垫" "下" "橐" "那" 为一类,能同时充当动词,且都是含有与 "滞留" 相关的基本语义。

表 4-66 "在" 义词动词功能示例

	动词义	例句	释义
伫	在	伊伫学堂。	他在学校。
垫	挖种	阮爸咧垫菜栽仔。	我爸在种菜苗。
蹛	居住	即间厝伊咧蹛。	这间房间他在居住。
下	放置	册包仔唔通下涂骸。	书包不要放地板上。
橐	陷落	车橐对沟仔内入去。	车陷入沟里去。
那	待着	伊唔那阮兜。	他不待在我家。

"蹛" "橐" "下" 动词义相当明显,虚化程度较低,可算非典型的 "在" 义介词。"伫" "垫" "那" "嘞" "哩" 使用频率较高,它们能引进处所词,构成的处所短语可以位于动词前,也可以置于动词后。

伊伫北京读册。他在北京读书。

伊坐伫椅仔顶。他坐在椅子上。

伊那公园门口等汝。他在公园门口等你。

伊坐那椅仔顶。他坐在椅子上。

伊垫灶口煮菜。他在厨房做菜。

伊坐垫椅仔顶。他坐在椅子上。

伊嘞台顶讲话。他在台上讲话。

伊坐嘞椅仔顶。他坐在椅子上。

伊哩公园散步。 _{他在公园散步。}

伊坐哩椅仔顶。 _{他坐在椅子上。}

可引进时间词，指一般动作发生的时间，"在"义介词用在谓语动词前。此用法的介词可以省略，且以省略为常态。若指出现、消失以及某些不明显的动作发生的时间，"在"义介词则用在动词之后，此时介词通常不省略。

业主大会（仁／那／垫／蹲）暝昏七点开。 _{业主大会在晚上七点开。}

时间改仁／那／垫／蹲后日。 _{时间改在后天。}

表范围时，"在"义介词可放在动词前也可放在动词后。用在动词前表范围的介词通常可以省略。

（仁／那／垫／蹲）即方面，伊真厉害。 _{在这方面他很厉害。}

温度保持仁／那／垫／蹲十到十五度之间。 _{温度保持在十到十五度之间。}

2. "在"义介词的特点

闽南方言"在"义介词在句法功能上与普通话的"在"并无太大区别，但在同义多形并存的情况下，闽南方言"在"义介词有两大特点值得一提。

（1）语义分工

语言经济性原则决定了完全同义的形式在并用一段时间后往往会在竞争中实现"择一而存"的结果。闽南方言"在"义介词多形式并存，且各占一定使用频次，这或许可以看成是竞争后呈现出的另一种结果：同义形式通过语义、语用分工实现彼此互补并得以共存。

以漳州角美话为例，首先"仁"和"蹲／那"在动作已然和未然方面有不同的使用倾向。动作已然者倾向用前者，动作未然者倾向用后者。例如：

> 我已经伫门口等汝啊，汝紧出来。_{我已经在门口等你了，你赶紧出来。}
> 明仔载我踮 / 那门口等汝。_{明天我在门口等你。}

需要指出的是，动作已然不等同于处所短语所指向对象已然存在该处，动作未然也不等同于处所短语所指向对象未存在该处。如：

> 票未记无要紧，我踮 / 那门口等，汝走去挈一下啰好。_{票忘了没关系，我在门口等，你去拿一下就好。}

说此话时，"你""我"已经在门口，然而"等"这个动作尚未发生。[①]
动作已然和未然的语义分工虽有明显倾向性，但还不到绝对对立的程度。事实上，在某些特定的条件下，"伫"可以与未然动作结合。例如：

> 后日我会伫门口等汝，你一定爱来。_{后天我会在门口等你，你一定要来。}
> 下个月伊会来伫遮，到时汝直接来拜访伊。_{下个月他会在这里，到时你直接来拜访他。}

"伫"与未然动作结合时，句中通常要有助动词"会"共现，"踮 / 那"无此限制。同样与未然动作结合，"伫"隐含说明"将来在某处做某事"，是说话者的一种承诺，强调这个动作一定会发生，且大有不达目的不罢休的意味，这种"言外之意"是"踮 / 那"所没有的。

---

① "等"这一动作应该是在"你"离开之后才算发生。

表 4-67　角美话"在"义介词语义分工示例

分工条件		介词选用	例句
动作已然		仛	我已经仛门口等汝。
动作未然	承诺动作一定发生		后日我会仛门口等汝。
	无特殊言外之义	蹛／那	后日我蹛／那门口等汝。

"仛 + 处所词"与动词结合，多为客观描述某人某物处于某地或某事发生于某地的已然事件。"蹛／那 + 处所词"与动词结合，更多表示祈使、建议或说话者主观意愿。例如：

　　钱存仛银行内真安全。<small>钱存在银行里很安全。</small>

　　说此话时，"钱"已在银行里存着。说话者客观陈述了银行很靠谱，钱存银行很安全的事实。

　　钱存蹛／那银行内真安全。<small>钱存在银行很安全。</small>

　　说此话时，"钱"通常还未存入银行。说话者的主要目的是希望通过自己对"银行"的评价——安全且值得信任，来建议听话者把手上的钱存入银行。

　　老师仛课室等汝，汝紧去。<small>老师在教室里等你，你赶紧去。</small>

　　此句客观说明"老师在教室等"的事实，至于老师是自己情愿等，还是迫不得已等，不得而知。

　　我蹛／那课室等汝，汝免狂。<small>我在教室等你，你不用着急。</small>

此句用"跮/那"意味着"在这里等"是"我"乐意的，所以你不必着急。

语义上的区别内在地影响了"伫"和"跮/那"对人称、修饰语等的选择。

表 4-68 "伫"与"跮/那"的比较

比较项目	伫	跮/那
主要用途	客观陈述已然事件	祈使建议未然事件
常见主语	第三人称 *	第二人称或非主谓句
"共我"同现	－	＋
受"会使""着""卜""肯""敢"等助动词修饰	－	＋

注：* 带"伫"的句子的主语也可以是第二人称，但基本只用于见面打招呼时的客套话，功能相当于普通话的"你好"，例如："汝伫遐咧无闲是啊_{你正忙着呢}"。

汝共我坐跮/那椅仔。_{你给我坐在椅子上。（命令，未然）}

跮/那厝咧看电视，唔通乱走。_{在家看电视就好，不要乱跑。（建议，未然）}

伊坐伫椅仔看电视。_{他坐在椅子上看电视。（客观陈述，已然）}

我有闲，会使跮/那医院照顾伊。_{我有空可以在医院照顾他。（主观上乐意，未然）}

汝着老老实实共我留跮/那学堂内。_{你必须老老实实给我呆在学校里。（命令，未然）}

我敢徛跮/那船尾。_{我敢站在船尾。（主观上有胆量，未然）}

伊卜跮/那路边起新厝。_{他要在路边盖新房子。（主观意愿，未然）}

可见，同为"在"义方位介词，即便在句法功能上有极大共性，但在语义上面可以存在相对明确的分工。反之，也正是这种近似互补的分工，才促成了同义异形成分的并存。

（2）同义连用

"在"义介词还可以组合着使用，或两合（如"伫那"）或三合（如"垫伫那"），甚至可以四合（如"垫跮伫那"）。

表 4-69　二合同义连用示例

二合	垫	仝	那	蹲	下
垫		垫仝	垫那	垫蹲	垫下
仝	仝垫		仝那	仝蹲	仝下
那	那垫	那仝		那蹲	那下
蹲	蹲垫	蹲仝	蹲那		蹲下
下	下垫	下仝	下那	下蹲	

表 4-70　三合同义连用示例

三合	垫	仝	那	蹲	下
垫仝			垫仝那	垫仝蹲	垫仝下
仝垫			仝垫那	仝垫蹲	仝垫下
垫那		垫那仝		垫那蹲	垫那下
那垫		那垫仝		那垫蹲	那垫下
垫蹲		垫蹲仝	垫蹲那		垫蹲下
蹲垫		蹲垫仝	蹲垫那		蹲垫下
垫下		垫下仝	垫下那	垫下蹲	
下垫		下垫仝	下垫那	下垫蹲	
那仝	那仝垫			那仝蹲	那仝下
仝那	仝那垫			仝那蹲	仝那下
那蹲	那蹲垫	那蹲仝			那蹲下
蹲那	蹲那垫	蹲那仝			蹲那下
那下	那下垫	那下仝		那下蹲	
下那	下那垫	下那仝		下那蹲	
仝蹲	仝蹲垫		仝蹲那		仝蹲下
蹲仝	蹲仝垫		蹲仝那		蹲仝下
仝下	仝下垫		仝下那	仝下蹲	

三合	垫	佇	那	踮	下
下佇	下佇垫		下佇那	下佇踮	
下踮	下踮垫	下踮佇	下踮那		
踮下	踮下垫	踮下佇	踮下那		

连用形式中带有"佇"的，用法近似"佇"，带有"踮／那"的，用法近似"踮／那"。同时带有"佇""踮／那"的，用法近似"佇"。同时不带"佇""踮／那"的，使用往往不受限，具有通用性。例如：

> 伊已经徛垫佇门口等啊。他已经站在门口等了。（已然，客观陈述）
>
> 汝唔通坐垫下那门骹口窒路。你不要坐在门口堵路。（祈使命令）
>
> 我倒垫佇那眠床，伊无看得。我躺在床上，他没看到。（已然，客观陈述）
>
> 伊坐踮下垫沙发咧，一句话也无讲。他坐在沙发上，一句话也没说。
>
> 汝若先到坐踮下垫沙发等待我一下。你如果先到坐在沙发上等我一下。

"在"义介词上述的两个特点在不同闽南方言点的表现不尽相同。如台湾闽南话"佇"对未然事件的排斥性不如漳州角美话严格。也即同义多形成分在各地的并存方式是可以各有个性的。

四 闽南方言的否定词

闽南方言单纯否定词有：唔 [m⁶]、无 [bo²/bu²]、燴 [bue⁶（be⁶）]、未 [be⁶（bue⁶）/bi⁶]、汏 [tʰai⁵]、免 [bian³]、𣍐 [baŋ²/ boŋ²]、莫 [bok⁸]、不 [put⁷]、非 [hui¹] 等多种形式。部分单纯否定词与其他语素构成一批合成否定词，如"唔免""唔通""唔是""唔若""燴使""无通""未曾""不止""莫怪"等。其中"莫""不""非"是偏书面语的，一般要先构成合成词。例如：

汝定款好料的互伊食，莫怪伊定卜来恁兜。你总是准备好吃的给他吃，难怪他经常要来你家。

伊那咧摇摆不定，无汝去共伊做一下思想工作。他在那摇摆不定，要不你去给他做做思想工作。

邝插伊，伊无非是卜面子尔。不要理他，他无非就是要个面子。

下文重点介绍口语化程度高的几个否定词。

1. 四大否定词的异同比较

关于闽南方言否定词的研究成果有不少，其中以描写特定时期特定地点否定词的功能及其间的异同为较常见形式。为求直观，我们列表对闽南方言四大高频否定词的差异做一个简单的比较。包括：

"唔 [m⁶]"① 常写作"伓"，意为"不，不要"，与"卜 [be?⁷]要，想要"相对。

"无"在闽南方言中有文白读，文读的"无"只存在于书面语词中，如"无比""无耻""无非""无所不至""万无一失""无理取闹"等，由这类词语充当谓语中心语的句子，只能构成概念上的否定，不能表示语法上的否定。白读的"无"与"有"相对，近似普通话的"没（有）"。

"𣍐 [be⁶]"② 与"会 [e⁶]"相对。"会"本字是"解"，"𣍐 [be⁶]"大约是"未解"的合音，"𣍐"为方言俗字，又常写作"袂"。

"未"在闽南方言中有文白读，文读的"未"只存在于书面语词中，如"未来""未婚""未能""未知数"，这类词只能构成概念上的否定，不能表示语法上的否定。以下不做说明的都指白读的"未"。

比较项目涉及基本语义、句法功能、与特定结构和特定词的组合关系等。

---

① 来源不明，或认为本字是"毋"。
② "𣍐"和"未"的白读在厦漳读音恰好相反，此处标音为漳腔读法。

表 4-71　闽南方言四大基本否定词的异同比较

	唔	无	𣍐	未
语义重点	主观不愿意①	实际不存在	没能力具备	尚未发生变化
单独回答问题	卜来唔？唔。	有无？无。	会𣍐？𣍐。	来未？犹未。
充当谓语动词	唔面子_{不要面子}	无面子_{没有面子}	——	——
充当副词	唔读册_{不读书}	无读册_{没读书}	𣍐读册_{不擅长读书}	犹未读册_{还没读书}
	唔拍开_{不愿意打开}	无拍开_{没打故没开}	𣍐拍开②_{不愿意打开}	犹未拍开_{还没打开}③
	唔快（主观选择）不快	无快（客观结果）不快	𣍐快_{快不了}	犹未快_{还没快}
X+动词=补语	——	拍无开_{打但没开}④	拍𣍐开_{打不开}⑤	拍犹未开_{还没打开}⑥
X+形容词=补语	——	行无快_{走得不快}	行𣍐快_{没能力走快}	——
反复疑问句	卜食饭唔食饭	有食饭无食饭	会食饭𣍐食饭	
	卜食饭唔食	？有食饭无食	？会食饭𣍐食	
	卜食饭唔	有食饭无	会食饭𣍐	食饭（啊ɂ）未
-XX，表追问	卜唔_{要不要}	有无_{有没有}	会𣍐_{会不会}	
X+数量词	——	无三百米⑦	——	犹未三百米⑧
X+名词+形容词	——	无西瓜甜_{没有西瓜的甜度}	——	
X+动词=形容词	——	无穿_{易破不耐穿}	𣍐食_{食量小}	
X是	唔是_{不是}			
X通	唔通_{不要（劝阻）}	无通_{不容让}		
X使	——	——	𣍐使_{不可以（禁止）}	犹未使_{还不可以}⑨
X爱	唔爱_{不感兴趣}	无爱_{没有兴趣}	？𣍐爱	
X敢	唔敢_{不敢}			

注：表中"？"表示接受度不高，但不确定不行。

① 表示主观上不愿意、不许可，尽管客观上或主观上可能都具备实现的条件。

② 此处"𣍐"有特殊变调形式。阳去的"𣍐"一般变调为阴去，此处变调为阳平。

③ "犹未拍开"倾向于表达还没去实行"打"的动作，自然还没有"开"的结果。"拍犹未开"倾向于表达已经执行了"打"的动作，但还没实现"开"的结果，还需要继续"打"这个动作。

④ 尝试打，结果没打开。

⑤ 尝试打，但没能力打开。

⑥ 还在努力打的进程，但尚未打开。

⑦"无三百米"，某物客观长度是两百多米，近三百米，但不够三百米。如"即条索仔虽然长，但是也无三百米。"

⑧"犹未三百米"，某物长度持续增加，但尚未达到三百米。如"即条索仔犹未三百米，咱来继续搓。"

⑨现在不可以，需要等待。

我们对上述四大否定词的比较略加说明：

①作副词使用是四者共有的基本的句法功能。"唔""无"兼有动词的功能。"𣍐""未"不当动词。结果补语的否定式一般在述语和补语中插入"无"，如"看无着_{没看到}"①。可能补语的否定式一般用"𣍐"放在动补之间，如"看𣍐清_{看不清}"。

②除"未"在单独回答问题时稍受限制，其他三个都能单独成句。构成反复疑问句式时，"未"只有"D+未"的形式。整体而言，"未"与其他三个否定词的共性较少。

③句法功能相近的情况下，四者的主要区别在语义方面。"唔"表示主观上不愿意、不许可，尽管客观上或主观上可能都具备实现的条件。"无"表示不存在的事实，但可能是因为主客观上的某种原因造成的。"𣍐"强调能力不允许。"未"强调预期要发生的情况还没发生，但存在实现的可能性。例如：

我有钱，但是我唔开。_{我有钱，但是我不花。}

我钱互侬偷挈去，现场单我无开尔。_{我钱被偷了，现场就我一个人没花而已。}

一岁婴仔连钱啰唔八，当然是𣍐开啊。_{一岁孩子连钱都不认识，当然是不会花。}

我钱卜留下互伊买生日礼物所以犹未开。_{我钱要留下来给他买生日礼物所以还没花。}

试比较：

我唔食_{我不吃（食物可能已经准备好了，但可能因为某些原因"我"不愿意吃）}

---

① 虽也能说"看唔着"但意思与"看无着"不同。前者是"看错了"，后者是"看了，但没看到"。此外，"唔"只能插入"D+着_对"的中间。

我无食 我没吃（或因身体不舒服、时间不够、赌气等各种原因，反正"我"没做"食"这个动作）

我𣍐食 我不能吃（或因牙痛、肚胀等各种原因，反正"我"没能力吃饭）

我未食 我还没吃（因为忙或什么原因，说话当下"我"尚未完成"食"的动作，但过后可能要吃）

④语义差异极大地影响着否定词与其他词的组合关系。例如："唔"所否定的是动作行为主体的动作行为意愿，与主体意愿无关的动词一般不受"唔"修饰，这样的动词有"看着看见""听着听到""精神醒来"等。

"唔"也不用于否定式的结果补语。例如：

普通话	闽南话
打不开	*拍唔开
放不下	*下唔落
说不完	*讲唔了
走不开	*行唔开
买不起	*买唔倒

（*表示不能接受的说法。）

"唔"修饰助动词也是受限的。例如：

普通话	闽南话
不要	唔通
不肯	唔肯
不爱	唔爱
不愿	唔愿意
不敢	唔敢
不应该	？唔应该
不会	*唔会
不可以	*唔使

不可能　　　　＊唔可能

不必要　　　　＊唔必要

（？表示接受度不高，但不确定不行。＊表示不能接受的说法。）

　　"唔"所否定的性状是动作行为主体所能控制的，如"伊唔乖_{他不乖}"暗含着乖不乖是"伊"可以自控或改变的。"＊伊唔缘投_{他不英俊}"不成立，因为外貌英俊与否不是"伊"能控制的。"雨唔细汝嘛无法_{雨不小你也没办法}"成立，是伴有拟人的意味在其中的，说话者认定雨的大小是"雨"本身可以自控的。有些表面上是否定性状，实际上可以理解为"形容词活用"，如"互我一碗豆花，我唔甜_{给我一碗豆腐脑，我不要（加）糖}"中"甜"的语境义更接近"糖"或"加糖"。

　　"唔"可以和"是""敢"组合，其他三个否定词则不行。

　　⑤有些否定词有若干自身特有的用法。

　　"无"后跟数量词、"名词／代词＋形容词"等来进行估计性比较，表达未达到"无"后跟成分的标准。例如：

　　　　即本册无三百页。_{这本书没有三百页。}

　　　　路有米八阔，无二米阔。_{路有一米八宽，没有二米宽。}

　　　　侬无椅仔悬佫真会走。_{人没椅子高倒很能跑。}

　　　　即粒西瓜无许粒大，但是有许粒甜。_{这个西瓜没那个大，但是有那个甜。}

　　　　伊无我悬，但是有我壮。_{他没有我高，但有我强壮。}

　　"无"用在某些动词前，可表示数量小、程度低、时间短等意义。"无＋动词"整个类似一个形容词，可受程度副词修饰。

　　　　即个箱仔真无贮，下几领衫仔啰满啊。_{这个箱子不耐装，放几件衣服就满了。}

（箱子容量小）

即领衫仔较无穿，洗几摆啰变形啊。<small>这件衣服较不耐穿，洗几次就变形了。</small>

（耐穿程度低）

侬多肉切伤大块真无夹。<small>人多肉切太大块不经夹。（显得数量少）</small>

在没有语境和程度副词的情况下，就可能产生歧义。

即个箱仔无贮，（空空仝咧）。<small>这个箱子没装，（空空着呢）。</small>

即个箱仔无贮，（汝卜贮多物唔通选伊）。<small>这个箱子装不了什么东西，（你要装很多东西就不要选择它。）</small>

许领衫仔无穿，（一直收仝柜仔内）。<small>那件衣服没穿，一直收在柜子里。</small>

许领衫仔无穿，（穿一摆啰破去啊。）<small>那件衣服不耐穿，穿一次就破了。</small>

"𣍐"出现在"𣍐+动词+的"结构中，表示"不能实现某种功能"。

即只椅仔减一支骹，𣍐坐的啊。<small>这把椅子少了一条腿，不能坐了。</small>

即领衫仔褪色啊，𣍐穿的啊。<small>这件衣服褪色了，不能穿了。</small>

会用的物件留下，𣍐用的物件共伊批批出去。<small>能用的东西留着，不能用的东西要把它都扔出去。</small>

"𣍐"与动词紧密结合构成一个整体，功能类似形容词。

伊少年真会做，食老变遘真𣍐做。<small>他年轻很能干，老了变得很不能干。</small>

伊𣍐食，半碗饭啰够啊。<small>他食量小，半碗饭就够了。</small>

伊真会啉加啉寡，我𣍐啉汝啰免共我倒酒啊。<small>他酒量很好喝得点，我酒量差你就不用给我倒酒了。</small>

⑥不同的否定词可以存在表达上的交叉。这种交叉可能是语义方

面"语境偶同",也可能与语音变式相关。

例如,"无"修饰动词方面与"唔"有同有异,示例如下。

表 4-72 "无""唔"的异同比较

普通话	不爱	不愿意	不要	不应该	不肯	不敢	不可能	不必要	不会	不可以
闽南话	唔爱	唔愿意	唔通	?唔应该	唔肯	唔敢	*唔可能	*唔必要	*唔会	*唔使
	无爱	无愿意	?无通	无应该	*无肯	*无敢	无可能	无必要	*无会	*无使

注:? 表示接受度不高,但不确定不行。* 表示不能接受的说法。

有些助动词受"无"修饰,不受"唔"修饰。也有些动词受"唔"修饰,但不受"无"修饰。两者都可修饰的,组合后有些意思相近,有些意思有别。如:

我唔 / 无爱出门。我不喜欢出门。

汝唔 / 无应该对恁老母大细声。你不应该对你妈妈大吼大叫。

大概是"我没有外出的意愿",必然连带着"我没有外出的行为",以"唔爱"为更自然形式。"你没有吼叫母亲的权利"连带着"你连有这样的想法和意愿都不行",以"无应该"为更自然形式。

我共汝讲汝唔通着伊。我告诉你,你别让着他。

我啰知影汝无通着伊。我就知道,你没有让着他的可能。

"唔通"意为"别,不能",表示命令或劝阻。"无通"按字面意约是"没有通融的余地",相当于"不可能"。

有些地方当"𣍐"在句中变读为阳平时①,其用法大致对应于"唔"的基本用法。试比较:

① 单字调为阳去的"𣍐"常规表现是位于句中连读变调为阴去,位于句末则不变调。

伊卜苹果，我唔／𣍐 [be⁻²] 苹果。他要苹果，我不要苹果。

我卜面子，伊唔／𣍐 [be⁻²] 面子。我要面子，他不要面子。

一个卜睏，一个唔／𣍐 [be⁻²] 睏，真无法度。一个要睡，一个不睡，真没办法。

我卜食饭，伊唔／𣍐 [be⁻²] 食饭。我要吃饭，他不吃饭。

汝唔／𣍐 [be⁻²] 好好读册是害死汝家己尔。你不好好读书是害了你自己而已。

汝啰是唔／𣍐 [be⁻²] 自觉，伊则会受气，汝若卜自觉，伊自然啰欢喜啊。你就是不自觉，他才会生气，你要是自觉，他自然就高兴了。

伊着的时阵硬讲别人，唔／* 𣍐 [be⁻²] 着的时阵侬𣍐使共伊讲咧。他对的时候一直教训别人，他不对的时候别人不能说他。

伊若卜乖上好咧，伊若唔／𣍐 [be⁻²] 乖汝也无办法。他要乖是最好的，他要不乖你也没办法。

2. 其他否定词的用法描写

（1）免

"免 [bian³]" 常充当否定副词，表示不需要、没必要做某事。与 "着 [tio?⁸]"①需要，应该"相对。例如：

我食饱啊，汝免煮我的饭，倒是伊卜来，汝着煮伊的饭。我吃饱了，你不必煮我的，倒是他要来，你得煮他的饭。

除了会议取消汝免来，若无，汝一定着来。除非会议取消你不用来，要不你一定得来。

免讲我嘛知。不用说我也知道。

（2）汰、𣍐

"汰 [tʰai⁵]" 否定副词，常表示请求他人不要做某事。例如：

---

① 在句中常弱读为 [to⁻⁵][lo⁻⁵]，或写作 "啰"。

下雨啊，汝汰出去啊。 _{下雨了，你不要出去了。}

即领衫破去啊，汝汰穿啊啦。 _{这件衣服破了，你不要穿了啦。}

伊知影唔着啊，汝汰佫共伊念啊。 _{他知道错了，求你不要再念叨他了。}

汉语否定词多为唇音声母字，闽南方言也不例外。如此情况下，"汰 [tʰai⁵]" 就显得很特别。"汰 [tʰai⁵]" 用法与否定副词 "嬤 [mãi⁵]" 基本相同，读音也就仅有声母上的差异，二者是否为同语素的两个不同语音变体不得而知。

"嬤 [mãi⁵]" 一般认为是 "唔爱" 的合音形式，记录的文字也是方言自造字，相当于普通话的 "不要、别、甭"。

下雨啊，汝嬤出去啊。 _{下雨了，你不要出去了。}

即领衫破去啊，汝嬤穿啊啦。 _{这件衣服破了，你不要穿了啦。}

伊知影唔着啊，汝嬤佫共伊念啊。 _{他知道错了，求你不要再念叨他了。}

"唔爱" 的非合音形式也在闽南方言口语中使用，但其意思不同于合音形式的 "嬤"。"唔爱" 意为 "不喜欢"。

我爱食西瓜，唔爱食苹果。 _{我喜欢吃西瓜，不喜欢吃苹果。}

（3）邙

"邙 [baŋ²/ boŋ²]" 否定副词，主要用于表示劝阻、禁止他人做某事，相当于普通话的 "别"。

汝邙笑，汝也无咧较好侬。 _{你别笑，你也没比别人好哪去。}

叫伊邙那吵吵闹闹，若无我会共伊赶出 _{叫他别在那吵吵闹闹，否则我会}

_{把他赶出去。}

𣍐自作聪明，有当时仔聪明反被聪明误。别自作聪明，有时候聪明反被聪明误。

A：好处拢互汝汝啰欢喜啊。B：𣍐，𣍐，𣍐，逐个好则是真是好。A：好处都给你就高兴了。B：别，别，别，大家好才是真的好。

"𣍐是"用来表示揣测，揣测的事往往是自己所不愿意看到的。

我听着伊的声啊，𣍐是佫来卜假好心的。我听到他的声音了，别是又来装好人的。

伊到现今犹未到，𣍐是堵着什物歹事志。他到现在还没到，别是碰上什么不好的事情。

"𣍐看"则提出一种情况，下文表示相反的意思。

𣍐看伊一个呆呆，读册佫真好。别看他一副呆呆的样子，读书还很好。

𣍐看一碗面趁淡薄仔，一日卖落来有通趁几偌百箍呢。别看一碗面赚一点点，一天卖下来能赚好几百呢。

或以为"𣍐"是"无用"的合音，我们则更倾向认为其为"唔通"的合音。从语义方面看，"𣍐"和"唔通"极为相似。上述例句中的"𣍐"换成"唔通"句子依然成立，且意义基本不变。[①]从语音上看，"𣍐"在漳州有"[baŋ²]""[boŋ²]"两种读音，"用"常见的韵读有 [ioŋ][iŋ]，而无 [aŋ]，不利于解释"[baŋ²]"这一读音的由来。"通"有文白二读，恰好白读韵读是 [aŋ]，文读韵读是 [oŋ]。

---

① 两个音节的"唔通"述说起来比一个音节的"𣍐"更显舒缓，更显劝阻者的"苦口婆心"和"语重心长"。"𣍐是""𣍐看"改说"唔通是""唔通看"略显不自然。

白读分读形式	$m^{-21}t^h\text{aŋ}^{44}$
文读分读形式	$m^{-21}t^h\text{oŋ}^{44}$
白读合音形式	$b(m)\text{aŋ}^{24}$
文读合音形式	$b(m)\text{oŋ}^{24}$

（4）"唔免""唔通""唔八""唔但""唔若""唔是""唔则""嘛"

"唔免 [$m^{6\text{-}5}\text{bian}^{3\text{-}1}$]"意思与"免"基本一致。"免"和"唔免"的反义词都是"着 [tioʔ^8]$_{\text{需要,应该}}$"。"唔着"的意思是"不正确",不与"唔免"相对。

伊唔转来,汝唔免留伊的饭。$_{\text{他不回来,你不用为他留饭。}}$

汝若唔好好读册,唔免想卜共我讨镭。$_{\text{你如果不好好读书,休想跟我要钱。}}$

"唔通 [$m^{6\text{-}5}t^h\text{aŋ}^1$]"放在动词前,表示劝阻、禁止他人做某事,相当于普通话的"别"。

汝唔通笑,汝也无咧较好俀。$_{\text{你别笑,你也没比别人好哪去。}}$

叫伊唔通那吵吵闹闹,若无我会共伊赶出。$_{\text{叫他别在那吵吵闹闹,否则我}}$
$_{\text{会把他赶出去。}}$

唔通自作聪明,有当时仔聪明反被聪明误。$_{\text{别自作聪明,有时候聪明反被}}$
$_{\text{聪明误。}}$

A：好处拢互汝汝啰欢喜啊。B：唔通,唔通,逐个好则是真是好。$_{\text{A:好处都给你你就高兴了。B:别,别,大家好才是真的好。}}$

"唔通 [$m^{6\text{-}5}t^h\text{aŋ}^1$]"在漳州有说成"[$m^{6\text{-}5}\text{baŋ}^1$]"的,这可能是后字声母受前字的同化作用而产生的变读形式,也可能恰好反映"唔通"与"邙"的亲密关系。

"唔八 [m⁶⁻⁵bat⁷]" 相当于普通话的 "不曾"。

我唔八去过上海，也唔八去过北京。我不曾去过上海，也不曾去过北京。

伊啰唔八按呢，今仔日若犯着鬼的。他就不曾这样过，今天像着了魔似的。

"唔但 [m⁶⁻⁵tã⁶]" 相当于普通话的 "不但"。

伊唔但是一个画家，犹是一个科学家。他不但是个画家，还是个科学家。

唔但家己做歹，犹佫带歹亲情朋友。不仅自己使坏，还带坏亲朋好友。

"唔若 [m⁶⁻⁵nã⁶]" 相当于普通话的 "不只"。

伊唔若百五斤，至少也有百八。他不只150斤，至少也有180斤。

唔若是伊，连我嘛讨厌即个所在。不只是他，连我也讨厌这个地方。

"唔是 [m⁶⁻⁵si⁶]"，对应普通话的 "不是"，表示否定判断。

我唔是老师。我不是老师。

昨昏唔是真热。昨天不是很热。

"唔则 [m⁶⁻⁵tsiaʔ⁸]" 表示不得不采取的行动，相当于 "所以……才"。

看汝无伫啊，我唔则转来的。看你不在，我不才回来的。

是伊硬吵卜买，我唔则买互伊。是他一直吵着要买，我不才给他。

当 "唔则" 后跟数量短语，意为 "不才多少量"，表达的是数量少，此时 "唔则" 相当于普通话的 "只" "仅仅"。

　　伊唔则弄破三个碗，使共伊骂遘按呢。他不才弄破了三个碗，犯得着把他骂成这样吗？

　　我想讲偌多工课，唔则做半日啰做了啊。我以为有多少工作，仅仅半天就做完了。

　　"唔则 [m⁶⁻⁵tsiaʔ⁸]" 在漳州又读写作 "唔甲 [m⁶⁻⁵kaʔ⁸]"。二者应该同一个词的两种不同音读形式而已。

　　"则" 中古属精母字。潘悟云给 "则" 拟音为 [*skɯɯɡ]，郑张尚芳的拟音是 [*ʔsɯɯɡ]。在郑张尚芳的拟音中存在 ʔs < sk 的演变例，如此不妨把 *skɯɯɡ 视为 "则" 更早期的读音形式。"则" 在古音中的声母就是一个带 s- 前冠音的复辅音，k- 是其基辅音。往后该音有两个发展路径：第一，s- 冠音吞没基辅音 k- 上升为主声母，后塞擦化而得 [tsiaʔ]；[①]第二，s- 冠音脱落而得 [kaʔ]。在闽南方言中确实也存在舌尖前塞擦音与舌根音的对应，如 "清采随便" 常读 [tsʰiŋ⁵⁻³tsʰai³]，又读 [kʰiŋ⁵⁻³tsʰai³]。

　　"嘛 [ma⁶]" 相当于普通话的 "也"。

　　伊知影有什物了不起，我嘛知影。他知道有什么了不起，我也知道。

　　恁爸犹未食，汝嘛唔通家己一个侬共菜拢配了了。你爸还没吃，你不能一个人把菜都吃完。

　　有总比无较好，奖三百箍嘛好。有总比没有好，奖三百块也好。

　　虽说大家第一反应 "嘛" 对应普通话的 "也"，但把闽南方言中的 "我嘛知" 直接对译成普通话的 "我也知道"，对闽南方言的母语者来说总觉得缺了点什么。"嘛" 是一个闽南人在日常说普通话时经常会不自

---

① "亲属语言史研究显示塞擦音声母多属后起"，"汉语塞擦音确有可能由擦音变化而来"，"哑冠音在塞音前能生成后来的一部分精、清、从母字"。见郑张尚芳《上古音系》，上海教育出版社，2019，第 95、112、146 页。

觉夹入话语中的很具有地方特色的一个词。比如当一个外地朋友向你展示他的某种技能，如果你也会，你可能会笑着跃跃欲试地回他一句这样的普通话"就这个？我嘛会。"在我们看来"嘛"大致等同"也"，但又缺了点"味儿"，主要就在于"嘛"实际上应该是"唔也 [m³³⁻²¹ia⁵²]"的合音，相当于普通话的"不也"。单纯一个"也"只是客观表示两事相同。"唔也"中的"唔"则具有承上启下的作用，承接前半句，否定前句事件的唯一性，引出后半句，证明同样的事情确实还在别人身上存在，为此"唔也"就带有明显的主观性。

"唔也"合音成"嘛"后，合音形式反倒成了其在闽南方言的唯一使用形式。合音而来的单音节"嘛"前又可以再加"唔""无""不"等否定词。如：

汝是卜燴平衡按哪，汝两个，伊不嘛（是）两个尔。你到底凭什么不平衡，你两个他不也两个而已。

汝想讲汝考 98 真好，侬伊无嘛（是）考 98 分。你自认为考 98 很好，人家他不也考 98 分。

坚持燴落的时阵啰想着伊唔嘛是内外拢伊家己一个。坚持不下去的时候就想到他不也是里里外外都是他自己一个人。

（5）"无通"

"无通 [bo²⁻⁶tʰaŋ¹]"用在动词前表示因某种原因或条件而不能实现某种行为。

困难时期经常无通食。困难时期经常没得吃。
個兜无镭无通送伊去留学。他家没钱无法送他去留学。

"无通"用在动词前还可以表示不容让。

伊真霸道，全无通让侬。 他很霸道，完全不会让着别人。

伊若伤过分，我也是无通着伊。 他如果太过分，我也是不会迁就他的。

（6）"𣍐使""𣍐用／做（得）""𣍐（得）通""𣍐当""𣍐得"

"𣍐使 [be$^{6-5}$sai^3]" 意为 "不可以"，含有命令、禁止的意思。

为什物伊会使入去，我𣍐使入去？ 为什么他可以进去，我不可以进去？

汝𣍐使归日拢那看电视。 你不可以一整天都在看电视。

𣍐使无事无志共侬拍。 不可以毫无理由地打人。

"𣍐用／做（得）[be$^{6-5}$iŋ^{6}tit^7]" 与 "𣍐使" 同义。使用者选择哪种用法主要取决于是否在意 "𣍐使" 谐音 "卖屎" 而产生的不适感。在意者选用 "𣍐用／做（得）"，不在意者选择 "𣍐使"。有时使用者本身不介意，但为照顾听话者的心理感受会刻意临时改用 "𣍐用／做（得）"。

𣍐用／做（得）讲侬的歹话。 不能说别人的坏话。

按呢做是𣍐用／做得。 这样做是不行的。

"𣍐得通 [be$^{6-5}$tit$^{7-8}$taŋ^1]" 字面意近似 "不能得到某种实现条件"，相当于普通话的 "不能够"。

伊破病啊，𣍐得通来上课。 他生病了，不能来上课。（不能得到来上课的可能或条件）

我拄好咧出差，𣍐得通参加汝的婚礼。 我刚好在出差，不能够参加你的婚礼。

（不能得到来参加婚礼的条件）

𣍐当互伊帮助是我一世侬的痛。 不能帮助他是我一辈子的痛。

"𣍐得 [be$^{6-5}$tit^7]" "𣍐通 [be$^{6-5}$taŋ^1]" "𣍐当 [be$^{6-5}$taŋ^5]" 与 "𣍐得通

[be⁶⁻⁵tit⁷⁻⁸taŋ¹]" 基本同义。"𣍐得""𣍐通"应该是"𣍐得通"的省略式，"𣍐当 [be⁶⁻⁵taŋ⁵]"大概是"𣍐得通 [be⁶⁻⁵tit⁷⁻⁸taŋ¹]"后两字合音后的形式。"未（得）通"与"𣍐（得）通"同义，大概是"未""𣍐"音近而引发的自由变读形式。

（7）"未曾（未）""未（得）通"

"未曾（未）[bue⁶⁻⁵tsiŋ¹⁻⁶（bue⁶）]"意为"不曾、尚未"。

汝定未曾（未）学两撇仔啰四界展。你总是尚未学一点点就到处炫耀。

未曾（未）学行啰想卜学飞。尚未学走就想学飞。

这个意思的"未曾（未）"和单用"未"或用"犹未"的意思差不多。此外，"未曾未"还可表示事情才开始或刚开头。

未曾未啰喝大喝细，则若家己已经是大老板啊呢。才刚刚开始就呵斥这个呵斥那个，好像自己俨然已经是个大老板了。

未曾未啰咧叫艰苦，粗重的工课犹仁后壁呢。才一开始就在叫苦，累活还在后面呢。

"未（得）通 [bue⁶⁻⁵（tit⁷⁻⁸）tʰaŋ¹]"指因为某种原因不能进行某种动作。

我有事志未（得）通来，真歹势。我有事不能来，真不好意思。

好啊啦，邝讲遘未得通了。好了啦，别说个没完没了。

3.四大否定词的引申用法

（1）"唔"的引申

"唔"用在句首，承前句，表示对前句事实和状态的另一种选择，相当于普通话的"要不然""要不""不然"。这时"唔"自成一个单位,不变调。"无"也有同样的引申用法,也不变调。"唔""无"连用,构成"唔无"("唔""无"都不变调)也是同样的意思。其中以"无"使用最为自然。

汝卜紧搬去,无 [bo²]/ 唔 [m⁶]/ 唔无 [m⁶bo²] 我卜互别侬啊。你要赶紧搬走,要不我要给别人了。

汝房间猛整理一下,无 / 唔 / 唔无恁妈肯定会共汝骂。你赶紧整理一下房间,要不你妈肯定会骂你。

当"(卜)+ D + 唔 + D"的反复疑问句式以省略式"(卜)+ D + 唔"出现时,"唔"具有虚化为类似普通话疑问语气词"吗"的功能。如:

伊卜来唔?他来不来?他要来吗?

无我替汝写一半,好唔?要不我替你写一半好吗?

"唔敢 [m⁶⁻⁵kã³]"除表示"没胆量做某事",还可表示"大概,恐怕"。

即本册唔敢是伊的。这本书恐怕是他的。

许个穿红衫的唔敢啰是伊。那个穿红衣服的可能就是他。

(2)"无"的引申

"无"放在句末可以虚化为类似普通话疑问语气词"吗"的功能。

汝有去无?你去了没去?你去了吗?

买有肉无?肉买到了没?买到肉了吗?

句末的"无"可读单字调，也可读轻声。读原调时，句子更接近选择问，读轻声时，句子更接近是非问。

"无"放在句首做连词，承前句，一方面是否定一种选择，而提出另一种选择，相当于"要不然"。"若无""唔无"等用于句首也有同样的功能。句首充当连词的"无"读本调。

伊卜出差无法去，无／若无／唔无我替伊去。<small>他要出差无法去，要不我替他去。</small>

汝歹势讲，无我来共伊讲。<small>你不好意思说，要不我去跟他说。</small>

"无"放在被陈述的人、事、物等之后，用以表示提示确定事实的语气。"无"不变调。"无"前加"佫"有进一步强调的作用。

汝唔免诈，昨昏我当伊的面还汝的（佫）无。<small>你不要狡辩，昨天我当他的面还给你的（你敢再说没有）。</small>

现仁架仔（佫）无，我啰共汝讲我无挈。<small>就在架子上还说没有，我就跟你说我没拿。</small>

许个侬无，啰是伊做的。<small>就是那个人，就是他做的。</small>

"无管 [bo²⁻⁶kuan³]"本是一个状中短语"不管理"，合为一体作连词，相当于普通话的"不论"，也可以说"唔管"。

伊归日仁口面走，囝仔拢无管。<small>他整天在外面跑，孩子都不管。</small>

无管／唔管什物侬来拢无用。<small>无论谁来都没用。</small>

（3）"癞"的引申

"癞"放在句末可以虚化为类似普通话疑问语气词"吗"的功能。

汝会使家己去癞？<small>你可以自己去吗？</small>

伊会通来𣍐？ 他可以来吗？

"𣍐"读本调或轻声与其用法的虚化程度有关。读本调的"𣍐"更似副词，"会 +D+ 𣍐"为"会 +D ‖ 𣍐 +D"反复问的简化形式。读轻声的"𣍐"更似句末疑问语气词，"会 +D+ 𣍐"是"会 +D"这一肯定式后加一个语气助词。

（4）"未"的引申

"未"放在句末具有虚化为类似普通话疑问语气词"吗"的功能。

汝去啊未？ 你去了吗？

饭煮好啊未？ 饭煮好了吗？

"未"读本调或轻声与其用法的虚化程度有关。读本调的"未"更似副词，"D+ 啊 + 未"为"D+ 啊 ‖ 未 +D"反复问的简化形式。读轻声的"未"更似句末疑问语气词，"D+ 啊 + 未"是"D 啊"这一肯定式后加一个语气助词。

五　闽南方言的持续体

"体"范畴可以概括为动作行为或事件在时间进程中的状态。持续体是对某种静态谓词所表达的持续状态的观察，不关注其起点和终点。普通话的"着"用于静态动词后，表示的就是较为典型的持续体，如"他坐着"（他坐的姿势保持着），这里的"着"就是一个持续体标记。[①]

---

① 林颂育（2005：4）持续体有广狭之分。一般来说，广义的持续体包括：（1）动作行为本身的持续，即通常所谓"进行体"，例如普通话"他在睡觉""他们在屋里开着会"中由"在""着"所表示的语法意义；（2）动作行为等实现或完成后造成的状态继续存在或持续，例如普通话"菜搁着""她坐着"中"着"表示的语法意义；（3）整个谓语部分所陈述的情况的持续，例如"她在门口哭着呢"。狭义持续体主要指的是上述的（2）。我们这里介绍的闽南方言持续体主要指狭义概念的持续体。

关于汉语持续体标记的研究一直是一个热点。目前汉语学界包括方言学界关于汉语持续体标记的来源主要有两种说法，一种是来源于"著"，另一种是来源于处所短语。闽南方言持续体标记究竟是来源于古汉语"著"，还是来源于处所短语，或还另有来源？它经历了怎样的语法化历程？这些问题引来杨秀芳（1992）、王建设（2004）、林天送（2006）、林颂育（2010）、曾南逸、李小凡（2013）、陈曼君（2017）等人的接力研究。可以说，闽南方言持续体标记的研究是闽南方言语法研究中一个极有代表性的个案。它受启发于汉语史研究成果，修正于东南汉语方言持续体标记的平行比较，精进于闽南方言历史文献材料的梳理和与共时口语的历时比较。

1. 闽南方言持续体标记"咧"的基本用法

闽南方言最常见持续体标记读音因地因人而异，主要有四种读音形式，漳州"仔咧 [ti⁶e⁰]""哩 [li⁰]"、厦门"咧 [le⁰]"、泉州"嘞 [lə⁰]"，尚有一些变体如 [tu⁶e⁰] [ti⁶le⁰] [te⁰] 等。下文我们统一记作"咧"。

（1）S+V+ 持续体标记

闽南方言持续体标记"咧"可直接附于动词（一般都是状态动词①）和部分形容词之后，用来表示某一动作完成后的状态，或某种性状等在一定时间内的持续。例如：

> 门关咧。 门关着。
>
> 糖仔定含咧。 糖果老含着。
>
> 即件事志伊记牢牢咧。 这件事情他牢牢地记着呢。
>
> 面犹真红咧。 脸还很红呢。

---

① 据陈泽平（1998）：状态动词是与动态动词相对而言的，动态动词都是可以持续进行的动作行为。状态动词也表示行为，但这些动作行为一般是短暂性的、一次性的，不必或不可能持续进行或反复进行。

"咧"接在句子后，还可表示某种持续着的情况本来就存在，常与"本底""在本""本成"等呼应。此用法的"咧"省略，不影响句子成立，只是强调某种情况从始至终都存在的意味较弱而已。如：

我本成啰饱饱咧，真是唔食啊。_{我本来就饱着呢，真的不吃了。}

脚踏车在本啰有寡问题咧，摔一下问题佫较严重啊。_{自行车本来就}

有点问题，摔一下问题更加严重了。

伊本底啰真爱吼咧，汝唔通共伊创治好唔好。_{他本来就很爱哭，你不}

能不要捉弄他。

（2）L+V+O+ 持续体标记

锅仔内贮肉咧。_{锅里放着肉。}
乌板顶写字咧。_{黑板上写着字。}
伊手内挈一块碗（咧）。_{他手里拿着一个碗。}
车内坐两个侬（咧）。_{车里坐着两个人。}

这一用法显示了闽南方言持续体标记与普通话"着"在位置上的区别：普通话的"着"紧附在动词之后，后再接宾语（V 着‖+O）；闽南方言"咧"则是加在整个动宾短语之后，构成"V+O‖咧"结构。总之，闽南方言持续体标记后面不再出现宾语，而普通话持续体标记后则可加宾语。

（3）（S）+V1+ 持续体标记 +（O）+V2

学生坐咧听课。_{学生坐着听课。}
阿公倒咧看电视。_{爷爷躺着看电视。}
大家围咧看热闹。_{大家围着看热闹。}

此类用法对应普通话"站着吃""夹着肉吃"等说法。V1 一般要求能以方式状语对 V2 做出限制。

普通话常见的"V1+ 持续体标记 +V1+ 持续体标记 +V2"格式，如"说着说着吵起来了""洗着洗着水没了""看着看着睡着了"，在闽南方言中往往不用持续体标记，而多直接重叠 V1。例如：

走走走，鞋带仔煞落去。跑着跑着鞋带儿掉了。

就基本用法而言，闽南方言持续体标记"咧"与普通话"着"的用法存在若干明显区别。例如：

表 4-73 "咧"与"着"的比较

比较项目		普通话		闽南方言
进行体和持续体标记语序有别	−	我吃着。我坐着。	+	我咧食。我坐咧
V+ 持续体标记 +O	+	拿着书	−	挈册（咧）
方介短语与持续体标记兼容关系	+	在地上坐着	−	坐仁涂骹 / ? 仁涂骹坐咧
V1+ 持续体标记 +（O）+V2	+	点着灯看书	−	点灯咧看册
V+ 持续体标记 +V+ 持续体标记	+	走着走着	−	行行行
介词 + 持续体标记	+	顺着河边走	−	顺河仔边行
祈使、意愿与非祈、非意愿共用	+	你给我坐着 他喜欢坐着 他坐着	+/-	*汝共我坐仁咧 *伊爱坐仁咧 伊坐仁咧	汝共我坐咧 伊爱坐咧 伊坐咧

注：* 表示不能接受的说法。

2. 闽南方言持续体标记"咧"的引申用法

（1）表存现的谓词性词语 + 持续体标记

当带"咧"的是表存现的谓词性词语时，"咧"的意义会弱化。

甲会犹未咧，真会摸。怎么还没有呢，真能磨蹭。

　　箱仔内有咧，汝家己去挈。_{箱子里有呢，你自己去拿。}

　　带存现义的谓词性成分本身就带有持续存在的状态，其后加"咧"一方面把这些谓词性成分相对隐性的持续义凸显出来，另一方面又可加强语气，已呈现出向语气词方向演变的趋势。

　　（2）持续体标记与处所词共现后的语法化

　　动作动词所指动作在实施过程中常要触及一定的处所，因此根据表义的需要，持续体标记"咧"常会与处所词同现。处所词有在"咧"前的，也有在"咧"后的。前者应该是起先比较常见的形式，随着"咧"虚化程度增加，"咧"紧跟于动词之后，处所词则处于"咧"之后。

　　若卜画图啰画下乌板咧，唔通画下壁咧。_{若要画画就画在黑板上，不要画}
墙壁上。
　　牛缚伫牛寮咧。_{牛绑在牛圈里呢。}
　　我经过的时阵汝拄好坐蹛咧椅仔顶。_{我经过的时候，你正好坐在椅子上。}
　　伊倒垫咧眠床顶眠。_{他躺在床上呢。}

　　（3）V+准宾语+持续体标记

　　当"咧"放在含有准宾语的述宾短语之后，往往不再表示持续意义，而是表达说话者对某一状况的主观评判。为使说话者的感受明了化，说话者往往要自设语境，故该用法多见于复句中。如：

　　伊比汝加复习两遍咧，免讲嘛比汝考较好。_{他比你多复习两遍呢，自然比}
你考得好。
　　即项物件我整整做三日咧，汝才出十箍银，我会倒了。_{这件东西}
_{我整整做了三天呢，你才出价十元，我会亏本的。}

综上所述，闽南方言持续体标记"咧"会在多种情况下进一步虚化，向语气词靠拢是其发展走向。这种变化并非闽南方言所独有的，而是具有类型学上的意义。例如北京话表进行的"呢"、语助词"呢"是"哩"的变化，"哩"是"里"的俗写，而"里"又是"在里"的省略式。

3. 闽南方言其他持续体标记

（1）持续体标记"着"

漳州某些地区的闽南方言中存在一个读为 [tioʔ⁸] 的持续体标记。从语音形式的对应关系看，该持续体标记恰对应于"着（著）"。

> 门关着。门关着。
>
> 伊手内挈一个杯仔着。他手里拿着一个杯子。
>
> 车内坐二个侬着。车里坐着两个人。
>
> 伊真爱哭着，汝呣去惹伊。他爱哭着呢，你别去惹他。
>
> 物件收好势着。东西好好地收着呢。
>
> 伊比我加三公分着。他比我高了三公分呢。
>
> *伊坐着食饭。/伊坐咧食饭。他坐着吃饭。
>
> *我伫门口坐着。/我伫门口坐。我在门口坐着。

闽南方言持续体标记"着"用法与"咧"基本相当。所不同的是"着"不能用于"V1+持续体标记+V2"格式中，而"咧"可以。

（2）持续体标记"下咧"

有些地方有类似持续体标记用法的"下咧 [he⁶e⁰]"，主要用于祈使句，用以说明某些因素促使某一持续状态出现。其中的决定因素可以来自说话者的要求或建议，也可是个人的喜好或意志。例如：

> 定定坐下咧，唔通行来行去。安静地坐着，不要走来走去。

灶口的电火唔通归暝开下咧。 <small>厨房的灯不要整晚开着。</small>

我物件先寄下咧，麻烦汝共我顾一下。 <small>我东西先寄放着，麻烦你帮我看一下。</small>

咱倒下咧好无？ <small>我们躺着好吗？</small>

桌顶排一盆花下咧较水。 <small>桌子上摆一盆花会好看点。</small>

汝戴一顶帽仔下咧，按呢我啰会认得啊。 <small>你戴一顶帽子这样我就能认出你了。</small>

伊爱倒下咧看电视。 <small>他喜欢躺着看电视。</small>

倒下咧比坐下咧较爽。 <small>躺着比坐着舒服。</small>

持续体标记"咧"是各地闽南方言普遍都共有的用法，撇开读音差异，从具体用法、组合关系等方面来看，闽南方言持续体标记的内部一致性还是很强的。其他持续体标记则使用范围有限。有多个持续体标记的方言点，不同持续体标记是有分工倾向的。例如：

表 4-74　不同方言点中的持续体标记的示例

方言点	持续体标记	非祈使句或非表意愿的句子	祈使句或表意愿的句子
厦门	咧 [le⁰]	门开咧。	唔通倒咧。
泉州	嘞 [lə⁰]	门开嘞。	伊爱徛嘞食。
台湾	咧 [le⁰]	门开咧。	唔通倒咧。
漳州 （芗城）	亻宁咧 [ti³³⁻²¹e⁰]	门开亻宁咧。	坐亻宁咧，嫑徛起来。 （坐着，不要站起来。）
	下咧 [he³³⁻²¹e⁰]		坐下咧，嫑徛起来。
	着 [tioʔ⁰]	门开着。	——
漳州 （角美）	亻宁咧 [ti³³⁻²¹e⁰]	门开亻宁咧。	——
	下咧 [he³³⁻²¹e⁰]	——	坐下咧，嫑徛起来。
	着 [tioʔ⁹]	门开着。	——

厦门、泉州、台湾只有"咧"类持续体标记，该标记可用于各种句类。漳州有多种持续体标记并用，它们不是以同义替换的方式并存的，而是分工合作，各司其职，其中"咧""着"倾向用于非祈使句或

非表意愿的句子，"下咧"倾向用于祈使句或表意愿的句子。

4. 闽南方言持续体标记"咧"的来龙去脉

鉴于闽南方言持续体标记"咧"与共同语及其他方言"着"类持续体标记用法异大于同的语言事实，目前视"咧"与"着"非同源，"咧"来源与"在"义处所短语有关已是主流看法。"咧"是从什么处所短语，经历什么样的演变历程而成今日的状况，其间有很多细节问题是存在分歧的。陈曼君（2017）一文可算是对这一问题所做的一个阶段性的总结成果。

（1）"咧"的分类

对比"咧"类持续体标记在闽南方言内部的分布差异（包括地域分布、句类分布等），特别是漳州、潮汕等地持续体标记的分布情况，有必要将厦门、泉州、台湾等地的"咧"细分成 A 和 B 两类进行分别探源。①

表 4-75　"咧"的分类

类别	句类分布依据	语义特点	例句
A 类	"仔咧"不能出现的句类	祈使、意愿 / 使然 / 主观倾向	汝唔通倒咧 /* 汝唔通倒仔咧
B 类	"仔咧"可以出现的句类	非祈使、非意愿 / 已然 / 客观存在	门开咧 / 门开仔咧

注：* 表示不能接受的说法。

（2）"咧$_A$"的来源

闽南方言文献中"V+ 只 / 许 + 处"②的用法，今天的闽南方言依然普遍存在。古今句类分布的一致性显示着"咧$_A$"与"V+ 只 / 许处"的渊源关系。

---

① 事实上，如果考察早期闽南方言历史文献和现实闽南方言用例，也会发现即使是厦门、泉州、台湾曾存在过或者正在使用的双音节持续体标记也同漳州、汕头一样存在句类二分的状况。

② 意思相当于普通话的"这 / 那里"。

小七，跪只处。 小七跪这里。（嘉靖本《荔镜记》）——祈使句

安童带有银三十两在只，放只处度三爹你使。 安童这里带有三十两银子，

放这里给三哥你用。（嘉靖本《荔镜记》）——非祈使未然

踢伊倒许处，天句无打。 把他踢倒在那，还说没打。（嘉靖本《荔镜记》）——主观倾向

的已然

指示代词"只／许"修饰本义为"地方、处所"的"处"有凸显
具体方位的作用，一般说来"只／许处"所表示的处所义是明显的。然
而，说话者表义的焦点可以根据实际表达需求而落在"跪""放""倒"
之类的动词上。这样"只／许＋处"的处所义便可能慢慢虚化。随着处
所义的弱化，作为彰显"处"所处义的"只／许"便渐渐失去存在的价
值而最终脱落。

尔咒誓便着跪处，许处居成乜样？ 你要发誓就跪着，在那里站着像什么？（明刊

《闽南戏曲·寻三官娘》上 28）

花今正开不拗来插，放处乞黄蜂粉蝶采谢年，天可惜年。 花正

开不摘来插，放着被黄蜂粉蝶采谢了，就更可惜了。（万历年《荔枝记》20.24-25）

这些例句中的"处"已可解读为持续体标记了。只是此时的"处"
宜看成半虚化状态。因为历史文献用例显示，在很长一段时间内"处"
所处的句法环境和所搭配的语义内容有限且变化很小。具体说来，可做
持续体标记解的"处"大都用于祈使句，其前多数只出现动词，主要有
"放、倒躺、跪、下放、那呆"等定位动作动词[1]。"V＋处"也主要是充当
谓语。更主要的是在很多句子里，"处"既可解读为持续体标记，也可
解读为处所词。

----

① ·这些动词的共同语义特征是 [＋动作][＋位置]。

放处。 放这里。/ 放着。（清顺治本《荔枝记》9.134）

我叫汝，汝跪处。 我叫你，你跪这里。/ 你跪着。（清光绪本《荔枝记》16.393）

我想一下，十公可平宜？跪处可平宜？ 让我想想做十公比较合算？还是跪

这里 / 跪着比较合算？（清光绪本《荔枝记》16.394）

呼扫帚放处。小妹近前来，待我说汝听。 将扫把放这里 / 放着。小妹走近，

我说给你听。（清顺治本《荔枝记》22.63）

在同期的文献中虽也有"处"出现于非定位动作动词前的、只能做持续体标记解的用例。如：

我亦替恁二边开处。 我也替你们两边开着。（清顺治本《荔枝记》26.113）

但是，类似用例只见三例，并不能改变"处"处于半虚化的状态。

当句子明确出现动作行为施行涉及的处所，"处"前的动词扩大到"穿""包""关"等非定位动词，且用例不断增加时，说明"处"的虚化程度和速度在提升。

大同关正是汉的所在，通那处。 大同关正是汉的属地，可以采着（清抄本《刘文

龙·买纱帽》)

你那欢喜，阮而穿处，那不欢喜，阮就脱度恁，成乜稀罕。 你

如果高兴，我就穿着，如果不高兴，我就脱掉给你，有什么稀罕的。（清抄全本《苏秦·落祠堂》

是大裾包处可烧。 用大衣包着是比较暖和。（清抄"生育簿"《吕蒙正·认脚迹》)

随着"处"语义虚化程度的加深，其语音也跟着弱化。清末有些戏文抄本就有"唎"取代"处"的现象。例如：

阮小姐合我带唎都咱有可闹热。 我小姐跟我住着，我确实觉得比较热闹。（清抄

"生首簿"《吕蒙正·认脚迹》）

媒人钱即共你留咧。媒人的费用给你留着。(清抄旦簿残本《朱买臣·买臣遍写》)

从"处"演化为"咧"，可以说这是闽南方言持续体标记"处"走向意义完全虚化的一个转折点。

（3）"咧$_B$"的来源

"咧$_B$"用于表述非祈使、非意愿、已然、客观存在的句子中，也是双音节"伫咧"可以出现的句子。双音节持续体标记"伫咧"与单音节持续体标记"咧"的主要区别在于前者多了一个"在"义介词"伫"。如此可以推测，"在（伫）咧"之所以对句类有选择，是其中的"在"表义使然。"咧$_B$"的来源应该与"在"义介词短语有关。

闽南方言历史文献中有"V+在+处"一类的用法，恰表示客观存在。例如：

待我恬叫是一只狗温菌在处。我以为是一只狗蜷着。(清顺治本《荔枝记》11.209)

镜打破在处？镜子打破了？（清道光本《荔枝记》19.146)

这里的"在处"带有一定的处所义，可以解读为"在那里"，但也可解读为动作实施后，致使某种状态处于持续中。这类用法应该就是"咧$_B$"的前身。

你都惊畏袂记得，各记上簿在处。你都担心、害怕记不得，又把它记到本子上存着。(清代手抄残本《朱文·赠绣箧》)

这个例句中的"在处"则只有持续义，而无处所义。[1]说明"在

---

① "记"是结果动词，句中有处所"簿"。

处"虚化程度在逐渐提高。语义的虚化引发语形的弱化。"在处"的弱化有两种走向：

其一：在处＞处＞咧

庵主，你看笑处在许涂脚处。 庵主，你看（她）笑到地板上。（清代"生首簿"《范雎·认子》）

更深了，花园门都开处。 夜深了，花园里的门都开着。（清代"旦簿"《尹行义·投井》）

引公，你免惊，伊跪咧咯。 爷爷，你别怕，他已经跪着。（清抄"生首簿"《梁灏·拾叶》）

其二：在处＞在咧＞咧

藏真多书在咧。 藏了很多书呢。（《语苑》十八 2-33-8）

汝二位来略，请人来内面，三号与四号的箱开开在咧。 您二位来呀，请到里面来，三号和四号的箱子都开着。（《语苑》十六 6-6-5、6）

现时日日新报社，有几个记者在咧。 日日新报社现在有几个记者在。（《语苑》十九 1-39-11）

主顾吩咐的工课，拢是有定日子在咧。 主顾吩咐的活儿，都是定好日期的。

（《语苑》十六 4-13-10、11）

（4）闽南方言持续体标记"咧"来源及其语法化过程小结

表 4-76　闽南方言持续体标记"咧"的来源及其语法化历程

类别	来源及涉及成分的语音	持续体标记的发展及其语音的演变	语气词及语音的演变
A	（Vp）只/许处 泉： $[tə^5]$ 厦： $[te^5]$	（Vp）处 → （Vp）咧 泉： $[tə^5]/[tə^0]→[tə^0]/[lə^0]$ 厦： $[te^5]/[teʔ^0]→[teʔ^0]/[leʔ^0]/[le^0]/[e^0]$	咧 泉： $[tə^5]/[lə^0]$ 厦： $[teʔ^5]/[leʔ^0]/[le^0]/[e^0]$

类别	来源及涉及成分的语音	持续体标记的发展及其语音的演变	语气词及语音的演变
B B1	（Vp）在只/许处 泉： [tɯ^6][tə^5] 厦： [ti^6][te^6]	（Vp）在处→（Vp）处→（Vp）咧 泉： [tɯ^{6}tə^5]/[tɯ^{6}tə^0]→[tə^5]/[tə^0]→[tə^0]/[lə^0] 厦： [ti^{6}te^5]/[ti^{6}teʔ^0]→[te^5]/[teʔ^0]→[teʔ^0]/[leʔ^0]/[le^0]/[e^0]	咧 泉： [tə^0]/[lə^0] 厦： [teʔ^0]/[leʔ^0]/[le^0]/[e^0]
B2	（同B1）	（Vp）在处→（Vp）在咧→（Vp）咧 泉： [tɯ^{6}tə^5]/[tɯ^{6}tə^0]→[tɯ^{6}tə^0]/[tɯ^{6}lə^0]→[tə^0]/[lə^0] 厦： [ti^{6}te^5]/[ti^{6}teʔ^0]→[ti^{6}teʔ^0]/[ti^{6}leʔ^0]/[ti^{6}le^0]/[ti^{6}e^0]→[teʔ^0]/[leʔ^0]/[le^0]/[e^0]	咧 泉： [tə^0]/[lə^0] 厦： [teʔ^0]/[leʔ^0]/[le^0]/[e^0]

资料来源：陈曼君：《闽南方言持续体标记"咧"的来源及其语法化》，《语言科学》2017年第4期。

　　闽南方言存在A、B两类持续体标记。它们相互分工，A类选择非表客观存在而主要表主观倾向的句子，既表未然状态，也表带有主观态度的已然状态；B类选择表客观存在的句子，专门表反映客观事实的已然状态。A、B两类最初形式分别是"处""在处"。闽南方言持续体标记从处所词发展而来，又向语气词发展而去。当下现实闽南方言中双音节持续体标记来源是B类持续体标记发展比较缓慢的形式。当下现实闽南方言中单音节持续体标记则可能是不同类别持续体标记经由不同路径后的合流。如厦门话的"咧 [le^0]"：

表4-77　厦门话"咧 [le^0]"字示例

类别				例句	语义特点
A	（VP）只/许处	>（VP）处	>（VP）咧		
	厦：te^5	> teʔ^0	> leʔ^0 > le^0	我叫汝跪咧	主观/未然
B1	（VP）在处	>（VP）处	>（VP）咧		
	厦：ti^{6}te^5 > ti^{6}teʔ^0	> teʔ^0	> leʔ^0 > le^0	伊跪咧	客观/已然
B2	（VP）在处	>（VP）在咧	>（VP）咧		
	厦：ti^{6}te^5 > ti^{6}teʔ^0	> ti^{6}leʔ^0	> leʔ^0 > le^0	伊犹活（仁）咧	客观/已然

从以上我们所列举的几项闽南方言语法项目的表现不难看出，闽南方言语音、词汇方面表现出的多源叠置、兼容整合的特点在语法方面依然有所延续。突出表现在同义成分形式多样，其间既有外来和固有成分的并存①，也有多个固有成分的分工合作②，还有同一个固有成分的多种语音变体③。同义成分分工合作、互补分布成为其共存的常态，其分工更多表现在语义表达方面④。这就导致很多闽南方言语法的独特面貌会被句法功能一致性的表象所遮蔽。同义成分在语义方面分工合作的同时，彼此又成了进一步整合创新的原料，就像语音方面，文白异读重叠连用又可以创造出闽南方言特有的新词一样⑤。成分的连用、叠加带来了合并程度不同的各类合音现象。多音节合音为一个单音节形式，这个单音节形式又可能以新成员的身份进入下一轮整合环节，再形成新形式。

六　闽南方言语法的调查和研究

1. 方言语法调查研究的意义和难点

朱德熙（1980）经典的"的"字研究，利用方言语料，通过方言比较，发现了新的现象，解开了困惑汉语语法学界多年的难题。这让世人看到了方言语法现象的挖掘利用，跟汉语的发展息息相关。刘丹青在

---

① 如漳州话里的持续体标记既有外来的"着"也有固有的"咧"。
② 如闽南方言自源性"在"义介词就有"伫""那""蹛""垫"等。漳州角美话在持续体标记"伫咧"尚只能表达客观存在的已然情况时，就自发有"下咧"来填补表达带有主观倾向的已然或未然情况。
③ 如"处"虚化为持续体标记的过程伴随着读音弱化，因地、因虚化程度差异等形成了多种不同音读形式。
④ 如漳州角美话中的几个"在"义介词，就句法功能看基本一致，与普通话介词的句法功能也无大差异。然而"已然—未然""客观陈述—祈使建议"的分工使得该方言任何一个方位介词，相对普通话介词"在"都表现出独特之处。如"伫"在使用中受到不少限制——通常不能用于陈述未然的事件或状态；不能用于表祈使、建议或主观意愿、能力、胆量等的句子里；几乎不能受除"会"以外的助动词修饰；几乎不能与第二人称的主语共现等。
⑤ 如"在"义介词的多重连用（"垫伫""蹛垫伫""那蹛垫伫"），这是一种似乎有悖经济性原则的叠床架屋，于语义表达上无太多的增值效果，更多只是形式的创新。否定词的连用则多涉及新词新意的产生。

2016年第八届汉语方言语法国际学术研讨会上的致辞曾总结到：方言间语法的差别是深层的、隐蔽的，对研究者的专业要求也更高，因此相对语音和词汇研究而言，方言语法研究是后发的学科。近年来，方言语法研究逐渐成为方言学科乃至其他不同语言学科关注的热点。这是方言学科自身发展的必然走向。经过几代人的努力，我们对汉语方言间显而易见的语音、词汇差异已有较深入的了解，进一步全面认识汉语方言，就非兼顾其语法特征不可。这也是方言语法研究的特点使然。如今语法学界形成普通话语法研究、历史语法研究和方言语法研究三足鼎立之势。方言语法研究因有大量最鲜活最自然的口语语料，在语感的真实性和语料的丰富性方面具有普通话语法研究和历史语法研究所不可比拟的优势，当之无愧地成为汉语语法研究的基础和切入点。方言语法研究不仅是归纳汉语语法普遍规律的基础，是历史语法研究的有效映照，与此同时，社会语言学全图景构建、语言接触、类型学、地方文化保护等都离不开方言语法的研究。

　　方言语法研究虽然越来越受到学界的重视，但也面临实实在在的困难。首先，语言研究离不开语料的支撑。方言主要以口语形式存在，相比于共同语，历来少有书面记录的文献，有些非专业人士所记录的民间故事、戏文、谚语、歌谣等还常是用普通话加工过的，不像调查研究共同语的语法那样，随手可以得到现成的语料。其次，获取足够量的、适用的语料是方言语法研究的基石，然而比起语音、词汇来，语法处在语言结构较深的层次，因而也较为抽象，调查起来客观上有难度。一种方言的语法现象非常复杂，很难设计一种像《方言调查字表》那样周密的统辖全局的语法调查表格。特别是，汉语作为一种分析型语言，形态不发达，语法规则较多以隐性形式存在，需要专业人士去提取整理，在研究的初期，没有太多显著的语法现象和规则。而且隐性语法规则的发掘更依赖语感，"外人"在语法方面的调查效能低于语音和词汇调查。再次，方言语法调查需要更多的学术基础、学术积累和专业设计。例如就算仅仅是通过"内省法",按照调查目的的需要,自造例句,马上就会遇上标音、释义、注字等方面的困难。调查某方面的语法现象,什么要在调查范围内,什么不在调查范围内,这除了基本的语言学训练以外,还要系统地学习语法学的知识,包括传统的语法学框架和当代的句法学理论。最后,新时期方言语法研究目标的提升,对方言语法的调查提出了新的要求。以往汉语方言语法研究目标是找出一些不同于普通话语法的特点所在,调查方法就是以普通话为参照,将普通话的说法一一对译成方言说法,指明哪些一样,哪些不一样,不一样在哪里即可。在方言语法调查研究的起步时期,这种"普—方"对照法确实能便捷快速地发现方言中一些突出的语法特点。然而,方言语法调查研究的学术价值远不限于所谓"普方比较",而是还有它独立存在的意义及其对其他领域的贡献。面对更为广阔和多样化的目标,以往简单的普方对比调查模式就难堪重任。①

2. 方言语法调查的语料搜集和注意事项

方言语法的语料搜集可以分为三个层次:词法材料、语法例句和长篇语料。

词法材料的搜集:搜集词法的材料从记录词汇材料就开始了。记录各式各样的词语,"主谓、偏正、联合、动宾、述补"等词法就基本可以初步归纳出来。在词汇调查中我们也能了解到有关重叠②、嵌

---

① 主要不足有三:(1)非系统性。每种汉语方言语法都是自成系统的,而传统普方对比方法常常见树不见林,难以展示方言语法本身的系统性。(2)非周延性。普通话语法库藏只包含了人类语言可能的语法范畴及其表达手段中的一小部分,方言中很多有特色的现象是用普通话的单一参照点难以发现的。(3)非通用性。普方对比的框架和术语系统只对应于普通话,既难以契合方言特色的现象又缺乏跨语言的通用性和可比性,难以在此基础上构建一般性的语法理论。此外,以普通话语法研究成果为参照也会导致方言语法研究水准的学术滞后性,大致只能以普通话研究现状为上限,难登学术制高点。(刘丹青 2013:193)
② 如闽南方言名词重叠"侬—侬侬""日—日日";动词重叠"想—想想""看—看看""研究—研究研究";形容词重叠"白—白白—白白白—白苍苍""红—红红—红红红—红吱吱"。

音①、加缀等词形的变化，但具体的情况还是需要通过语法调查去追踪和扩展，经过细致的查问把相关语法现象描写清楚。"构语"方面的词的扩展、离合、兼类和实词虚化、虚词衍生也值得关注。

语法例句的搜集：词语的组合、虚词的运用、句式的组织都要有例句才能展示语法意义和语法结构。因此，例句是搜集语法材料的基本单位。语法调查提纲一般也都是用列举例句的方法设计的。现有的语法调查例句大多是按照普通话的说法列举的，调查者引导发音人用其母语方言来"对译"一个个普通话例句。这种做法的优点是调查工作推进速度有保障，且便于和普通话语法做比较，但发音人却极易受普通话说法的影响而说出一些虽也合法但不那么地道的说法，或只能提供一种说法而无法想起其他的说法。另外，多种说法间的细微差异往往只有母语调查者才能有比较精准的把握，非母语调查者很容易忽视，甚至是误读近义说法的语义差别，至于发音人，对近义说法差异的解读更多只能停留在"只可意会不可言传""爱莫能助"的状态，以闽南方言语法例句调查为例：

你把碗洗一下。	我吃过兔子肉，你吃过没有？
汝将碗洗一下。	我食过兔仔肉，汝食过无？
汝碗洗洗咧／洗一下。	我八食过兔仔肉，汝敢八食过？
碗汝洗洗咧／洗一下。	我八食过兔仔肉，汝有食过无？
汝共碗洗洗咧／洗一下。	我八食兔仔肉，汝八食无？／* 无八？／唔？／唔八？
汝将碗洗洗咧／洗一下。	我八食（过）兔仔肉，汝敢八食（过）？

为了获取更精准的目标例句，语法例句调查表往往会在关键语词

---

① 所谓"嵌音"指没有明显语法意义的音级，如"泥巴""尾巴""锅巴""黑不溜秋""花里胡哨"等。

上加重点号，或对提供某个例句的调查意图做出注释。例如：

　　1002 你帮我把书放在桌子上。说明：搁置类动词后与"在"相应的介词，注意"在"类介词能否省略。
　　1026 老张借了老李一百块钱。说明：注意该句是否有歧义，即老张是"借入"还是"借出"。①

　　为了更真实地反映语用选择，至少要有一部分语法例句是对答式的。例如：

　　a. 叫小强一起去电影院看《刘三姐》。b. 这部电影他看过了。/ 他这部电影看过了。/ 他看过这部电影了。
　　a. 你在唱什么？ b. 我没在唱，我放着录音呢。

　　语法例句调查可以借助现有的一些语法调查表，但更鼓励根据调查的目标、与发音人的合作特点、被调查方言已有的调查成果等自编语法例句，或对现成调查表做出删减、增补等修订工作，使调查例句能更全面反映方言语法的全貌和特色。

　　长篇语料的搜集："不论从理论上或是从事实上说，长篇语料才是研究方言语法的最佳材料。词法材料和语法例句是经过分解的纲目，有如西医的各种化验报告，只有长篇语料才是真实的现实的语言存在"。长篇语料不是记音人导言出来的，或是旁人外加的，而是发音人主动、自觉说出来的实际口语；长篇语料是完整的、综合的言语作品，不是局部、残缺的或经过分析的；长篇语料是原生的语音、词汇、语法的结合体，既表现了各个系统的形态，也保存了系统间的关联。我国调查研究

---

① 夏俐萍、唐正大：《汉语方言语法调查问卷》，上海教育出版社，2021。

民族语言的几代学者，国外语言人类学的专家都是靠大量的长篇语料归纳出陌生语言的语音、词汇和语法的。目前学界对长篇语料的记录和重视程度还很不够。如何录制有较高应用价值的长篇语料，如何把有声长篇语料转换成纸面上可以目治的语料，转写时哪些信息需要标注，哪些信息可以忽略不计等都还有待在实践中不断去摸索和修正。①

方言语法调查要始终贯彻探寻特征的精神。首先，培养对于方言中的特异现象的敏感。听到方言中有别于通语或其他方言之处，就要有打破砂锅问到底的意识，如问清楚词汇意义、语法意义、语用意义，弄清楚句子的结构、音变和语调，对其中的关键词，尤其是虚词，还应该问问有没有类推扩展空间等。其次，要重在发掘语言事实，慎于概括理论。汉语方言语法研究还处于摸索阶段，很多方言语法事实还有待发掘，此时不宜忙着找一个基于西方语言事实建构起来的语法理论来硬套汉语方言的语法现象，避免出现"削足适履"的错误做法。再次，语言作为一个有机系统，其各要素之间必然存在相互影响、相互制约的复杂关联，调查方言语法时必须充分注意到语音、词汇、语法之间的关联和制约。最后，注意同义异构现象的收集，深究其中语境意义、语气特点、表达重点等方面的差异。②

3. 闽南方言语法调查和研究概况

现代科学意义的汉语方言学研究是 20 世纪 20 年代才开始兴起的。方言语法研究则多于 50 年代后才开始。20 世纪 50 年代为了推广普通话，全国范围内的方言普查显示出方言与标准语在语音、词汇，包括语法方面的诸多差异。此时在"普一方"对照框架下，逐一介绍和展示闽南方言某一语法成分的功能是闽南方言语法研究的主要做法，如黄丁华《闽南方言里的指示代词》（1961）、陈法今《闽南方言的"来去"句》（1989）。该阶段的成果重在描写"普一方"句法功能的差异，能挖掘出

---

① 李如龙：《汉语方言调查》，商务印书馆，2017，第 149 页。
② 李如龙：《汉语方言调查》，商务印书馆，2017，第 159 页。

闽南方言语法方面比较显性的、容易感知的组合特点，但对现象的观察则不够全面、细致，视角也略显单一。

自 20 世纪 80 年代起，各种有关汉语方言语法调查和描写的成果带给学界新的认识。特别是在朱德熙先生的引领下，普通话语法研究和方言语法、共时语法和历史语法等不同维度的比较研究，促使普通话语法、历史语法、方言语法的研究向纵深方向发展。闽南方言语法研究也在这样的背景下开启了更多维度、更细致的比较和分析。20 世纪 90 年代至今，闽南方言语法研究继续横向拓展研究范围，并强化纵向延展和多维比较。其中有三个明显进展。第一，历时演变研究成为热点。杨秀芳《从历史语法的观点论闽南语"著"及持续貌》（1992）较早借助汉语史文献典籍，对闽南方言虚词来源和演变过程进行推测。近年来，明清闽南戏文、19 世纪传教士编撰的闽南话教材、辞书等地方文献材料的开发利用，进一步推动了闽南方言语法化研究。如王建设《从明清闽南方言戏文看"著"的语法化过程》（2004）、连金发《〈荔镜记〉"力"的双重功能》（2010）、吕晓玲《从明清戏文看泉州方言"会""得"相关结构的演变》（2019）等。第二，共时描写向系统化和精细化方向发展。杨秀芳《台湾闽南语语法稿》（1991）以专著形式对台湾闽南话语法系统进行较全面的描写。周长楫《厦门方言研究》（1998）用多个章节对厦门方言词法、句法做了系统化介绍。陈曼君《惠安闽南方言动词谓语句研究》（2013）多达十章，共 60 余万字。陈法蓉《闽南（惠安）方言语法》（2020）较为系统地描写了惠安闽南方言的形态句法。第三，跨方言、跨语言比较研究提升成果效能。《中国东南部方言比较研究丛书》收录多篇李如龙对闽南方言动词的体、动词谓语句、代词、介词等的专题描写，这些成果为东南方言语法的平行比较研究贡献力量，也为闽南方言语法调查跨出"普—方"比较框架做出有益尝试。陈曼君《闽台闽南方言的反复问句》（2011）等十分重视闽南方言内部的异同比较，以共时差异佐证历史演变，挖掘闽南方言语法方面的类型学意义。这个阶段的研究让我们看到新理论、新方法、新视角引入在闽南方言语法研究中的重要意义，也让我们看到闽南方言语法更多、更深层、更隐蔽的独特性。这自然让我们对闽南方言语法研究有了更多新期待。

综观现有闽南方言语法研究的语料来源，"普—方"对译的内省式调查、爬梳闽南方言历史文献材料的封闭式调查、根据研究对象进行一定范围内的例句式调查是比较常见的语料获取渠道。

4.闽南方言语法调查研究的深化

随着方言研究的深化，方言调查的精细化，以及普通话语法研究和语法理论的推进，方言语法研究进入加速期。原来研究方言的，更多关注语法，原来研究语法的，也更多关注方言。两者的结果都是方言语法成果越来越多，方言研究的途径和方法也越来越多。科学合理的问卷调查为采集没有语感的方言语法语料提供了关键的工具，大规模多模态成篇方言语料库的建立为方言的语法分析提供了更加真实的语言实态，可比性跨方言语法语料库的建立为语法类型比较提供了强大的基础，语法学理论中更多句法语义范畴和分析角度的引入为抓捕语法特色现象提供了慧眼。所有这些，必将大大提升方言语法的研究水准。[①]在这样的大背景下，闽南方言语法研究也将继续其深化之路。

（1）改进调查和描写视角，发掘闽南方言语法系统性特点

方言语法研究可以有不同的理论和应用目标，在调查资源有限的前提下，如何实施方言语法调查来实现方言语法语料的"多功能性"是值得思考的问题。无论哪种研究目标都有一个共同的基本需求，就是揭示一种方言语法的系统性概貌和最重要的特点。新时期闽南方言语法研究呼唤更多能揭示闽南方言语法的系统性概貌的描写性成果。没有语法学框架做依托而单凭朴素的眼光，只能看到一堆语料，理不出能够产出无穷语句的语言机制和规则。反之，语法理论过于强势的介入，又可能导

---

① 参见刘丹青 2018 年 6 月 23 日"第九届汉语方言语法国际研讨会"开幕式致辞。

致"有色"眼光下的语法事实的扭曲和理论未涉及部分的语言事实的淹没。"参考语法就是要尽量站在'模式中立'的立场上，以客观发掘更多系统性的语法事实和语法规则为旨归。它所依托的是语言类型学的框架，这种框架淡化理论强势、植根于最大量的人类语言的调查经验和事实性成果，可以为方言语法调查研究架上很好的望远镜和显微镜，同时丢弃特定理论的有色眼镜，求得选用语法框架与防止理论偏见之间的平衡"。[①]自觉采用参考语法理论理念调查描写更多闽南方言语法，发掘更多闽南方言语法系统性特点应该也是闽南方言语法研究进一步发展所必需的。

说到这就免不了要给大家推介一下刘丹青（2017）《语法调查研究手册》。

科姆里（Bernard Comrie）和史密斯（Norval Smith）所编制的《Lingua版语言描写性研究问卷》（1977，刘丹青、吴可颖译）旨在为各地人类语言的调查描写提供一个尽量客观、全面和包容性强的语法框架，让调查研究者可以尽可能摆脱语种局限和学派成见，调查到尽可能多的语法事实。这正是主要习惯于汉语眼光的国内语法学界所需要的。

刘丹青（2017）《语法调查研究手册》就是以该问卷为提纲，对问卷的内容进行详尽的注释、例示、补充和分析，包括对不足之处或不适合中国语言之处的评述。解释重点包括：

①问卷中涉及的、国内学界比较陌生的各类语法概念和专业术语[②]，如"后置词""题元标记""连接性冠词""量化词"。

②为问卷中提供的可资参考的范畴视角增补相关的实例，确保读者对这些陌生的范畴有更实在的感受。

③努力反映 1977 年以后国内外语法研究的新进展，尽力沟通国

[①] 刘丹青《汉语方言参考语法丛书》总序。

[②] 问卷的主体其实是一个供语法调查研究者参照的形态句法范畴框架，它要求调查者熟悉其中的语法概念和专业术语。而该框架与国内主要用于普通话研究，也被方言、汉语史和民族语言语法研究所模仿的习用语法学框架相差很大，难以直接借鉴参考。

内调查研究成果和问卷中的范畴，力争使本问卷的内容更便于理解和使用。

该手册分句法、形态、音系、象声词和感叹词、词汇五部分，句法、形态是其重心所在。单看句法部分两个层级的框架导图（见图4-2）就不难感受该语法框架的全面性和包容性。

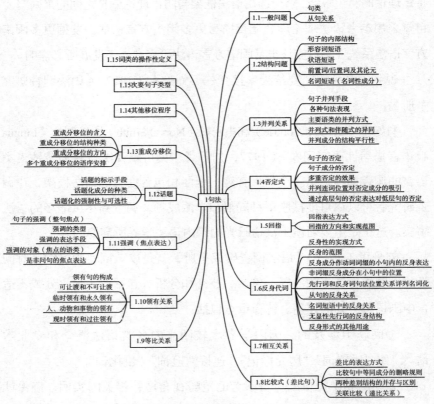

图4-2 《语法调查研究手册》句法部分框架

本手册至少能为以下领域服务：

①用作一本现代语法学读本。借以较系统地了解现代语法学所涉及的广阔领域和众多语法学概念。

②用作一本现代语法学专科词典。可从中找到很多现代语法学概

念的解释和很多陌生语法现象的实例和分析。

③为汉语（普通话）语法的研究提供新的视角和课题。从手册中可见，即使是普通话语法，也还有很多领域尚待开掘，很多语法范畴的研究仍属空白。

④为方言语法的调查和研究提供更具开放性、包容性的框架，便于突破现有普通话语法学框架的视野局限，将方言语法的研究直接置于人类语言多样性和共性背景之下。

⑤为汉语史提供众多新的视角，便于摆脱硬套现代汉语语法的局限，发现上古、中古和近代汉语中尚未开掘的众多新课题或从新的角度重新审视老问题，发现汉语史中可能存在，但难以凭今人语感直接获得的一些较为隐性的语法现象。

⑥有助于发掘更多反映民族语言真正的语法特点和具有理论价值的材料。

⑦为语言、方言间的比较研究提供更加客观和开放的框架和多样化的语言材料，便于提升比较的理论层次，并促成应用转换。

夏俐萍、唐正大（2021）《汉语方言语法调查问卷》是在刘丹青等《汉语方言语法调查问卷》（《方言》2017 年第 1 期）基础上，设计的详细版汉语方言语法调查问卷。内容包括音系、构词与形态、词类、句法、语用等多个方面。该问卷一共四章。第一章：基本概况及调查规范。包括调查点概况、发音人概况、调查人信息、记音规范以及录音方案。第二章：音系调查表。包括方言音系声韵调例字、二字组连读变调表。第三章：语法调查问卷。本章是调查的重点。包括 22 个范畴[①]

---

① 构词（76）、构词生动形式（42）、名词复数（35）、重叠（17）、代词（37）、数量名结构（26）、定名结构（35）、状语性成分（17）、趋向动补结构（30）、介词与连词（27）、处置被动致使（31）、双及物结构（19）、连动结构（22）、处所存现领有判断（31）、话序与话题（24）、复杂句与复合句（31）、疑问否定（60）、祈使感叹（26）、时体（62）、情态语气（29）、反身相互（16）、比较比拟（18）（括号内的数字为例句数）。

第四章　闽南方言的特点（上）：兼容与整合

221

的 711 句语法例句。第四章：话语语料。包括叙事体和对话体。给出了《牛郎织女》《北风和太阳的故事》的参考文本。本调查问卷可以作为系统汉语方言语法调查尤其是参考语法调查的配套问卷使用，也可以作为方言语法数据库建设的调查问卷。本调查问卷不同语法项目之间具有相对独立性，也适合独立语法范畴的专项调查。

（2）运用综合研究方法，揭示闽南方言语法演变[①]

前文我们提到关于闽南方言持续体标记来源问题的讨论是闽南方言语法研究中一个有意思的个案——多人的接力研究过程，是一个不断挖掘新事实，不断重新分析共有材料，不断扩大考察背景，不断整合各方利弊，不断凸显方言个性的过程。它让我们看到了闽南方言自然口语调查的精细化[②]、闽南方言历史文献调查的脉络化[③]、多方资源关联调查的多维化[④]在闽南方言语法研究中的重要性。它也让我们看到了，面对同样的语言事实，是以趋同标准语的视角来看待，还是以回归方言自身系统特点的视角来看待，会无意中对研究者的关注点产生不同的导引，进而得出不同的结论。

历史文献丰富是闽南方言语法研究的优势之一，借助明清闽南方言文献进行的方言语法史研究，学界已取得相当丰硕的成果。但也存在对文本语料甄别不足[⑤]、忽略方言内部的语法差异[⑥]、对方言内部不同分

---

① 该小节内容多参照吕晓玲《运用综合研究方法 揭示方言语法演变》，《中国社会科学报》2022 年 1 月 18 日，第 3 版。

② 如对应语法成分在不同时空下的语音细微差异，可能潜藏演变线索。

③ 如文献用例梳理说明"处"虚化历程之所以进展缓慢，是与其所处句法位置和搭配的语义内容有关。

④ 如语音的细微差异对应不同句类分布，结合文献语料，发现音似成分可能有不同的来源。

⑤ 闽南方言研究所涉及的戏文《荔镜记》《荔枝记》《明刊三种》《金花女》《苏六娘》等，虽然确实都是以闽南方言为主要基础创作而成的，但这些文本中都有不少官话成分。不同成分的语料是需要甄别和区分的。

⑥ 如忽略明代文献中潮腔和泉腔成分的区别，致使部分具有潮州方言特色的词汇、语法现象被忽略，不利于梳理明代闽南方言语法现象在粤东和闽南地区的分化、演变。

支的关注不均衡①、对不同来源地的历史文献关注不够全面②、对产生于方言接触的成分认识不够清晰等局限。基于闽南方言语法史的研究现状和研究局限，可以从以下几方面继续推进。

第一，着力揭示方言语法发展变化的过程。现代方言都是历史演变的结果，它们都隐藏着汉语的历史。明清方言戏曲、小说、传教士文献是对当时语言现象（包括语音、词汇、语法、用字等）的忠实记录。深入挖掘传统方言文献和国外传教士文献，调查不同汉语方言点，并进行历史和现代的比较，可以对整个方言语法的发展过程做出更加深刻的解释。

第二，深入梳理方言的历史演变方式和轨迹，为语言演变理论提供新的汉语方言论据和材料。语法不是一个完全独立的封闭系统，与语音、词汇等存在很多互动影响。在细致调查得出可靠材料的基础上，研究不要仅把重心局限于语法方面，而是要同时留心对历史音变的梳理与概括，并在此基础上构建出新的理论模型。这种新的理论模型不仅会对同一个方言，甚至会对其他方言同类疑难问题的研究具有启发作用。

第三，更广泛地为汉语方言共时的接触研究搜集整理新材料、新证据。探索方言接触对语法的影响，是共时比较中的重要内容。其中，在语言接触的视角下，发掘与分析戏曲语言与方言互相影响的过程与结果，能进一步揭示方言语法历史变化的表现和原因。

第四，力求取得研究材料及研究角度方面的创新。很多汉语方言拥有丰富的历史文献，而戏文无疑是其中重要的成篇语料，但以往的戏文研究较少从语言学角度出发。对于戏文材料中确属某一方言，但又从未在该方言口语中流行过的语法现象，要格外注意识别。同时也要注意

---

① 闽南方言研究多以闽、台和粤东的闽南方言为主要比较对象，较少关注粤西、海南、浙南等地区的闽南方言。对闽南方言与其他闽语乃至其他汉语方言的语法差异更是关注不足。

② 例如，在潮腔戏文的相关研究中，因为不熟悉潮州方言或研究方法有所偏颇，戏文的校注存在一些纰漏，一些特殊的词汇、语法现象进而也被忽略。

到当下戏曲中依然保留，但口语表达中已经消失的语法特点，并通过深入发掘其消失的表现和原因，展现方言语法的发展演变轨迹。

第五，不仅要注重一个方言区内部的比较，还要进一步扩大比较范围。重视共时比较，对研究方言语法史有显著作用，因为研究方言语法史，必须把整个方言区内部甚至与其他方言区的比较都纳入考虑，才能更准确地揭示该方言语法历史变化的脉络，进而归纳出汉语方言的一些语法演变共性。

上述五点，都只是就做好基本研究工作而言的。未来，构拟方言原始语法系统的工作，应该成为一个新的研究热点。当然，构拟原始语法系统有一个重要的前提，就是它需要建立在原始语音词汇构拟的基础之上。在原始闽南方言构拟方面，张静芬、郭必之、曾南逸、吴瑞文等学者已在语音、词根上取得了一些进展。这些进展可以作为我们构拟原始闽南话语法的基础。

欧美语言学家在构拟原始印欧语的时候，不仅构拟出了它的语音和词汇，还构拟出了它的语法系统。汉语拥有大量的历史文献，这些文献可以帮助我们了解汉语语法的发展史。但是，汉语方言学界对单个方言的原始历史语法系统的构拟重视程度依然不足，目前只对部分方言进行了原始语音词汇的构拟，尚未有原始语法构拟的实践工作。如果我们依托闽南方言丰富的古今材料，在相关研究上完全可以实现零的突破。这样的突破反过来也必将促进汉语通语语法史研究的发展。

（3）自觉引入句法平面以外的其他平面的研究理念和方法

句法、语义、语用三分的观念始于西方，经国内一些学者的发展，对汉语语法研究有直接的、明显的影响。汉语句法的显性形式标志较少，而且使用中缺少强制性，许多范畴不得不借助语义语用来建立。汉语语法中的形式手段，即语序、虚词，往往既表句法又表语用或语义。总之，汉语语法中句法、语义、语用相互缠绕，难分难解。这就决定了汉语语法的研究很难只单纯地研究一个平面。实践证明，现有的汉语语法体系其实已经"混入"了语义语用的内容，建立三个平面紧密相融的研究模式，应该是推进汉语语法研究和汉语语法体系建构的必要举措。这对闽南方言语法研究同样适用。以往闽南方言语法的研究或只偏重句法研究，或在同时涉及三个平面的讨论时，却只套用西方单一句法平面的范畴系统，很多问题讲不清楚。学习、引入语义学、语用学观念，自觉建立句法—语义、句法—语用，乃至句法—语音的交融式研究应该可以为闽南方言语法研究开辟新领域。

虽然方言语法研究的应用需求不像共同语语法研究成果那么大，但闽南方言特定的战略地位和新冠肺炎疫情发生后方言应急服务需求的显露无不在提醒我们当下闽南方言的使用和传承还有其现实意义，为此闽南方言的调查和研究还可能在方言规范、方言教育、翻译工程等领域有其应用价值。与之对应的是，闽南方言尤其是其中基本词汇和语法规则的本体研究能尝试着适当加入应用方向的构想，今日本体研究阶段"举手之劳"或"略加一二"，或许就是日后更多应用场景的"刚需"和"硬核"。

课后思考

1. 浅谈一下闽南方言的文化特征。

2. 谈及汉语方言字音系统特点可以从哪两个方面进行观察？

3. 举例说明字音异读都有哪些类型。

4. 闽南方言文白异读都有哪些特点？

5. 举例说明闽南方言语音方面都有哪些早于中古音的音韵特征。

6. 浅谈一下历史层次分析法和历史比较法的异同。

7. 什么是方言特征词，研究方言特征词有何意义？

8. 你能说出一些闽南方言的特征词吗？

9. 浅谈方言语法调查的难点和解决策略。

10. 试描写分析你熟悉的方言的代词系统、否定词、持续体。

第五章

闽南方言的特点（下）：固守与融合

第一节　闽南方言的流播概况

一　闽南方言传播的路径

综观福建诸方言的共时分布情况，大体与两个因素关系较大：一个是历史上的行政区划；另一个是江河的流域。闽南方言分布在福建东南沿海和戴云山脉、博平岭山脉之间，包括厦门、泉州、漳州、龙岩 4 个地级市所辖的 24 个县、市，是福建省最大的方言区。闽南方言历来有泉州腔和漳州腔两种主要口音。随着厦门的兴起，又形成了一种带有漳泉混合性质的厦门腔。西部的龙岩、漳平等地受客家话的影响，则形成了另一种口音。

在闽方言中，闽南方言流播最远。闽南方言形成于厦漳泉地区，并随着历次移民的外迁而广布海内外。闽南方言今日跨省、跨国的分布状态是宋元以来闽南人移居东南亚，开启中外文化交流的历史见证。闽南方言的流播大致有三个走向：①从闽南核心区出发，沿着海岸线北上闽东沿海的霞浦、福鼎、宁德一带，并从福鼎延伸至浙江南部的苍南、平阳、玉环、洞头等地；②从闽南核心区出发，南下潮州、汕头、雷州、海南等地；③从闽南核心区出发，漂洋过海到我国台港澳及东南亚地区，进而广布世界各地。

二 闽南方言流播的动力

闽南方言的流播史，很大程度上是与闽南人的移民史重叠的。人口压力和战乱天灾是闽南人向外移民的重要原因。

1. 人口压力的驱动

闽南地区的开发最早是在晋江流域。[①]唐嗣圣三年（687），陈元光在泉州、潮州之间设立漳州。由于漳州人口少，畲民又常作乱，开元二十九年（741）把泉州所辖的龙溪县划入漳州，贞元二年（786）漳州州治所也迁入龙溪县。这就使漳泉两地的关系更加密切。后来漳州的发展可以说是泉州一带继续向南向西深入延伸的过程。唐代漳泉二州的开发初成规模之后，闽南很快就显得人多地少。[②]面对人口日渐增多和耕地数量有限的矛盾，人们首先是寄希望于兴修水利、精耕细作，其次是自北向南向西，从沿海向周边内陆地区延伸，如泉州之于尤溪、大田，漳州之于龙岩。这反映了闽南人坚守故土的一面。进入宋代以后，随着经济的快速发展，闽南地区已经成为人口最密集的区域之一。当人口过剩的压力无法在内部得到消化和解决之后，移民输出成为不可避免的选择。闽南移民由近及远，逐渐跨出省界、国界，闽南方言就随之远播中国多个省市、南洋群岛的多个国家，甚至辗转到欧美等地。闽南各地发展不平衡，向外输出移民的时间也有先有后。泉州晋江下游一带较早面临人口压力，移民较早；莆田仙游一带在北宋年间面临人口压力，成为人口输出地；漳州则是到明代才开始大规模向外移民。

---

① 吴永安三年（260）已经在今天的南安设立东安县，隶属建安郡。至西晋时，又设立了同安县和新罗县等，时属晋安郡。在南朝梁时，由于人口的增加，又设立一个南安郡，与闽北的建安郡、闽东的晋安郡三郡鼎立。
② 唐代后期，晋江一带已经出现开塘灌田、围海造田的水利工程。这些水利工程一方面说明了唐宋时晋江流域开发的程度较高，但同时也反映了当时的晋江流域已经开始出现人口增多和耕地有限的压力。

2. 战乱天灾的催生

除"地不载民"后的自然扩散外，战乱天灾则往往会催生阶段性的移民潮。例如宋末元初，福建成为宋、元交兵之地，许多闽南人也在这个时候，为逃避战乱从福建到海南。隆庆年间，明王朝任命的俞大猷曾率大军在潮汕一带进行剿杀，先后烧毁村寨 705 处。为了恢复生产，一些闽籍官员纷纷从闽南大量招人来汕。这波明末清初的战乱移民进一步加强了潮汕一带的闽南化过程。明崇祯元年（1628）东南沿海一带的海上武装集团首领郑芝龙就抚于明朝后，恰值福建年年旱灾，出现大批无业游民，社会动荡不安，郑芝龙经福建巡抚批准后，招募饥民前往台湾开垦。这是一次经政府批准的、有计划、有规模的移民，对台湾早期闽南方言的散播有一定作用。荷兰侵占台湾期间，出现粮食供应困难时，就鼓励大陆居民去台湾垦殖，而此时正是中国内地战乱不断的时期，于是又有很多闽籍贫苦农民迁往台湾。这是台湾早期闽南方言的第二个来源。1661 年郑成功率军从闽南渡海收复台湾，并在台致力军垦，同时积极招募闽南人民赴台垦殖。据载郑成功这次军事行动带进台湾的官兵及其眷属与因清政府厉行"迁界"政策而被迫逃到台湾垦荒的人数超 10 万人。康熙二十二年（1683）施琅率军克取台湾，实现两岸的统一，在以后一段时间里，由于台湾地方官员注意招徕大陆流民前往开发，闽南和粤东沿海的人民大量向台湾移民。

此外，地处沿海的闽南人具备一定的海洋生活经验，随着航海技术的发展，更多闽南人愿意冒险尝试漂洋过海，去未知的地域打拼生存。

三　外播闽南方言的变异

由于移民时间先后有别，移民数量多寡不等、移民来源地各异、所到之处人文环境不一、各地语言使用状况相异等，外播到不同地区的闽南方言就有了各自不同的发展条件，走上了各自不同的发展道路。但一致的是，外播的闽南方言都会固守一些本土闽南方言的特点，据此维持其语言系属不变，同时还"入乡随俗"，在与迁入地语言，特别是当地强势语言的接触中做出适当的妥协，借此保证其得以在"夹缝中生存"。基于闽南方言内部的比较，梳理外播闽南方言变异情况及其成因，是我们全面了解闽南方言特点的一个方面，也是本章的主要内容。鉴于研究现状，以下主要限于语音方面。

第二节　龙岩地区的闽南方言

由于龙岩一直是闽西的政治、经济、文化中心，龙岩当地经济和闽西客家话区的山区经济又有很多共同点，所以以闽南方言为基础的龙岩话就深受客家话的影响，而与厦漳泉本土闽南方言有不少显著差异。曾德万曾以龙岩四个偏远山村（白沙、苏板、小池、适中）的闽南话为调查对象，通过龙岩闽南话（白沙）和闽西客家话、中心区闽南话语音的比较，探析龙岩闽南方言的过渡性特点。[①]

一　声母方面的异同

龙岩闽南方言有 p-、pʰ-、b-（m-）、t-、tʰ-、l-（n-）、ts-、tsʰ-、s-、k-、kʰ-、g-（ŋ-）、h-、Ǿ 等 14 个声母，与本土闽南方言十五音系统大体一致。

1. 古无轻唇音，古无舌上音

古无轻唇音（轻唇音读 p-/pʰ-/m-），古无舌上音（舌上音读 t-/tʰ-）是上古音的表现，这一特征在本土闽南方言中涉字数量多，是闽语的重要特点，区别于其他现代汉语方言。这一音韵特征在客家话虽然也有，但涉字数量极为有限。龙岩话的涉字数量介于漳州话与梅县客家话二者之间，整体更接近本土闽南方言。

---

① 曾德万：《龙岩闽南方言音系研究——兼与客家话比较》，吉林人民出版社，2013。

表 5-1　无轻唇音、无舌上音示例

地点	飞非	蜂敷	饭奉	物微	妇非	放非	猪知	桌知	抽彻	拆彻	茶澄	池澄
漳州	pue^1	$p^ha\eta^1$	$pu\tilde{i}^6$	$m\tilde{i}\textʔ^8$	pu^6	$pa\eta^5$	ti^1	$to\textʔ^7$	t^hiu^1	$t^hia\textʔ^7$	$t\varepsilon^2$	ti^2
龙岩	pue^1	$p^ha\eta^1$	$pu\tilde{i}^6$	$m\tilde{i}^6$	pu^6	$pa\eta^5$	ti^1	to^6	t^hio^1	t^hiak^7	tie^2	ti^2
梅县	pi^1	$fo\eta^1$	fan^5	vut^8	fu^5	$pio\eta^5$	tsu^1	$tsok^7$	ts^hu^1	ts^hak^7	ts^ha^2	ts^hi^2

2. 全浊声母清化后的表现

据曾德万统计，316 个全浊声母字清化后，读不送气的，漳州有 278 个，龙岩有 218 个，梅县有 26 个；读送气的，漳州有 81 个，龙岩有 124 个，梅县有 292 个。

表 5-2　全浊声母清化后各地送气、不送气情况

地点	不送气	送气	合计	不送气占比
漳州	278	81	359	77.4%
龙岩	218	124	342	63.7%
梅县	26	292	318	8.2%

注：送气不送气两可的，既计入送气，也计入不送气，故总数大于 316。

表 5-3　全浊声母清化后示例

地点	盘並平	伴並仄	徒定平	度定仄	除澄平	柱澄仄	渠群平	距群仄
漳州	$pu\tilde{a}^2$	$p^hu\tilde{a}^6$	$t\textɔ^2$	$t\textɔ^6$	ti^2	t^hiau^6	ki^2	ki^6
龙岩	$pu\tilde{a}^2$	$pu\tilde{a}^6$	t^hu^2	tu^6	ti^2	t^hau^4	tsi^2	ki^4
梅县	p^han^2	p^han^5	t^hu^2	t^hu^5	ts^hu^2	ts^hu^1	k^hi^2	k^hi^3

总体而言，就全浊声母清化后的表现来看，龙岩话更接近本土闽南方言，二者都不以声调的平仄为条件；清化后读不送气和送气的都有，规律不甚明朗；不送气的读法占有更大比例。客家话恰好相反，以读送气的占绝大多数。龙岩话不送气读法所占比例远高于梅县客家话，同时略低于漳州话，这应该是受客家话影响的表现。

3. 擦音读塞擦音

中古心、邪、书、禅、生等擦音声母白读塞擦音是本土闽南方言一个常见的语音现象。考察中古擦音声母字 268 个，读为塞擦音的，漳州话有 51 个，龙岩话有 42 个字，梅县客家话有 18 个字。例如：

表 5-4　擦音读塞擦音示例

地点	深书	谢邪	斜邪	试书	须书	少书	叔书	碎心	市禅	席邪
漳州	ts^him^1	$tsia^6$	ts^hia^2	ts^hi^5	ts^hiu^1	$tsio^3$	$tsik^7$	ts^hui^5	ts^hi^6	$ts^hio?^8$
龙岩	ts^ham^1	$tsia^6$	ts^hia^2	ts^hi^5	ts^hiu^1	$tsio^3$	$tsok^7$	ts^hui^5	ts^hi^6	ts^ho^6
梅县	$ts^hɔm^1$	ts^hia^5	ts^hia^2	$sʅ^5$	si^1	sau^3	suk^7	sui^5	$sʅ^3$	$sa?^7$

地点	笑心	鳃心	树禅	象邪	生生	星心	鼠书	松邪	失书	赊书
漳州	ts^hio^5	ts^hi^1	ts^hiu^6	$ts^hiõ^6$	$ts^hẽ^1$	$ts^hẽ^1$	ts^hi^3	$ts^hiŋ^2$	sit^7	sia^1
龙岩	ts^ho^5	$ts^hʅ^3$	ts^hiu^6	$siõ^4$	$siɛ̃^1$	sin^1	si^3	$sioŋ^2$	ts^hit^7	sa^1
梅县	$siau^5$	$sɔi^1$	su^5	$sioŋ^3$	$saŋ^1$	$sɛn^1$	ts^hu^3	$ts^hiuŋ^2$	$sət^7$	ts^ha^1

漳州话擦音读为塞擦音的情况明显多于梅县客家话，龙岩话的数量介于漳州话和梅县客家话之间，整体更偏向漳州话。

4. 匣母归群

匣母归群（古匣母今读 k-/kʰ-）这一上古语音特征在本土闽南方言中有相当明显的表现。龙岩话同样也有这方面的存古表现，这也是其近本土闽南方言而远客家话的具体表现之一。

表 5-5　匣母归群示例

地点	下匣	糊匣	猴匣	含匣	咸匣	寒匣	汗匣
漳州	$kɛ^6$	$kɔ^2$	kau^2	$kã^2$	$kiam^2$	$kuã^2$	$kuã^6$
龙岩	$ɛ^6$	ku^2	kau^2	kam^2	$kiam^2$	$kuã^2$	$kuã^6$
梅县	ha^3	fu^2	$hɛu^2$	ham^2	$hiam^2$	$hɔn^2$	$hɔn^6$

5. 匣读同云、以

古匣母字在本土闽南方言口语中一部分读为零声母，龙岩话亦如此。

表 5-6　匣母字读为零声母示例

地点	鞋匣	红匣	闲匣	后匣	盒匣	学匣	喉匣	话匣	黄匣
漳州	e²	aŋ²	iŋ²	au⁶	aʔ⁸	oʔ⁸	au²	ua⁶	ũi²
龙岩	ɛ²	aŋ²	in²	au⁶	a⁶	o⁶	au²	guɛ⁶	hũi²
梅县	hai²	fuŋ²	han²	hɛu¹	hap⁸	hɔk⁸	hɛu²	va⁵	vɔŋ²

6. 喻母的特殊读法

古云喻三母字在今本土闽南方言口语中一部分读为 h- 声母，而非零声母。少量古以喻四字在今本土闽南方言口语中不读为零声母，而读为 ts-、s-。这类存古表现在龙岩话中也有，但总量不如本土闽南方言。

不少喻母字在龙岩话读 g-，这既不同于本土闽南方言，也不同于客家话，可视为龙岩话自身的特色。

表 5-7　喻母的特殊读法

地点	雄云	熊云	园云	雨云	远云	云云	蝇以	翼以	盐以	痒以	养以
漳州	hiŋ²	him²	hũi²	hɔ⁶	hũi⁶	hun²	sin²	sit⁸	sĩ²	tsiɔ̃⁶	tsiɔ̃⁶
龙岩	hioŋ²	hiam²	hũi²	hu⁶	hũi⁶	ũi²	sin²	siɛt⁸	iã⁶	iaŋ⁴	iaŋ⁴
梅县	hiuŋ²	hiuŋ²	ian²	i³	ian³	iun²	in²	it⁸	iam²	iɔŋ¹	iɔŋ¹

地点	野以	誉以	愉以	裕以	唯以	围以	摇以	羊以	赢以	融以
漳州	ia³	i⁶	i²	dzu⁶	bi²	ui²	io²	iɔ̃²	iã²	iɔŋ²
龙岩	gia⁴	gi⁶	gi²	gi⁶	gui²	gui²	gio²	ŋiɔ̃²	ŋiã²	gioŋ²
梅县	ia¹	i⁵	i⁵	i⁵	vi²	vi²	iau²	iɔŋ²	iaŋ²	iuŋ²

7. 次浊声母的特殊读法

中古来、明、泥、疑、日等几个次浊声母在本土闽南方言中保留着中古以前的读音形式。

表 5-8　次浊声母特殊读法示例

地点	鱼疑	瓦疑	艾疑	蚁疑	额疑	崖疑	腻泥	诺泥
漳州	hi²	hia⁶	hiã⁶	hia⁶	hiaʔ⁸	gai²	dzi⁶	hioʔ⁸
龙岩	hi²	guɛ⁴	gai⁶	ŋyã⁴	giak⁸	hia²	siã⁶俗	lok⁸
梅县	ŋ²	ŋa³	nɛ⁵	ni¹	iak⁸	ŋai²	ni⁵	nɔk⁸

明、泥、疑、日读 h-，一般认为是上古清鼻音的残留。龙岩话也有此类表现，只是涉字数量不及本土闽南方言多，梅县客家话则无此表现。来母读 t-，在赣语和与赣语关系密切的客家话中比较常见，龙岩话数量较漳州略多，应该是受周边客家话的影响。来母读 s- 的情况在今闽北方言较为常见，这很可能是早期闽语的共同特征。在次浊声母特殊读音这一专项上，龙岩话显现出过渡性混杂特点，既有闽南方言的特点，也有闽北方言和闽西客家话的特点。

8. 其他声母

章读如见在东南汉语方言中多少有些留存，从数量上看，闽南方言有较突出的表现。龙岩话在这点上与本土闽南方言基本一致。

表 5-9　章母发音的示例

地点	枝章	肢章	指章	痣章
漳州	ki¹	ki¹	ki³	ki⁵
龙岩	ki¹	ki¹	ki³	ki⁵
梅县	ki¹	tsɿ¹	tsɿ³	tsɿ⁵

古庄组声母在今本土闽南方言口语中个别读为 t-、tʰ-，龙岩话亦如此。

表 5-10　古庄组声母的发音示例

地点	窗初	筛生	锄崇	事崇
漳州	tʰaŋ¹	tʰai¹	ti²	tai⁶

地点	窗_初	筛_生	锄_崇	事_崇
龙岩	tʰaŋ¹	tʰai¹	tʰua²	—
梅县	tsʰuŋ¹	sai¹	tsʰu²	sɿ⁵

有不少影晓母字在龙岩话中读为 g-，如"亚、倚、畏、威、委、邀、腰、音、碗、温"等，这是龙岩话有别于本土闽南方言和客家话的特点之一。

龙岩话与本土闽南话、梅县客家话声母异同比较小结如表 5-11 所示。

表 5-11　龙岩话与本土闽南话、梅县客家话声母比较

比较项目	漳州	龙岩	梅县	比较结果
古无轻唇音	54	43	31	中间过渡偏闽南方言
古无舌上音	79	53	6	中间过渡偏闽南方言
全浊声母清化后不送气	278	218	26	中间过渡偏闽南方言
塞音读塞擦音	51	42	18	中间过渡偏闽南方言
匣母归群	15	14	5	中间过渡偏闽南方言
匣母读零声母	26	16	16	中间过渡偏客家话
匣母读 h-	112	110	106	中间过渡偏闽南方言
喻母读 g-	0	39	0	自身特色
云母读 h-	8	6	1	中间过渡偏闽南方言
次浊声母读 h-	9	2	0	中间过渡偏客家话
章读如见	5	5	1	同闽南方言
影晓读 g-	0	22	0	自身特色

注：数据采自曾德万《龙岩闽南方言音系研究——兼与客家话比较》，吉林人民出版社，2013，第 95 页，并略作微调。如原表喻母读 g- 细分为云母、以母两栏分述。章读如见，龙岩统计数字为 8，包括"趣、清、初"3 个非章组字。

二 韵母方面的异同

1. 舌尖元音、撮口音、鼻化韵的有无

从构成音素上看，龙岩闽南话和本土闽南话最明显的区别是前者有舌尖元音 ʅ 和撮口元音 y，后者则没有。

表 5-12　舌尖元音、撮口元音的对照

地点	池	智	丝	辞	士	阻	所	输	件	倚	蚁	外
漳州	ti²	ti⁵	si¹	si²	su⁶	tsɔ³	se³	su¹	kiã⁶	ua³	hia⁴	gua⁶
龙岩	ti²	tsʅ⁵	sʅ¹	tsʰʅ²	sʅ⁶	tsʅ³	sʅ³	sʅ¹	kyã⁶	ŋyã³	ŋyã⁴	ŋyã⁶
梅县	tsʰʅ²	tsʅ⁵	sʅ¹	tsʰʅ²	sʅ⁵	tsʅ³	sɔ³	su¹	kʰian⁵	i³	ni¹	ŋɔi⁵

一般认为舌尖元音是舌面元音 i 在舌尖声母的同化作用下舌位前移而成的。舌尖元音在客家话中涉字较多，龙岩话较少，本土闽南话则没有。y 在龙岩话只出现在 yã 韵中，所涉之字不多，且声母多为舌根音，其读音既不同于本土闽南话，也异于客家话。龙岩话舌尖元音的形成应该与客家话的影响有关，但也有其自身的创新性发展，毕竟有些在客家话不读舌尖元音的字，在龙岩话中读为舌尖元音。

鼻化韵丰富是本土闽南方言的特点之一。读为鼻化韵的字，常为古阳声韵字或鼻音声母字。对比这两类字在三地的读音情况如表 5-13 所示。

表 5-13　鼻化韵的读音情况

地点	五	妹	弹	干	缠	扇	酸	象	监
漳州	ŋɔ̃³	mãi⁶	tuã²	kuã¹	tĩ²	sĩ⁵	sũi¹	tsʰiɔ̃⁶	kã¹
龙岩	gu⁴	muẽ⁶	tʰan²	kuã¹	tin²	suã⁵	sũi⁵	siõ⁴	kam¹
梅县	ŋ³	mɔi⁵	tʰan²	kɔn¹	tsʰan²	sɛn⁵	sɔn¹	sioŋ³	kam¹

梅县客家话无鼻化韵，漳州话读为鼻化韵的字在龙岩话里也多有鼻化韵的读法。可见龙岩话鼻化韵情况还是近本土闽南方言而远客家话。虽然梅县客家话没有鼻化韵，但与龙岩话地缘相近的闽西客家话则有不少地方

也有鼻化韵，这说明龙岩话和客家话之间的接触影响是双向的而非单向的。

2. 古开口一等歌韵部分今读合口

古开口一等歌韵字在多数汉语方言中读为开口呼，在本土闽南方言中则有部分常用字读为合口呼，龙岩话也有类似表现，但数量不及本土闽南方言多。

表 5-14　歌韵字读为合口呼的示例

地点	我歌开一	大歌开一	拖歌开一	箩歌开一	可歌开一	何歌开一
漳州	gua³	tua⁶	tʰua¹	lua²	kʰua³	ua²
龙岩	gua³	tua⁶	tʰo¹	lo²	kʰo¹	o²
梅县	ŋai²	tʰai⁵	tʰɔ¹	lɔ²	kʰɔ³	ɔ²

3. 歌戈支韵腹读为 a

中古歌、戈、麻、支在上古同属歌部，今歌、戈、支韵字韵腹读同麻，即韵腹读为 a，应该是古音特征的表现。

表 5-15　歌戈支韵腹读为 a 的示例

地点	我歌开一	大歌开一	纸支开三	蚁支开三	过戈合一	寄支开三
漳州	gua³	tua⁶	tsua³	hia⁶	kua¹	kia⁵
龙岩	gua³	tua⁶	tsua³	ŋyã⁴	kue¹	kiau⁵
梅县	ŋai²	tʰai⁵	tsʅ³	ni¹	kuɔ¹	ki⁵

歌戈支读同 a 的情况在龙岩话和客家话中也有。从涉字数量看，龙岩话介于本土闽南话和客家话之间。

4. 一等韵读为细音

一般认为一等韵是洪音，在现在常见语音中表现为不带 -i- 介音。据曾德万统计本土闽南方言一等带有 -i- 介音或以 i 为韵腹的字约占一等韵字的 7% 左右。[1]龙岩话和客家话也有一等韵字带有 i 的情况，只

① 曾德万：《龙岩闽南方言音系研究——兼与客家话比较》，吉林人民出版社，2013，第 120 页。

是所涉及的字和量不同，其中龙岩话约占 8.5%，客家话约占 3%。

表 5-16　一等读为细音的示例

地点	鹅	艾	坡	暂	芒	腮	跟
漳州	gia²	hiã⁶	pʰo¹	tsiam⁶	baŋ²	tsʰi¹	kin¹
龙岩	go²	gai⁶	pʰia¹	tsiam⁶	baŋ²	tsʰ̩¹	kin¹
梅县	ŋɔ²	ŋai⁵	pɔ¹	tsiam⁵	miɔŋ²	sɔi¹	kɛn¹

5. 三等韵字读同一等韵字

音韵学里一等韵归洪音，三等韵归细音，在现代方言里，一般一二等合流，三四等合流。本土闽南方言中有一部分三等韵字读同同韵摄的一等字。这种情况在龙岩话和客家话中的表现如表 5-17 所示。

比较可见，三等韵读同一等韵并非闽南方言所独有。就数量而言，本土闽南方言涉及字组多，客家话少，龙岩话居中而偏本土闽南方言。就一三混同的具体字组而言，龙岩话和漳州话保持相当高的一致性。

6. 古四等韵字部分今白读为洪音

四等韵字以读细音为常，本土闽南方言有部分四等韵字白读为洪音的情况。在这方面，龙岩话表现出亲客家话而远闽南话的状态。

表 5-18　古四等韵字部分今白读为洪音的示例

地点	西	洗	前	肩	牵	青	踢	节	截	结	零	挺
漳州	sai¹	sɛ³	tsan²	kan¹	kʰan¹	tsʰɛ̃¹	tʰat⁷	tsat⁷	tsaʔ⁸	kat⁷	lan²	tʰaŋ³
龙岩	sie¹	sie³	tsin²	kin¹	kʰan¹	tsʰiã¹	tʰit⁷	tsi⁶	tsi⁶	kiɛt⁷	lin²	tʰin⁴
梅县	si¹	sɛ³	tsʰiɛn²	kin¹	kʰian¹	tsʰiaŋ¹	tʰɛt⁷	tsiɛt⁷	tsʰiɛt⁸	kiat⁷	laŋ²	tʰiaŋ³

7. 古歌豪同读

本土闽南方言歌、豪韵的文读都是 o，单就 o 韵来说，歌豪同读在本土闽南方言中表现非常明显。就是仅限于韵母有别的最小对立字组，也有一定数量。

闽南方言研究

表 5-17 三等韵字读同一等韵字示例

摄	等	例字	漳州	龙岩	梅县
曾摄	三等韵	凭	iŋ	oŋ in	ɛŋ
	一等韵	朋	iŋ		
	三等韵	冰	iŋ	oŋ in	ɛŋ
	一等韵	崩	iŋ		
	三等韵	力	ik	it	it
	一等韵	助			
通摄	三等韵	浓	ɔŋ	ɔŋ	uŋ
	一等韵	农			
臻摄	三等韵	薰	un	un	iun
	一等韵	昏	un	un	
	三等韵	军	un	un in	un iun
	一等韵	昆	un		un iun
	三等韵	因	in	in	ɛn in
	一等韵	恩	in		
	三等韵	斤	in	in	in
	一等韵	根	in		
山摄	三等韵	愿	uan	uan	ian ian
	一等韵	玩			uan
	三等韵	圈	uan	uan	
	一等韵	宽	uan		ɔn ian
咸摄	三等韵	险	iam	am iau	am iam iam
	一等韵	喊		iam	
流摄	三等韵	缪贸	ĩ	ãu	iu
	三等韵	九	au	au	
	一等韵	狗			ɛu ɛu
	三等韵	纠	iu	iu	ɛu
	一等韵	钩	au	au	
	三等韵	刘	au	au	iu
	一等韵	楼	au	au	ɛu iau
效摄	三等韵	燎	iau	iau	au iau
	一等韵	牢			
蟹摄	三等韵	蔽	e	a	i
	一等韵	贝	ue	uɛ	i
遇摄	三等韵	泸	ɔ	ɔ	i
	一等韵	虎	ɔ	ɔ	u
	三等韵	鱼	ɔ i	u i	ŋ
	三等韵	炉驴	i ɔ	u i	u
	一等韵	炉驴吴	ɔ i	u i u	u

歌豪同读情况在龙岩话中的表现也是居于本土闽南话和客家话的中间，同读的数量少于本土闽南话，多于客家话。

表 5-19　歌豪同读的示例

地点	多端歌平—刀端豪平		锣来歌平—劳来豪平		左精歌上—枣精豪上		贺匣歌去—号匣豪去		鹅疑歌平—熬疑豪平	
漳州	to¹		lo²		tso³		ho⁶		go²	
龙岩	to¹	tau¹	lo²	lau²	tso³		ho⁶		go²	—
梅县	tɔ¹	tau¹	lɔ²	lau²	tsɔ³	tsau³	fɔ⁵	hau⁵	ŋɔ²	ŋau²

8. 中古梗摄开口三等昔韵字分读两类

中古昔韵在上古分属锡部和铎部。本土闽南方言昔韵有两种不同读音形式，应该是上古分部留下的痕迹。就这点，龙岩话亦近本土闽南方言。

表 5-20　中古昔韵字分读两类的示例

中古昔韵	上古锡部			上古铎部		
	脊	迹	益	惜	赤	尺
漳州	iaʔ			ioʔ		
龙岩	ia（k）			io		
梅县	it*					

注：* 仅"赤"字读 [tsʰak7]，与他字有别。

三　声调方面的异同

龙岩话平上去入各分阴阳，共有 8 个声调，既不同于本土闽南方言一般有 7 个声调的情况，也不同于梅县客家话有 6 个声调的情况。

表 5-21　龙岩话与本土闽南方言、梅县客家话声调的比较

地点	阴平	阳平	阴上	阳上	阴去	阳去	阴入	阳入	总数	备注
泉州	阴平	阳平	阴上	阳上	去声		阴入	阳入	7 个	去声不分阴阳
厦门	阴平	阳平	上声		阳去	阴去	阳入	阴入	7 个	全浊上归去

续表

地点	阴平	阳平	阴上	阳上	阴去	阳去	阴入	阳入	总数	备注
漳州	阴平	阳平	上声	阳去	阴去	阳去	阴入	阳入	7个	全浊上归去
龙岩	阴平	阳平	阴上	阳上	阴去	阳去	阴入	阳入	8个	四声各分阴阳
梅县	阴平	阳平	上声		去声		阴入	阳入	6个	上、去声不分阴阳

综上所述，龙岩闽南方言除具有大部分本土闽南方言的语音特点及小部分客家话语音特点外，还具有自身独有的特点，可谓集固守、融合、创新于一身。地处本土闽南方言与闽西粤北客家话大本营之间，两个民系比邻而居，两种地域性文化互相交织，两种特色鲜明的大方言互相渗透，形成了龙岩话的独特面貌。

第三节　粤东地区的闽南方言

粤东潮汕一带闽语的历史背景比较复杂。它与现今闽南地区既有早期行政区划同属的关系，①又有后来不同批次的、不同本土来源地的闽南移民的迁入，②因此，潮汕地区闽南方言的形成过程，既有像本土闽南方言自然扩散的一面，又有像远距离、跳跃式"飞地"流播的一面。③潮汕本地人一般都自称自己所说的方言为潮汕话（或潮州话），而不称闽南话。

---

① 汉武帝时期，几乎在攻灭闽越国的同时，在粤东一带设立揭阳县，属南海郡。此时的揭阳县境延伸至今福建西南沿海。东晋咸和六年（331），从南海郡分立东官郡，拆其属县揭阳为四县，其中粤东有海阳（今潮州）、潮阳、海宁三县。义熙九年（413）又拆东官郡置义安郡，义安郡领海阳、潮阳、海宁、义招（今大埔一带）和绥安（今漳州漳浦一带）五县。
② 正因为闽南人的移入，至迟到南宋时期，福建移民及其后裔已成为潮州人的主体部分，潮州一带"虽境土有闽广之异，而风俗无潮漳之分"，"土俗熙熙，有广南福建之语"。进入明代后，又有一波闽南人迁入潮州，这使得潮州一带的语言文化更加趋同于闽南地区。
③ 李如龙、姚荣松：《闽南方言》，福建人民出版社，2008，第52页。

从语音方面来看，潮汕方言和本土闽南方言，特别是与地缘相近的漳州话十分相似。以歌韵字为例：

表 5-22　潮漳歌韵字读音示例

地点	多	拖	他	笸	左	做	哥	歌	鹅
潮汕	to¹	tʰua¹/tʰo¹	tʰa¹	lua²/ lo²	tso³	tso⁵	ko¹	kua¹/ko¹	go²
漳州	to¹	tʰua¹/tʰo¹	tʰa¹	lua²/ lo²	tso³	tso⁵	ko¹	kua¹/ko¹	go²

地点	饿	河	阿	驼	搓	大 ~小	可	蛾	荷 ~花
潮汕	go⁶	ho²	o¹/a¹	tʰo²	tsʰo¹/so¹	tua⁶/tai⁴	kʰo³	ŋõ²	o²
漳州	go⁶	ho²	o¹/a¹	to²	so¹	tua⁶/tai⁶	kʰua³/kʰo³	go²	ho²

注：此处潮汕方言语料主要采自北京语言大学中国语言文学系语言学教研室编《汉语方言字汇》（第二版重排本，语文出版社，2003）。

为此，我们这里只重点介绍潮汕方言与本土闽南方言在语音方面的若干差异。

一　声母方面的差异

1. 十五音和十八音之别

声母 b-、l-、g- 和 m-、n-、ŋ- 在本土闽南方言中以是否能拼鼻化韵而两两互补分布，如果不考虑听感上的音质差异，可归并为一套声母，即得传统的"十五音"系统。在潮汕方言中，m-、n-、ŋ- 不与阴声韵相拼，b-、l-、g- 不与鼻化韵相拼，但两组声母都可以和鼻音尾韵和塞音尾韵相拼，二者只能各自独立为两套声母，故而潮汕方言有声母18个。

表 5-23　声母 b-、l-、g- 与 m-、n-、ŋ- 分布的比较

地点	帽	磨	离	泥	仪	疑	麦	脉	农	脓	玉	逆
潮汕	bo⁶	mõ⁶	li²	nĩ²	ŋĩ²	gi²	beʔ⁸	mẽʔ⁸	naŋ²	laŋ²	gek⁸	ŋek⁸
漳州	bo⁶		li²	nĩ²		gi²	beʔ⁸	mẽʔ⁸		laŋ²	giok⁸	gik⁸

2.古全浊声母清化后的表现

本土闽南方言古全浊声母清化后多数读不送气音，潮汕方言在送气与否方面与本土闽南方言存有出入。主要差异是，一些在本土闽南方言读为不送气清音的全浊声母字在潮汕方言中读为送气清音。

表 5-24　古全浊声母清化后发音比较

地点	婆并	被并	驼定	台定	徒定	图定	代定
漳州	p	p	t	t	t	t	t
潮汕	pʰ/p	pʰ	tʰ	tʰ	tʰ	tʰ	tʰ/t

地点	奇群	渠群	才从	齐从	朝澄	查崇	臣禅
漳州	k	k	ts	ts	ts	ts	s
潮汕	kʰ	kʰ	tsʰ	tsʰ	tsʰ	tsʰ	tsʰ

二　韵母方面的差异

1.见系开口二等麻韵字文读音之介音有无

表 5-25　见系开口二等麻韵字文读介音有无比较

地点	加	假	霞	下	雅
漳州	ka¹	ka³	ha²	ha⁶	ŋã³
潮汕	kia¹	kia³	hia²	hia⁴	ŋiã³

2.oi 韵的有无

潮汕话中的 oi 韵母在本土闽南方言中是没有的。潮汕话读 oi 的字主要来自蟹摄开口字。比较可见，两地蟹摄开口字韵读的共性突出表现在：文读一二等同读为 ai，三四等同读为 i。主要差异在于潮汕话白读 oi 大致对应于漳州话白读 e，见表 5-26。

表 5-26　潮汕话白读 oi 与漳州话白读 e 对照

地点	戴一	胎一	代一	袋一	改一	挨二	买二	钗二	街二	解二	鞋二	矮二	艺三	际三	批四	体四
漳州	i/ai	e/ai	e/ai	e	e/ai	e/ai	e	e/ai	e	ai	e	e	e	e	e	e
潮汕	o/ai	o/ai	o/oi	o	oi	oi/ai	oi	e/oi	oi	oi	oi	oi	i	oi	oi/i	

续表

地点	贷	带	来	苔	械	败	介	派	誓	制	势	弊	米	闭	脐	梯
漳州	ai	ua/ai	ai	i/ai	ai	ai	ai	ai	ua/i	i	i	i	i	i	ai	ui
潮汕	ai	ua/ai	ai	i/ai	ai	ai	ai	ai	ua/i	i	i	i	i	i	ai	ui

注：斜线前为白读音，斜线后为文读音。

3.ou 韵的有无

潮汕话的 ou 韵是漳州话[1]所没有的。

潮汕 [ou]——漳州 [ɔ]

模韵　补谱布普部步都肚杜度芦露路租粗醋古枯误呼虎湖户乌

鱼韵　<u>许</u>

虞韵　<u>夫斧厨雨</u>

侯韵　<u>母亩牡茂斗构侯后</u>

潮汕话 ou 韵的来源及其与漳州话的对应关系大致如上，可见二者更多只是音值上的差异。类似的音值差异见表 5-27。

表 5-27　漳潮音值差异比较

条件		潮汕	漳州	例字
效开三、四	文读	iəu	iau	疗笑条吊
	白读	ie	io	庙笑尿叫
咸开三、四	文读	iəm	iɛm	盐咸添
咸开三、四	文读	iəp	iɛp	接业贴
山合三	白读	ɯŋ	ũi	转劝穿
宕开三	白读	iẽ	iɔ̃	量浆想

---

① 漳州市下属的漳浦县、东山县等与潮汕地区地缘较近的地区有 ou 韵，且涉字与潮汕话有一致性。

4. 韵尾的归并情况

相比于漳州话，潮汕话因 -n 和 -ŋ 归并，-t 和 -k 归并而少了 -n、-t 两个韵尾。

表 5-28　漳潮韵尾归并示例

地点	甘	奸	江	鸽	结	角	甲
漳州	kam^1	kan^1	kaŋ^1	kap^7	kat^7	kak^7	kaʔ^7
潮汕	kam^1	kaŋ^1		kap^7	kak^7		kaʔ^7

三　声调方面的差异

潮汕话平上去入各分阴阳，共有 8 个声调，比本土闽南方言多 1 个声调。

表 5-29　泉漳潮调类比较

地点	阴平	阳平	阴上	阳上	阴去	阳去	阴入	阳入	总数	备注
泉州	阴平	阳平	阴上	阳上	去声		阴入	阳入	7 个	去声不分阴阳
漳州	阴平	阳平	上声		阳去	阴去	阳入	阴入	7 个	全浊上归去
潮汕	阴平	阳平	阴上	阳上	阴去	阳去	阴入	阳入	8 个	四声各分阴阳

当然，由于与闽南本土分离已有数百年，[①] 后又分属不同行政管辖区，加之粤东的经济发展比闽南好，潮汕人和广东人交往多，潮汕方言很自然地受到粤语的影响，主要表现在词汇方面。例如：

表 5-30　潮汕话受粤语影响发生变化的示例

普通话	潮汕话	广州话	漳州话
闪电	闪电	闪电	闪爁
公牛	牛牯	牛牯	牛公
土豆	荷兰薯	荷兰薯	马铃薯

---

① 粤东地区的闽南方言是宋代以后从闽南地区迁徙过去后发展的。

续表

普通话	潮汕话	广州话	漳州话
西红柿	番茄	番茄	臭柿子
酱油	豉油	豉油	豆油
麻雀	麻雀	麻雀	粟鸟仔
八哥	鹦哥	鹦哥	加令
南瓜	番瓜	番瓜	金瓜
豆腐乳	腐乳	腐乳	豆乳
缝纫机	衣车	衣车	针车

第四节　粤西地区的闽南方言

今天粤西一带说闽南方言的主要有雷州市、徐闻县、隧溪县和湛江市。廉江市和电白县的大部分地区也说闽南方言。雷州半岛和海南岛的闽南方言是宋代之后由闽南、粤东辗转传播过去的。以下我们主要参考林伦伦的记录①来看粤西闽语雷州话与本土闽南方言漳州话的异同。

一　声母方面的异同

1. 古无轻唇音，古无舌上音

和漳州话一样，雷州话没有唇齿音声母 f-。不同的是，雷州话在音值上除了有 p-/pʰ-/h- 的读法外，还有一部分读为 b-。

表 5-31　雷州、漳州轻唇声母字读音比较

地点	飞非	富非	放非	芳敷	浮敷	妇奉	饭奉	烦奉	物微
漳州	p/h	p/h	p/h	pʰ/h	pʰ	p/h	p	h	m
雷州	p/b	h	b	pʰ/h	pʰ	h	b	b	b

---

① 林伦伦：《粤西闽语雷州话研究》，中华书局，2006。

第五章　闽南方言的特点（下）：固守与融合

245

知组读同端组的情况在雷州话也有所表现。其中知澄二母字的 1/3 读为 t-/tʰ-，其余 2/3 和彻母的大部分字读为 ts-/tsʰ-。

表 5-32　知组读同端组的示例

地点	猪知	竹知	趁彻	拆彻	茶澄	虫澄	知知	超彻	重澄
漳州	t	t	tʰ	tʰ	t	tʰ	t/ts	tʰ	t
雷州	t	t	tʰ	tʰ	t	tʰ	ts	tsʰ	t/ts

2. 全浊声母清化后的表现

雷州话全浊声母清化，清化后有读送气的，也有读不送气的，其中平声倾向读送气，仄声倾向读不送气。这与本土闽南方言无论平仄多读不送气的表现有较明显不同，以并母字读音为例，详见表 5-33。

表 5-33　并母字读音情况示例

地点	婆并平	陪并平	贫并平	朋并平	彭并平	平并平	皮并平	萍并平	瓶并平	排并平	盘并平	爬并平
漳州	p	p	p	p	p	p	pʰ	pʰ	p	p	p	p
雷州	pʰ	pʰ	pʰ	pʰ	pʰ	pʰ	pʰ	pʰ	p	p	p	pʰ

地点	备并仄	别并仄	笨并仄	步并仄	败并仄	办并仄	背并仄	白并仄	瓬并仄	避并仄	伴并仄	辟并仄
漳州	p	p	p	p	p	p	p	p	p	pʰ	pʰ	pʰ
雷州	p	p	p	p	p	p	p	p	p	p	p	pʰ

3. 擦音读塞擦音

中古心、邪、书、禅、生等声母在漳州话和雷州话中都有白读塞擦音的现象。

表 5-34　擦音白读塞擦音情况示例

地点	星心	笑心	鳃心	碎心	象邪	松邪	谢邪	斜邪	席邪	叔书
漳州	tsʰ	tsʰ	tsʰ	tsʰ	tsʰ	tsʰ	ts	tsʰ	tsʰ	ts
雷州	tsʰ	tsʰ	tsʰ	tsʰ	tsʰ	s	ts	s	tsʰ	ts

地点	鼠书	失书	少书	赊书	深书	试书	书书	市禅	树禅	闩生
漳州	tsʰ	s	ts	s	tsʰ	tsʰ	s	tsʰ	tsʰ	tsʰ
雷州	tsʰ	s	ts	s	tsʰ	tsʰ	ts	tsʰ	tsʰ	tsʰ

4. 匣母与群、云、以的关系

匣母字在雷州话以读 h- 为最，零声母次之，后有一部分读为 k-/kʰ-。匣母读为零声母，反映了匣母与云、以的密切关系。"下胡湖鞋画话后闲活黄学红喉馅洪"等字在本土闽南话和雷州话中都有零声母的读法。匣母读 k-/kʰ- 是匣母归群的存古表现，这方面，雷州话与本土闽南方言有极大的一致性。例如：

表 5-35　匣母发音比较

地点	糊匣	猴匣	含匣	咸匣	寒匣	汗匣	合匣
漳州	k	k	k	k	k	k	k
雷州	k	k	k	k	k	k	k

地点	滑匣	县匣	虹匣	溃匣	环匣	下匣	杭匣
漳州	k	k	kʰ	kʰ	kʰ	k	h
雷州	k	k	kʰ	kʰ	h	ǿ/h	kʰ

5. 喻母的特殊读法

古云（喻三）母字在雷州话部分读为 h-，涉字与本土闽南话相当一致。

表 5-36　云母发音比较

地点	雄云	熊云	园云	雨云	远云	云云	晕云	王云
漳州	h	h	h	h	h	h	h	ǿ
雷州	h	h	h	h	h	h	h	h

古云（喻三）、以（喻四）在雷州话大部分读 z-，小部分读零声母。读零声母的多数是常用字的白读音，读 z- 的多是不常用字或常用字的文读音。雷州话喻母读 z- 的现象，应该是喻三和喻四合并以后形成的，不同于本土闽南方言以母少部分常用字白读擦音或塞擦音的存古现象。

表 5-37　以、云母字发音比较

地点	野以	誉以	愉以	裕以	唯以	围以	摇以	羊以	赢以	融以	用以
漳州	ø	ø	ø	dz	ø	ø	ø	ø	ø	ø	ø
龙岩	g	g	g	g	g	g	g	ŋ	ŋ	g	g
雷州	z	z	z	z	z	z	z	z	z	z	z

地点	员云	位云	伟云	胃云	运云	往云	荣云	永云	王云	旺云	炎以
漳州	g	ø	ø	ø	ø	ø	ø	ø	ø	ø	ø
龙岩	ø	g	g	g	g	g	g	g	g	g	g
雷州	z	ø	ø	ø	z	z	z	z	z	ø	z

雷州话以母读擦音或塞擦音的只有"痒 ts-""檐 s-"等极个别的字。这应该可以算是古音特征的留存。

6. 次浊声母的特殊读法

中古来、明、泥、疑、日等几个次浊声母在本土闽南方言中保留着中古以前的读音形式。例如：

表 5-38　次浊声母特殊读法示例

地点	鱼疑	瓦疑	蚁疑	额疑	艾疑	诺泥	年泥
漳州	h	h	h	h	h	h	n
雷州	h	h	h	ŋ	ŋ	n	h

地点	媒明	茅明	燃日	肉日	耳日	牢来	鲤来
漳州	h	h	dz	h	t	t	t
雷州	b	——	z	h	l	l	l

此外，"枝肢指痣齿"在本土闽南话和龙岩话中都有 k-/kʰ- 的读法，在雷州话中仅有"齿"字如此。"窗筛锄"等庄组声母字在雷州话中同样读为 t-/tʰ-。

二 韵母方面的异同

1. 韵母数量的多寡

比较雷州话与漳州话的韵母数量，可见二者数量差距很大。

表 5-39 雷州话与漳州话韵母比较

韵母	雷州话	漳州话
共有	a/o/e/ai/au/am/aŋ/oŋ/ap/ak/ok/i/ia/io/iau/iu/iam/im/iaŋ/ioŋ/iŋ/iap/ip/iak/iok/ik/u/ua/ue/uai/ui/m/ŋ	
独有	oi/eu/em/eŋ/ep/ek ie/ieŋ/iek/uaŋ/uŋ/uak/uek/uk	ɔ/ɛ/ɔm/ɔp/an/at/in/it/ian/iat/un/ut/uan/ uat/ ã/ɔ̃/ẽ/ãi/ãu/ĩ/iã/iɔ̃/iũ/iãu/uã/uĩ/uãi aʔ/ɔʔ/oʔ/eʔ/ɛʔ/auʔ/iʔ/iaʔ/iɔʔ/ioʔ/iuʔ/iauʔ/uʔ/uaʔ/ueʔ/mʔ/ŋʔ/ ãʔ/ɔ̃ʔ/ɛ̃ʔ/ãuʔ/ĩʔ/iãʔ/iãuʔ/uãiʔ
合计	47 个韵母*	85 个韵母

注：* 林伦伦的《粤西闽语雷州话研究》中因 [m][ŋ] 两个声化韵管字少，不列入韵母表而收 45 个韵母。考虑到漳州话收录这两个韵母，故一并加上，即得雷州话有韵母 47 个。

资料来源：雷州话韵母取自林伦伦《粤西闽语雷州话研究》（中华书局，2006，第 7 页），漳州话韵母取自《漳州市志·方言》（卷 49）。

鼻化韵丰富是本土闽南方言的特点之一。[①] 读为鼻化韵的字，常为古阳声韵字或古鼻音声母字。这类字到了雷州话则不再保有鼻音成分。鼻化韵的缺失[②]是雷州话韵母数量少于本土闽南方言的主要原因之一。

---

① 如表 5-39 所示，漳州话中的鼻化韵就有 21 个。
② 雷州话与 h- 相拼时某些韵母极似鼻化音，然而这种鼻化音只在 h- 后出现，发音人自己又无感觉，鼻化与非鼻化并无区别意义的作用，宜视其为非鼻化韵在特定情况下的变体。

表5-40　漳雷鼻化韵示例

地点	五	妹	寒	囝	全	张	棚	县	廊
漳州	ɔ̃	ãi	uã	iã	ũi	iɔ̃	ẽ	uan	ɔŋ
雷州	eu	ue	ua	ia	ui	io	e	uai	o

本土闽南方言至今仍保留着鼻音韵尾和塞音韵尾三分^①的格局，再加上喉塞韵尾，共有 7 种韵尾。雷州话则因归并而减少为 4 种。

表5-41　漳雷韵尾情况比较

地点	-m	-n	-ŋ	-p	-t	-k	-ʔ
漳州	+	+	+	+	+	+	+
雷州	+	—	+	+	—	+	—

韵尾的简化造成韵母数量缩减，突出表现为雷州话较之本土闽南方言少了 20 个左右的带喉塞韵尾的韵母。雷州话韵母总数进一步少于本土闽南方言。

表5-42　雷州喉塞韵尾简化示例

地点	阿	鸭	抱	粕	骂	脉	苔	铁	卸	赦	笑	尺	跨	渴	煤	月
漳州	a	aʔ	o	oʔ	e	eʔ	i	iʔ	ia	iaʔ	io	ioʔ	ua	uaʔ	ue	ueʔ
雷州	a		o		e		i		ia		io		ua		ue	

2. 古开口一等歌韵部分今读合口

本土闽南方言部分古开口一等歌韵常用字读为合口，这是在其他方言中比较少见的。雷州话也有同类现象，但数量不及本土闽南方言多。

---

① 即双唇 -m/-p—舌尖前 -n/-t—舌面后 -ŋ/-k。事实上，舌尖前韵尾和舌面后韵尾在本土闽南方言中已有归并的迹象。

表 5-43　歌韵部分今读合口示例

表 5-43　歌韵部分今读合口示例

地点	大_{歌开一}	拖_{歌开一}	我_{歌开一}	箩_{歌开一}	可_{歌开一}	何_{歌开一}
漳州	ua	ua	ua	ua	ua	ua
雷州	ua	ua	a	o	o	o

3. 歌戈支韵腹读为 a

就歌戈支韵腹读同 a 的情况而言，无论从音值表现，还是从涉字数量看，雷州话与本土闽南话都有较高的一致性。

表 5-44　歌戈支韵腹读同 a 示例

地点	大_{歌开一}	拖_{歌开一}	破_{戈合一}	磨_{戈合一}	我_{歌开一}	纸_{支开三}	蚁_{支开三}
漳州	ua	ua	ua	ua	ua	ua	ia
雷州	ua	ua	ua	ua	a	ua	ia

地点	骑_{支开三}	徙_{支开三}	寄_{支开三}	箩_{歌开一}	可_{歌开一}	过_{戈合一}	搓_{歌开一}
漳州	ia	ua	ia	ua	ua	ua	o
雷州	ia	ua	ia	o	o	ue	a

4. 一等读为细音

古一等字今一般不读齐齿呼和撮口呼，本土闽南方言中有部分例外表现。雷州话与本土闽南方言一样有一等读为细音的情况，而且涉字方面也近似。

表 5-45　一等读为细音示例

地点	苔_{蟹开一}	鳃_{蟹开一}	戴_{蟹开一}	暂_{咸开一}	恨_{臻开一}	跟_{臻开一}	灯_{曾开一}	层_{曾开一}	得_{曾开一}
漳州	i	i	i	iam	in	in	iŋ	iŋ	ik
雷州	i	i	i	iam	ieŋ	ieŋ	iŋ	iaŋ	iek

5. 三等字读同一等字

部分三等字与同韵摄的一等字同读的情况在漳州话和雷州话的表现如下：

闽南方言研究

表5-46 三等字读同一等字示例

摄	等	例字	漳州	雷州
遇摄	一等	炉	ɔ	eu
遇摄	三等	驴	i	u
遇摄	三等	鱼	ɔ	eu
遇摄	三等	虎	i	i
遇摄	三等	诉	u	u
蟹摄	一等	贝	ue	e
蟹摄	三等	蔽	e	e
效摄	一等	牢	iau	au
效摄	三等	燎	iau	i au iau
流摄	一等	楼	au	au
流摄	三等	刘	iu	iu
流摄	一等	钩狗	au	au
流摄	三等	九	iu	iu
流摄	一等	贸	ɔ̃	eu
流摄	三等	谬	iu	eu iau
咸摄	一等	喊	iam	iam
咸摄	三等	脸	iam	iam
山摄	一等	宽	uan	uan
山摄	三等	圈	uan	uaŋ ieŋ
山摄	一等	玩	uan	uaŋ ieŋ
山摄	三等	愿	uan	uaŋ ieŋ
臻摄	一等	根	in	ieŋ
臻摄	三等	斤	in	ieŋ
臻摄	一等	恩	in	ieŋ
臻摄	三等	因	in	ieŋ
臻摄	一等	昆	un	uŋ
臻摄	三等	军	un	uŋ ieŋ
臻摄	一等	昏	un	uŋ
臻摄	三等	熏	un	uŋ
通摄	一等	农	ɔŋ	oŋ
通摄	三等	浓衣	ɔŋ	oŋ
曾摄	三等	助力	ik	ek ak
曾摄	三等	崩冰朋	iŋ	aŋ eŋ
曾摄	一等	朋	iŋ	eŋ
曾摄	三等	凭	iŋ	eŋ

注:本表所列之字有异读的,优先选取三等同读一等的音,其次是白读音。如雷州话"军"白读[ien],文读与一等字同音,表中列入其文读音。"力"在雷州话有[ak]/[ik]两读,均与一等"助"不同音,故列入白读[ak]。

比较可见，雷州话同样有一三等同读的表现。涉及的字组与漳州话有较大一致性，只是数量略少。直观表现是：凡雷州话同读的，漳州话也同读，如"虎—许""楼—刘"等；但漳州话同读的，雷州话可能不同读，如"宽—圈""玩—愿"等。

6.古四等韵字部分今白读为洪音

本土闽南方言部分四等字白读为洪音，这点在雷州话也有相当明显的表现。

表5-47　古四等韵字部分今白读为洪音示例

地点	西	洗	前	肩	牵	青	踢	节	截	结	零	挺
漳州	ai	ɛ	an	an	an	$\tilde{\varepsilon}$	at	at	aʔ	at	an	aŋ
雷州	ai	oi	ai	ai	aŋ	iŋ	ak	oi	oi	iek	iŋ	iŋ

7.古歌豪同读

在雷州话中歌豪有同读为o、a的情况，如表5-48所示。

表5-48　雷州古歌豪同读示例

	读音	例字	读音	例字
歌韵	o	多罗哥鹅河箩左可贺	a	他那搓我哪
豪韵		毛刀槽抱讨稿好桃宝		早

若仅限韵母有别的最小对立字组的同读，雷州话歌豪同读的特征并不明显，见表5-49。

表5-49　示例

地点	多端歌平—刀端豪平	锣来歌平—劳来豪平	左精歌上—枣精豪上	贺匣歌去—号匣豪去	鹅疑歌平—熬疑豪平
漳州	o	o	o	o	o
雷州	o	o　au	o　au	o　au	o　au

8.中古梗摄开口三等昔韵字分读两类

来自古锡部的中古昔韵字和来自古铎部的中古昔韵字在本土闽南方言有较明显的读音分野表现（前者白读为 ia?，后者白读为 io?）。这两类字在雷州话同读的情况较多（常同读为 ik 或 ia），读 io 的则仅限于部分来自上古铎部的昔韵字，可见雷州话同样保有昔韵上古分部的痕迹，不过远不如本土闽南方言清晰可辨。

表 5-50　中古昔韵字分读两类情况

地点	上古锡部				上古铎部					
	脊	迹	僻	只	惜	席	赤	借	尺	石
漳州	ia?				io?					
雷州	iek	ik	ik	ia	ik	ia	ia	io	io	io

三　声调方面的异同

雷州话和龙岩话一样，平上去入各分阴阳，共有 8 个声调，不同于本土闽南话一般有 7 个声调的情况。至于连读变调情况，雷州话也是前字变调，但涉及的调类不如本土闽南方言全面。

表 5-51　漳雷两字组连续变调规则比较

前字	后字		漳州		雷州
阴平	所有调类	+	前字变阳去	+	前字变 22
阳平	所有调类	+	前字变阳去	-	前字不变调
阴上	阴平、阳平、阴上、阳上	+	前字变阴平	+	前字变 54
	阴去、阳去、阴入、阳入			-	前字不变调
阳上	所有调类	-	无阳上调	-	前字不变调
阴去	阳去、阴入	+	前字变阴平	-	前字不变调
	阴平、阳平、阴上、阳上、阴去、阳入			+	前字变 55
阳去	所有调类	+	前字变阴去	-	前字不变调
阴入	所有调类	+	前字变阳入或上声	-	前字不变调
阳入	所有调类	+	前字变阴入或阴去	-	前字不变调

总而言之，由于移民早，分离时间久，分离之后又少有频繁的往来，粤西闽语雷州话和本土闽南方言已有较大差异。然而不可否定的是，对于闽南方言中较具对外排他性的语音特征，雷州话依然保有其固守的一面。

第五节　海南地区的闽南方言

当今海南岛汉族人的族谱对自身来源的记录大多指向宋代福建。历代迁琼的大陆汉人中，以福建漳州、泉州、莆田最多，在此基础上形成的海南闽语，也属于闽南方言系统。闽南方言在海南扎根生存的过程，也是其与当地民族语言（如壮侗语的临高话和黎语）接触融合的过程。这使得海南闽语既集古代特征与历代音变于一身，又熔汉语特征与民族语言底层于一炉，成为极具特色的汉语方言。

一　声母方面的异同

海南闽语最突出的特征表现在声母方面。[①]

1. 有两个先喉浊塞音 ʔb- 和 ʔd-

有两个先喉浊塞音[②] ʔb- 和 ʔd- 是海南闽语最有特色的声母特征。ʔb- 与中古帮非、并奉对应，ʔd- 与中古端知、定澄对应。也即，海南闽语中读为先喉浊塞音的，都是中古帮组和端组声母中的全清声母与全浊声母。具体来说，中古帮母和并母仄声读 ʔb-，端母和定母仄声读 ʔd-。并定母平声或白读为先喉浊塞音，或读同次清音。

表 5-52　海南闽语先喉浊塞音示例

地点	波帮平	补帮仄	爬並平	皮並平	铺滂平	屁滂仄	断端仄	肚定仄
漳州	p	p	p	pʰ	pʰ	pʰ	t	t
海南	ʔb	ʔb	ʔb	pʰ	pʰ	pʰ	ʔd	ʔd

① 以下关于海南闽语特点的介绍主要来源于辛世彪《海南闽语比较研究》（商务印书馆，2013）。

② 或称内爆音。大体上说，音系学上常称为先喉浊塞音，标为 ʔb、ʔd；语音学上则称为内爆音，标为 ɓ、ɗ。

先喉浊塞音 ʔb- 和 ʔd- 是本土闽南方言所没有的，而海南临高语和黎语则有，这应该算得上是海南闽语接受当地民族语影响的一个表现。

2. 全清声母塞化

"精庄章"三母在海南闽语中细音多读为塞擦音 ts-，洪音则读为塞音 t-。

表 5–53 "精庄章"三母塞化示例

地点	姐精细	早精洪	争庄细	壮庄洪	针章细	煮章洪
漳州	ts		ts		ts	
海南	ts	t	ts	t	ts	t

"心书生"三母也有擦音和塞音两种读法。口语常用字或白读音大多塞化，非口语常用字或文读音读擦音。

表 5–54 "心书生"三母塞化示例

地点	惜心	线心	锁心	丝心	手书	书书	诗书	舒书	衰生	纱生	双生	狮生
漳州	s				tsʰ	s	s	tsʰ/s̲	s			
海南	s	t/s̲	t	s	t/s̲	s	t	s	s	t/s̲	t	s

3. 古次清声母擦化

在海南闽语中古次清塞音"滂敷透溪"四母和古次清塞擦音"清初昌"三母都有不同程度的擦化现象。例如"滂敷"母在海南闽语北部西片海口、琼山、屯昌、定安、澄迈等地基本不读送气塞音，而多读 f-，北部东片及东南片大多数方言只有一个 pʰ-，而且与 ɸ- 呈自由变体关系。[①]"透溪"母在海南闽语北部西片、东片读为 h- 或 x-。"清初昌"母在海南闽语北部方言都读擦音 s-。

---

① "翻肺"等敷母字各点同读 [h]，这是闽方言中常见的变化。

表 5-55　古次清声母擦化示例

地点	怕滂	蜂敷	拖透	苦溪	菜清	抄初	春昌
漳州	pʰ	pʰ	tʰ	kʰ	tsʰ	tsʰ	tsʰ
海南（北部）	f	f	h	x	s	s	s

4. 古全浊声母清化后平声送气、仄声不送气

中古全浊声母在海南闽语中发生浊音清化的变化，但表现与本土闽南方言不同。[①]以海南北部西片闽语"並奉定澄"母字为例，全浊声母清化后一般读为不送气塞音或擦音，无送气塞音的读法，读为擦音的几乎都是浊平字。如果视擦音为一种送气音，那么其全浊声母清化规则就是平声送气，仄声不送气。

表 5-56　古全浊声母清化示例

地点	皮並平	婆並平	袍並平	贫並平	步並仄	扶奉平	肥奉平	房奉平	浮奉平	妇奉仄
漳州	pʰ	p	pʰ	p	p	pʰ/h	p	p	pʰ/h	p/h
海南（北部西片）	f	ʔb/f	ʔb	f	ʔb	ʔb/f	ʔb	ʔb	f	ʔb/f

地点	台定平	桃定平	铜定平	图定平	道定仄	虫澄平	迟澄平	厨澄平	程澄平	冶澄仄
漳州	t	tʰ	t	t	t	tʰ	t	t	tʰ	t
海南（北部西片）	h	ʔd/h	ʔd	h	ʔd	ʔd/s	ʔd	ʔd	s	ʔd

5. 古次浊声母塞化与擦化

"明微疑"母在海南闽语中除了读鼻音外，还有读同部位的浊塞音以及读擦音的情况。[②]"云以日"母在海南闽语中大多读做齿龈浊擦音、喉擦音和零声母。这些特征有的是继承本土闽南方言的特征，有的是海南闽语自身的发展。

---

① 全浊声母清化多数不送气，少数送气，分化条件不甚明朗是本土闽南方言的表现。

② 疑母另有齿龈浊擦音及齿龈鼻音等读法。

表 5–57　古次浊声母塞化与擦化示例

地点	梅明	米明	麻明	帽明	万微	问微	雾微	袜微	牙疑	鹅疑
漳州	b	b	b/m	b	b	m/b	b	b	g	g
海南（北部西片）	v	v/m	m	m	v/m	m	m	m	ŋ	k

地点	元疑	银疑	云云	有云	永云	姨以	养以	耳日	忍日	热日
漳州	g	g	h	Ø	Ø	Ø	ts/Ø	h/dz	dz	dz
海南（北部西片）	z	ŋ	h	Ø/z	z	Ø	z	h/z	n/z	z

　　总体说来，古次浊声母在海南闽语中的变化不如全清、次清那样特别，但也有独特之处。

二　韵母方面的异同

1. 韵尾的归并情况

　　本土闽南方言普遍保持古代阴阳入三分的音韵格局，阳声韵分 -m/-n/-ŋ 三种韵尾，入声韵分 -p/-t/-k/-ʔ 四种韵尾。海南闽语多保持阴阳入三分格局，但辅音韵尾的分合情况在海南各地存在较大差异。

表 5–58　韵尾归并情况

		咸摄	深摄	山摄	臻摄	宕江摄	曾摄	梗摄	通摄
北部西片	海口市区	-m/-p, -Ǿ	-m/-p	-ŋ/-k,	-n/-t	-ŋ/-k, -Ǿ	-ŋ/-k, -n/-t	-ŋ/-k, -Ǿ, -n/-t	-ŋ/-k
	澄迈金江	-m/-p, -Ǿ	-m/-p	-n/-t, -Ǿ	-n/-t	-ŋ/-k	-ŋ/-k	-ŋ/-k, -Ǿ, -n/-t	-ŋ/-k
北部东片及东南片	文昌文城	-m/-p, -Ǿ	-m/-p	-n/-t, -Ǿ	-n/-t	-ŋ/-k	-ŋ/-k	-ŋ/-k, -Ǿ, -n/-t	-ŋ/-k
	文昌文教	-m/-p, -Ǿ-ʔ	-m/-p	-n/-t, -Ǿ, -ʔ	-n/-t	-ŋ/-k, -Ǿ, -ʔ	-ŋ/-k	-ŋ/-k, -Ǿ, -n/-t, -ʔ	-ŋ/-k
	万宁和乐	-n/-t, -Ǿ	-n/-t	-n/-t, -Ǿ	-n/-t	-ŋ/-k, -Ǿ	-ŋ/-k, -n/-t	-ŋ/-k, -Ǿ, -n/-t	-ŋ/-k
	万宁东澳	-ŋ/-k, -Ǿ	-ŋ/-k	-ŋ/-k, -Ǿ	-ŋ/-k	-ŋ/-k, -Ǿ	-ŋ/-k	-ŋ/-k, -Ǿ	-ŋ/-k

续表

		咸摄	深摄	山摄	臻摄	宕江摄	曾摄	梗摄	通摄
南部	三亚港门	-ŋ/-Ǿ	-ŋ/-Ǿ	-ŋ/-Ǿ	-ŋ/-Ǿ	-ŋ/-Ǿ	-ŋ/-Ǿ	-ŋ/-Ǿ	-ŋ/-Ǿ
	东方板桥	-n/-ʔ, -Ǿ	-n/-ʔ	-n/-ʔ, -Ǿ	-n/-ʔ	-ŋ/-ʔ, -Ǿ	-n/-ʔ	-n/-ʔ, -Ǿ	-ŋ/-ʔ
	昌江昌城	-n/-t, -Ǿ/-ʔ	-n/-t/-ʔ	-n/-t, -Ǿ/-ʔ	-n/-t/-ʔ	-ŋ/-k, -Ǿ/-ʔ	-n/-t/-ʔ	-ŋ/-k, -Ǿ/-ʔ	-ŋ/-k

辅音韵尾归并情况不同导致海南闽语各地的韵母数量差异较大。

2. 没有鼻化韵

本土闽南方言有丰富的鼻化韵，海南闽语没有鼻化韵。咸山宕江梗等摄的阳声韵字，在今海南闽语白读中读为阴声韵。

表 5-59 鼻化韵读音比较示例

地点	担	添	单	团	碗	两	生	影	营
漳州	ã	ĩ	uã	iã	uã	iɔ̃	ɛ̃	iã	iã
海南（北部西片）	a	i	ua	ia	ua	ɔ	ɛ	o	ia

韵尾的归并和鼻化韵的缺失使得海南闽语韵母数量明显少于本土闽南方言。据辛世彪统计，海南闽语韵母数量为 26~56 个。[①] 本土闽南方言韵母数量则不少于 60 个，甚至高达 90 个以上。

3. 文白异读丰富

和本土闽南方言一样，海南闽语文白异读现象也很突出，其中白读音比文读音要复杂得多。例如：

表 5-60 文白异读示例

地点	生	平	影	零	青	定
漳州（白读）	ɛ̃	ɛ̃/iã	iã	an	ɛ̃	iã

---

① 辛世彪：《海南闽语比较研究》，商务印书馆，2013，第 66 页。

第五章 闽南方言的特点（下）：固守与融合

259

续表

地点	生	平	影	零	青	定
漳州（文读）	iŋ					
海南北部西片（白读）	ε	ε	o	an/aŋ	ε	ia
海南北部西片（文读）	eŋ					

4. 开合口转换

中古部分开口字在闽南方言读为合口，部分合口字在闽南方言读为开口，我们姑且把这种现象称为开合口转换。就这点，海南闽语与本土闽南方言有极大的一致性。

表 5-61　开合口转换示例

地点	歌果开一	沙假开二	蛇假开三	开蟹开一	梯蟹开四	纸止开三	舅流开三	伞山开一
漳州	ua	ua	ua	ui	ui	ua	u	uã
海南（北部西片）	ua	ua	ua	ui	ui	ua	u	ua

地点	线山开三	螺果合一	瓦假合二	书遇合三	味止合三	兄梗合三	拳山合三	君臻合三
漳州	uã	e	ia	i	i	iã	un	un
海南（北部西片）	ua	e	ia	i	i	ia	in	in

三　声调方面的异同

1. 韵摄分调

海南闽语的调类一般是 6~8 个。有 8 个声调的方言点，并非简单的四声各分阴阳。如海南闽语北部西片方言都是 8 个声调，其中平上各分阴阳，古浊去或归阴平、或归阳上、或归阴去，或部分字与舒化的入声字合并，导致阳去调普遍消失。入声则在分阴阳的同时，还发生了韵摄分调，与韵摄分韵相应，"咸山宕江梗"五摄入声白读，在大多数方言中变为舒声，清入字变成一种高平调或高降调，浊入字则归入阴上或阳上，由此而多出 1 个调。一增（长入）一减（阳去），仍为 8 个声调。

表 5-62　韵摄分调示例（一）

地点	竹通入知	击梗入见	鸭咸入影	铁山入透	肉通入日	贼通入从
漳州	32	32	32	32	5	5
	阴入				阳入	
海口市区	5	5	55	55	3	3
	阴入		长入		阳入	

海南闽语北部东片或东南片方言大体是平上各分阴阳，阳去消失，但在官话影响下，去声字有了一个高降调的读法，后又有部分"咸山宕江梗"等摄入声字调值与之混同，姑且称之为高去，由此而得 8 个调类。

表 5-63　韵摄分调示例（二）

地点	片山去滂	咒流去章	稼假去见	队蟹去定	竹通入知	击梗入见	肉通入日	贼通入从
漳州	21	21	21	22	32	32	5	5
	阴去		阳去		阴入		阳入	
琼海塔洋	212	212	53	53	5	5	2	2
	阴去		高去		阴入		阳入	

海南闽语南部方言则在阳去消失的基础上，将阳入与阳上归并，而剩 6 个调类。

2. 连读变调不甚普遍

海南闽语的连读变调是晚近才形成的，主要见于北部东片及西片的部分方言，其他地方主要是重叠式中的前字变高调。

从语音上看，海南闽语有很多重要特征与本土闽南方言是一致的。例如：帮非不分、端知不分、匣母读为 k-、部分云母读 h-、明微泥疑母塞化、文白异读丰富、有部分共同的例外特读字、有部分共同的特征词等。但海南闽语不是本土闽南方言在地域上的简单移植。厦漳泉地区闽南人很难听懂海南闽语，由此可见，海南闽语在形成过程中，声、韵、调方面都发生了重大的变化,与本土闽南方言很不相同。海南闽语大体是内陆汉人经粤西雷州陆续迁移到海南岛,然后跟这一带的临高人语言融合的产物,例如,海南闽语有别于本土闽南方言声母方面的特征,需要考虑粤琼民族语言的影响才能理解。总之,海南闽语应该是以闽南方言为内核,同时融合了不同时代的汉语和民族语言成分的多来源、多层次的方言。

第六节　浙南地区的闽南方言

浙江南部的温州地区开发较晚,加上与闽东接邻,很早就有福建人移民于此。浙南一带的闽南方言出现的时间则比较晚,大抵与清初的迁界政策有关,现通称为浙南闽语。浙南闽语可以以苍南县灵溪镇为代表点。据温端政的调查研究,灵溪话与本土闽南方言还是保持着很多共性,属于闽南方言系统是毋庸置疑的。[①]然而,由于自身的演变和当地周边原有方言,特别是瓯语的影响,浙南闽语与本土闽南方言之间还是存在不少差异。

一　声母方面的异同

灵溪话包括零声母在内共有 15 个声母。

表 5-64　厦门、漳州、灵溪话声母的异同

例字	巴	怕	门	东	天	路/怒	日	资	粗	思	近	宽	雅	贺	夜
厦门	p	pʰ	b（m）	t	tʰ	l（n）		ts	tsʰ	s	k	kʰ	g（ŋ）	h	∅

---

① 例如:灵溪话声母属于"十五音"系统;古全浊声母清化后多数字白读不送气音,少数字白读送气音(盘 [pua]、白 [pe]、豆 [tau]);轻唇音今读如重唇(飞 [pue]、蜂 [pʰaŋ]);知组读同端组(猪 [tɯ]、张 [tiu]);部分古书母和心母字、个别古生母字,今白读声母为塞擦音(少 [tsieu]、手 [tsʰiu]);古匣母字今读 k- 或零声母(厚 [kau]、学 [oʔ]);部分云母字和次浊鼻流音字今白读 h- 声母(雨 [hɔ]、耳 [hi])。韵母方面,没有撮口呼韵母,有较丰富的文白异读等。见温端政《苍南方言志》,语文出版社,1991,第 13~17 页。

例字	巴	怕	门	东	天	路/怒	日	资	粗	思	近	宽	雅	贺	夜
漳州	p	pʰ	b(m)	t	tʰ	l(n)	dz	ts	tsʰ	s	k	kʰ	g(ŋ)	h	Ǿ
灵溪	p	pʰ	b(m)	t	tʰ	l(n)	z	ts	tsʰ	s	k	kʰ	g(ŋ)	h	Ǿ

灵溪话声母系统及其古今演变特征与本土闽南方言基本是一致的，不再赘述。

二　韵母方面的异同

1.韵尾的归并情况

本土闽南方言中 4 个塞音韵尾（-p/-t/-k/-ʔ）在灵溪话中已经全部消失。灵溪话的鼻音韵尾也因 -m 并于 -n 而剩下 -n/-ŋ，甚至在新派读音中 -n/-ŋ 又进一步合二为一，而只剩下一个 -ŋ 尾。

表 5-65　灵溪话韵尾归并示例

例字	甘	奸	江	鸽	结	角	甲
厦门	kam¹	kan¹	kaŋ¹	kap⁷	kat⁷	kak⁷	kaʔ⁷
灵溪	kan¹		kaŋ¹	kɐ³	kie³	kɐ³	ka³

灵溪话韵母只有 49 个，这与其韵尾的归并简化密切相关。

2.文白异读的表现

灵溪话和本土闽南方言一样，有着丰富的文白异读，甚至有些在本土闽南方言少见文白异读的字，在灵溪话也有文白两读。示例见表5-66。

表 5-66　文白异读示例

例字	灰	道	烧	口	盘	饼	茶	蛇
漳州	hue	to	sio	kʰau	puã	piã	tɛ	tsua
灵溪	hə/hue	to/tɔ	sieu/siau	kʰau/kʰou	puã/puan	piã/piŋ	te/tsʰa	tsua/sia

三　声调方面的异同

1. 单字调的分合情况

伴随塞音韵尾的丢失，灵溪话入声调也与其他舒声调归并，这使得灵溪话的单字调只剩 5 个。

表 5-67　单字调的分合情况

地点	平			上			去			入			合计
	清	次浊	全浊	清	次浊	全浊	清	次浊	全浊	清	次浊	全浊	
漳州	阴平	阳平		上声		阳去	阴去	阳去		阴入	阳入		7 个
泉州	阴平	阳平		阴上		阳上	去声			阴入	阳入		7 个
灵溪	阴平	阳平		阴上		阳上	去声			阴上	阳平		5 个

2. 连读变调的表现情况

两字组连读变调方面，灵溪话和本土闽南方言也是同中有异，异中有同。相同的是前字变调，后字不变调；文白读变调规则大体一致；前字变调的结果多可纳入单字调的范围；前字变为何调往往是固定的，与其后字的调类无关。鉴于灵溪话单字调分合情况与泉州话相近，试比较其异同，见表 5-68。

表 5-68　泉州、灵溪话两字组连读变调情况

前字		后字	泉州		灵溪	
阴平		所有调类	－	前字不变调	＋	前字变阳上
阳平		所有调类	＋	前字变阳上	＋	前字变去声
阴上		阴平、阳平、阴上	＋	前字变阳平	＋	前字变 33
		阳上、去声、（入声）			＋	前字变阳平
阳上		所有调类	－	前字不变调	＋	前字变去声
去声	古清去	阴平、阴上、（入声）	＋	前字变阴上	＋	前字变阳上
		阳平、阳上、去声			＋	前字变阴上
	古浊去	所有调类	＋	前字变阳上	－	前字不变调

前字		后字	泉州		灵溪
阴入	-p/-t/-k	所有调类	+	前字变阴上	——
	-ʔ	所有调类	–	前字不变调	
阳入		所有调类	+	前字变阳上	

资料来源：泉州连读变调情况摘取自林连通《泉州市方言志》，社会科学文献出版社，1993，第60页。

浙南闽语受周边其他方言的影响在词汇中有一定的表现，具体见表 5-69。

表 5-69　浙南闽语受周边其他方言影响示例

普通话	灵溪话	龙港话	泉州话	普通话	灵溪话	钱库话	泉州话
刮风	刮风	刮风	起风	凉水	清水	清水	冷水
赶集	会市	会市	——	热水	热水	热水	烧水
单身汉	道士侬	道士侬	单身汉	乞丐	讨米侬	讨米侬	乞食
生病	生病	生病	破病	左手	背手	背手	倒手
残废	带疾	带疾	破相	肥皂	油皂	油皂	雪文
蜘蛛网	飞丝网	飞丝网	蜘蛛网	水饺	饺子	饺子	水饺

第七节　台湾地区的闽南方言

台湾闽南方言和本土闽南方言的差别最小。在此就不再分项叙述台湾闽南方言和本土闽南方言在语音方面的异同。

早期迁移台湾的闽南移民多是按照祖籍地同村同宗的血缘关系聚居的，这就奠定了漳州腔和泉州腔在台湾不同区域的分布基础。后来随着经济的发展、交流的频繁，特别是城市的建设和发展，漳泉移民混居成为常态，这就使得今天台湾闽南方言呈现出"漳泉滥"的景象。

表 5-70　台湾闽南方言"漳泉滥"现象的示例

例字	厦门	泉州	漳州	台南_漳	台中_漳	宜兰_漳	汐止_泉	台北_泉
猪去鱼女	i/u	ɯ	i	i	i	i	ɯ	i
四自师赐史思	u	ɯ	u	u	u	u	ɯ	u
糜妹	e	ə	uai	ue	ue	ue	ə	e
皮吹尾飞灰回	e	ə	ue	ue	ue	ue	ə	e
火过货果	e	ə	ue	ue	ue	ue	ə	ue
袋胎坐螺	e	ə	e	e	e	e	ə	e
买卖	ue	ue	e	e	e	e	ue	e
婴井星冥坑更争硬	ĩ	ĩ	ɛ̃	ẽ	ẽ	ẽ	ĩ	ĩ
张羊唱娘	iũ	iũ	iɔ̃	iɔ̃	iũ	iũ	iũ	iũ
关横	uãi	ũi	uã	uãi	uãi	uãi	ũi	ũi
针	iam	am	iam	iam	iam	iam	am	iam
斤芹	un	ən	in	in	in	in	ən	in
巾银根跟	un	ən	in	in	in	in	ən	un
黄光转门饭算问	ŋ	ŋ	ũi	ŋ	ŋ	ũi	ŋ	ŋ
月袜	eʔ	əʔ	ueʔ	ueʔ	ueʔ	ueʔ	əʔ	eʔ
雪绝	eʔ	əʔ	eʔ	ueʔ	ueʔ	ueʔ	əʔ	eʔ
血抉	uiʔ	uiʔ	ueʔ	ueʔ	ueʔ	ueʔ	uiʔ	uiʔ
八	ueʔ	ueʔ	eʔ	eʔ	eʔ	eʔ	ueʔ	eʔ
汁	iap	ap	iap	iap	iap	iap	ap	iap

注：笔者据周长楫《闽南方言大词典》（福建人民出版社，2006，第28页）略作修改。

表 5-70 中例字在厦漳泉三地韵读有较明显的差异。台湾宜兰明显偏漳州腔，台湾汐止明显偏泉州腔。台湾多数地方都有混读的情况，如"张羊唱娘"在宜兰不读同漳州腔的 iɔ̃，而读同泉州腔的 iũ。在台南"关横"不读同漳州腔的 uã，而读同厦门腔的 uãi，"黄光转门饭算问"不读同漳州腔的 ũi，而读同泉州腔的 ŋ。大体来说，经济越发达的、人

口流动越频繁的城市，腔调混合色彩就越明显。

表 5-71　台湾闽南方言"厦漳泉"差异

例字	台北泉	汐止泉	台南漳	台中漳	宜兰漳
猪去鱼女	漳	泉	漳	漳	漳
四自师赐史思（文读）	漳	泉	漳	漳	漳
皮吹尾飞灰回	厦	泉	漳	漳	漳
火过货果	漳	泉	漳	漳	漳
袋胎坐螺	漳	泉	漳	漳	漳
买卖	漳	泉	漳	漳	漳
婴井星冥坑更争硬	泉	泉	漳	漳	漳
张羊唱娘	泉	泉	漳	泉	泉
关横	泉	泉	厦	厦	厦
针	漳	泉	漳	漳	漳
斤芹	漳	泉	漳	漳	漳
巾银根跟	厦	泉	漳	漳	漳
黄光转门饭算问	泉	泉	泉	泉	漳
月袜	厦	泉	漳	漳	漳
雪　绝	漳	泉	漳	漳	漳
血　抉	泉	泉	漳	漳	漳
八	漳	泉	漳	漳	漳
汁	漳	泉	漳	漳	漳
共 18 项	10 漳	18 泉	16 漳	15 漳	16 漳

声调方面，台湾闽南方言的调类和调值都和厦门话相近。

表 5-72　四地声调异同

地点	阴平	阳平	阴上	阳上	阴去	阳去	阴入	阳入
泉州	阴平 33	阳平 24	阴上 55	阳上 22	去声 31		阴入 4	阳入 23

地点	阴平	阳平	阴上	阳上	阴去	阳去	阴入	阳入
厦门	阴平 44	阳平 24	上声 42	阳去 22	阴去 21	阳去 22	阴入 32	阳入 4
台北	阴平 44	阳平 24	阴上 53	阳去 33	阴去 11	阳去 33	阴入 42	阳入 4
台南	阴平 44	阳平 23	阴上 41	阳去 33	阴去 21	阳去 33	阴入 32	阳入 4

注：笔者据周长楫《闽南方言大词典》(福建人民出版社，2006，第28页)略作修改。

厦漳泉台声母一致，韵读台湾闽南方言有漳泉混合的色彩，台湾闽南方言声调近似厦门话，这些语音表现与一般民众关于台湾闽南话和具有混合色彩的厦门话十分相似的直观感受是吻合的。

词汇方面，台湾闽南方言和本土闽南方言也是大同小异的。粗略比较台湾闽南方言和本土闽南方言的词汇，可见其差异有两个重要成因：第一，台湾闽南方言词汇的自主创新；第二，台湾闽南方言对外语词的吸收，特别是日语词的借用。

表 5-73　漳台闽南方言词汇差异示例

普通话	台湾话	漳州话	普通话	台湾话	漳州话
乡下	庄骹	乡社	司机	运掌手（日）	机司
寂寥	稀微	——	汽车	自动车（日）	汽车
红绿灯	青红灯	红绿灯	自来水	自道水（日）	自来水
橡皮擦	拊仔	擦拭仔	水龙头	水道头（日）	水转仔头
火车头	火车母	火车头	广播电台	放送头（日）	广播电台
冰棒	枝仔冰	霜条	火车站	驿头（日）	火车站
挖土机	怪手	勾机仔	银行户头	口座（日）	户头
中医	汉医	中医	大姐	乌尼桑（日）	大姊
电风扇	电风	风扇	自行车	自转车（日）	骹踏车
邮政	邮便（日）	邮政	啤酒	米汝（日）	啤酒
飞机	飞行机（日）	飞机	钢笔	万年笔（日）	铁笔

普通话	台湾话	漳州话	普通话	台湾话	漳州话
照相	写真（日）	翕影仔	船	某渡（英）	船
照相机	卡蔑拉（日）	翕影仔机	西红柿	拖嘛托（英）	臭柿仔

第八节　其他地区的闽南方言

　　除了上述几大流播区外，闽南方言还或零散或集中地分布在海内外不同的区域。例如在浙南定居的闽南人，以后又有些继续向北迁徙到了苏州省的宜兴县，如今在那儿也有闽南方言岛。由于渔业生产等原因，明清时代闽南人还往北迁徙到舟山群岛一带，至今舟山群岛有不少地方属于闽南方言通行区。江西赣东北一些县市，如上饶地区的玉山、广丰、上饶、铅山、弋阳等县市，所通行的闽南方言则是清初北徙的闽南人带去的。明清两代闽南人还继续向粤西、广西一带移民，今天广西东南一带的博白、陆川、北流、贺县、平乐等地也有零散的村落讲闽南方言。明清时期闽南方言在省外散播最远的大概要算四川省金堂县一带。

　　唐宋以来，随着闽南人向海外其他国家迁移，闽南方言也走出国门，形成海外闽南方言区，其中以新加坡、马来西亚、印度尼西亚、泰国、菲律宾等国最为集中。海外华人社区的闽南方言不仅是闽南方言不可或缺的组成部分，也是海外汉语方言的核心组成部分。漂洋过海的闽南方言脱离母体，进而又与不同国家语言发生各种碰撞，自然也会与本土闽南方言产生差异。如或因自我创新，或因受马来语或英语等外语的影响，新加坡闽南方言词汇里有不少本土闽南方言所不具备的说法。

表 5-74　新加坡闽南方言与普通话、漳州话词汇比较示例

普通话	新加坡话	漳州话	普通话	新加坡话	漳州话
警察	大狗	警察	监狱	落合（英）	监狱
洋楼	红毛厝	番仔楼	印度人	吉宁人（马）	印度侬
交警	白巡	交警	关税	朱加（马）	关税
农历	唐人历	旧历	传票	三万（马）	传票
医院	病厝	医院	吃亏	吕义（马）	食亏
执照	黎申（英）	执照	不好意思	吗乳（马）	歹势

受篇幅、材料、能力的限制，关于海外闽南方言的情况此处只能从略。

第九节　闽南方言的比较研究

一　方言比较研究的作用和意义

比较研究法可以理解为根据一定的标准，对两个或两个以上有联系的事物进行考察，寻找其异同，探求普遍规律与特殊规律的方法。

现代汉语方言学从一开始就很注重描写和比较相结合的研究路径。事实证明，这是一条正确的道路。赵元任《中山方言》，罗常培《厦门音系》《临川音系》是运用音韵学原理进行方言与历史音韵纵向比较的典范之作。《现代吴语研究》《湖北方言调查报告》《关中方言调查报告》等是区域方言横向比较的成功之作。20 世纪 50 年代全国方言普查利用"方言——普通话——中古音"的三角比较研究法让很多方言的特点得以显现。后来，方言语法学界也一度仿照这种大三角比较法，并收获了相当可观的研究成果。可以说汉语方言学是从比较研究起家并由比较研究向前推进的。

我国历史悠久，历代文献汗牛充栋。历史文献是汉语史研究的重

要宝库。然而，文字记载下来的只能是人类言语活动的一部分，甚至只是一小部分，有如冰山一角。加之文献有残佚、有伪托、有更易，还有文字的变迁，这必然有损我们对汉语史了解的全面性、客观性和准确性。汉语使用人口众多，分布地域广阔，历史上人口迁徙频繁，因此累积了很多显著的差异，分化出很多品类不一的方言。这些方言是在不同的时代从不同的共同语或方言分化出来的，在形成的过程中许多都和原住民发生过语言的融合，在发展的过程中又吸收了不同时代书面语或周边强势方言的影响，在边界和域外又和外国语言发生过交流。所有这些无不在方言语音、词汇乃至语法上留下诸多印记。也即，方言间共时的横向差异一定程度上可被视为汉语历史演变进程的投影。可见，存在众多差异的汉语方言也是汉语史研究的宝库之一。相对于书面文献材料，方言活口语材料在可感度、真实性、周全性等方面有明显优势。活生生的、形形色色的方言的史料价值是各类文献材料所无法取代的。透彻的汉语方言的横向比较，可以带领我们真切地了解现代汉语的结构系统。不同维度的纵向比较，可以尽可能客观地还原汉语史的面貌。从这一点来说，汉语方言的比较研究不仅是研究汉语方言的需要，而且是整个汉语研究，建立汉语语言学，使我们的语言学真正中国化、科学化的需要。①

二 闽南方言比较研究的概况

闽南方言比较研究起步较早。例如，1873 年英国长老会牧师杜嘉德（Carstairs Douglas 1830-1879）编写的《英厦大辞典》（*Chinese-English Dictionary of the Vernacular or Spoken Language of Amoy*），以及 1923 年台南长老会牧师巴克礼（Tomas Barclay 1849-1935）增编的《英厦大辞典补编》（*Supplement to Dictionary of the Vernacular or*

---

① 参见李如龙《论汉语方言比较研究（上）》，《语文研究》2000 年第 2 期，第 3 页。

Spoken Language of Amoy）都在正文之后以大量篇幅比较了漳州音和泉州音的不同。又如 1907 年小川尚义主编的《日台大辞典》对以漳州、泉州为主的各地闽南方言的比较更是详细备至。虽然这些比较都是出自非汉语、非闽南方言母语者的外国人之手，目标直指闽南方言习得，主要是大致罗列出漳泉闽南方言有别的语言事实，尚不注重进一步的研究和内部规律的总结，但这些语言事实的记录和保存，直到今天仍有重要参考价值。

自 20 世纪 50 年代起，闽南方言比较研究有了质的提升。研究成果如：董同龢（1960）《四个闽南方言》对厦门话、晋江话（泉腔）、龙溪话（漳腔）、揭阳话（潮腔）等四种闽南方言进行描写，并将其摆在一起进行音系上和词汇上的横向比较。王育德（1987）《台湾语音的历史研究》选择 200 条常用词汇，对比研究了台南、厦门、潮州、福州等四处闽语的亲属关系，还以大量篇幅对台南、厦门、十五音（漳州）、泉州、潮州、福州等六地方言按广韵系统做了字音比较。周长楫（1986）《福建境内闽南方言的分类》比较了福建省南部四市十九县的闽南方言在 70 条有一定代表性的字音、词汇材料方面的异同，在此基础上将福建境内闽南方言分为泉州话区、漳州话区、厦门话区、龙岩话区、大田话区等五类。

综观近二三十年闽南方言比较研究的状况，至少有两个明显进展：

1. 成果数量增加

图 5-1 是我们以"闽南方言比较"为主题，在中国知网搜索所得文献的年份分布图。跨入 21 世纪，闽南方言比较研究成果显著增多。

2. 比较项目更加全面

方言比较研究起先是重语音轻词汇和语法；重静态轻动态（如语音比较多半限于音类的静态比较，关于字音的异读、文白读、连读音变等较少涉及）；重共时轻历时（如普方或方言内部共时异同比较较为常见，方言与古代汉语、近代汉语的比较较为少见），闽南方言比较研究亦如此。上文我们对外播闽南方言特点的介绍多限于其在音系的、共时的、静态的层面与本土闽南方言之间的异同关系，这在很大程度上也是由闽南方言比较研究成果的现状所决定的。

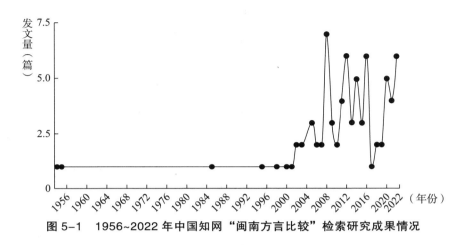

图5-1　1956~2022年中国知网"闽南方言比较"检索研究成果情况

　　随着比较研究的推进，闽南方言比较项目不再限于方言内部共时的、静态的语音比较，历时的、动态的、词汇层面的、语法层面的等更多维度的比较研究被关注，由此催生了不少具有一定创新意义的比较研究成果。例如出现了不少以明清闽南方言文献[①]和当下闽南方言实况为主要比较对象的闽南方言词汇、语法方面的历时演变的研究成果。[②]马重奇主持的国家社科基金重大项目"海峡两岸闽南方言动态比较研究"以动态的眼光对闽台两地语音、词汇、语法展开全面的比较研究，现已有多篇文章见刊。① 比较范围也不再限于福建境内闽南方言内部。如林颂育（2011）《论汉语方言的文白异读》在全面观照和比较各主要汉语方言文白异读异同的背景下，重新审视了闽南方言文白异读的独特性。姚玉敏（2020）《粤方言和潮汕闽南方言的"X+A+过+Y"差比式》考察了早期和现代粤方言和潮汕闽南方言差比式的使用情况，并从"X+A+过+Y"差比式的共时分布、历时使用、语序和谐原则等方面，论证该式是潮汕闽南方言差比式的固有形式。最后，该文认为在汉语方言中，表示经过义动词"过"的发展进程不尽相同。在方言中，"过"表示动作结果的用法普遍存在。而粤方言和潮汕闽南方言的"过"则进一步发展成差比式的特定比较标记。陆露、唐贤清（2022）《同源异境视野下汉语方言比较研究的新探索》涉及了海外闽南方言与本土闽南方言的比较。

一路走来，闽南方言比较研究不断积累材料、夯实基础、精进方法、开阔视野，虽取得了可喜的成果，但也存在某些不足。如横向比较方面，闽南方言词典不少，但方言词汇的比较研究至今还很粗浅。闽南方言区内部异同比较较多，但与其他方言区之间的比较还很不够。② 纵向比较方面，闽南方言历时比较的研究多上推到近代，与中古汉语、上古汉语的比较研究还较少。总之，闽南方言的比较研究还有极其广阔的上升空间。

三　闽南方言比较研究的深化

方言比较研究需要有一定的基础，如累积一定量的具有平行性、

---

① 例如：马重奇：《海峡两岸闽台闽南方言指示代词比较研究》，《闽台文化研究》2021 年第 3 期；马重奇：《海峡两岸闽台闽南方言疑问代词比较研究》，《海峡人文学刊》2021 年第 3 期；马重奇：《海峡两岸闽南方言词汇动态比较研究》，《语言研究》2020 年第 1 期；马重奇：《闽台闽南方言声调系统动态比较》，《汉语学报》2016 年第 3 期；等等。

② 吴语研究者时常在比较中将包括闽南方言在内的闽语纳入比较研究的视野。

可比性的材料。研究者视野较为开阔，具有一定的理论积淀和全局性、系统性、前瞻性的理念，善于观察并不断提取方言间的共性，能敏锐捕捉方言比较研究的主线和重点等。得益于前贤的深耕细作，闽南方言现有的比较研究的基础是相当厚实的。如何推进闽南方言比较研究在深度和广度方面再上新台阶？李如龙《论汉语方言比较研究（上、下）——世纪之交谈汉语方言学》给出了极富启发的意见：加强系统的观念，注意做类型的归纳和量化统计，努力做出理论上的概括。具体说来，可以朝以下几个方面去努力和深化。

（1）在理念意识上，要从理论上提高认识，充分理解开展汉语方言全方位比较研究的重要性和必要性；[①] 明白比较研究是一种基本方法，在方言研究的各个层面都可以贯彻比较的方法，在比较中概括共性和规律，彰显个性和特征。

（2）在具体方法上，一方面，肯定成功的经验，使之规范化、普遍化，同时能对其加以综合运用。例如继承和发扬历史比较音韵和考求方言词本字的研究思路和研究范式。另一方面，向薄弱环节推进，探索新领域里的比较研究方法。例如，不限于传统音韵学格局下的音值异同和音类分合情况的比较研究，推进音系结构与演变方面的异同比较；跨出以单字音为惯常比较单位的局限，将更多的连读音变纳入比较研究的范围，并借此勾连语音、词汇、语法之间的关联；[②] 探索推进词汇比较研究的路径和方法；[③] 加强共时类型与历史演变相结合的方言语法比较研究；关注方言的"底层"现象和民族语言的比较研究等。

[①] 开展汉语方言的全方位的比较研究不但是建立科学的汉语方言学的根本，也是建设汉语语言学理论的必由之路。

[②] 连读音变不仅仅是语音现象，还常与词汇、语法相关联。如，同样的字音组合，轻声与否、连读变调与否、儿化与否等都可能反映的是不同的词，或不同的语法结构关系。

[③] 较之语音学和语法学，词汇学是现代汉语研究中最薄弱的。方言词汇比较不能只停留在"形同实异""形异实同""单双音构词法不同"等粗浅层面。以方言特征词研究为中心应该是词汇横向比较的重要路径之一。

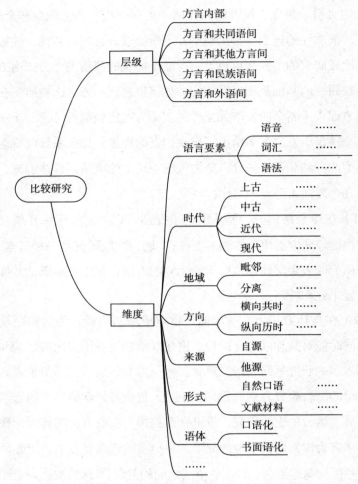

图 5-2 方言比较研究的层级和维度示例

（3）在落地操作上，既要分层开展，又要多维联动，还要留心语音、词汇、语法之间互联互动的关系，还应注意做量化统计。例如整个汉语的比较研究是包括现代汉语和古代汉语在内的整体的研究，其中应该有南北方言的比较，也有古今汉语的比较，有横向的结构规律的概括，也有纵向演变规律的总结。古今汉语的演变史之中，不论是上古、中古、近代、现代，都有共同语和方言的互动，各个历史时代之间，共同语和诸方言也并非直接的承变，而必定有许多交叉。可见，仅仅就古今方言区整理方言史一定不周密，仅仅就古今通语的比较去研究汉语史也难免片面。只有打通多个维度，全面地进行综合比较，才有望真切把握汉语结构系统的特点和演变规律。再比如，虚词是汉语语法研究的重要对象。一个词由实而虚，往往伴随着语音的弱化或各种例外音变，以致本字难明。出现在书面的虚词，书写形式可能形同实异，也可以形异实同。如果不追寻音变轨迹，梳理语义、语用演变脉络，正本清源，考出本字，就很难把不同的方言放在一个平面上做比较。由此可见，分科的研究只是暂时的剥离，要想了解语言真相应该随时注意其间的关联。加强系统的观念，着重考察大小系统及子系统之间的相互关系是深化方言比较研究的必经之路。量是区别不同质的依据，在有些比较研究中，数量本身有时就可以为定性提供根据。例如在汉语方言文白异读的比较研究中，统计所得闽南方言文白异读涉字过千，远远多于排名第二的长沙话（200字左右），数量如此悬殊引发我们对汉语方言文白异读类型的思考。

（4）在应用服务上，适当借鉴史学、社会学等领域的材料和方法，多多挖掘方言作为多面体的特殊价值。包括方言在内的语言既是思维表达和信息交流的符号系统，也是沟通思想，维持和发展社会联络的交换系统，还是民族文化或地域文化的表现形式系统。在方言本体研究之外，还可以将方言的比较研究和其他社会现象进行关联，开拓方言比较研究的新领域。例如方言的特点常可以与和其形成和发展有关的历史地理背景形成互证；① 透过方言文化词的比较可以凸显地域文化

---

① 例如西南官话地处横断山脉，历来交通阻隔，内外交流不便，周围又有数十个少数民族杂居，但方言却没有太大差别，向少数民族借用的成分也并不太多，这是因为它是三百年内从华中华南移民到此才形成的，这时汉语的发展已经呈整体化趋势。闽粤方言地处平原和丘陵，交通相对便利，少数民族也不多见，内部分歧却很大，保留了不少"底层"词，这是因为它们都有千年以上的历史，是北方汉语人多次移民南下与本地古百越诸民族融合之后而形成的。

的差异；^①借助方言变异的社会学调查可以细化我们对方言演变成因和演变过程的观察。

汉语方言资料是如此丰富多彩，既有类型方面的广泛，又有历史时代的久远，希望我们能在个体层面的语料收集和描写的基础上，借由多维度的、层层递进的比较研究不断从语料中提炼出更多更重要的内在联系，不断进行理论升华，从语言学理论消极的吸收者角色，逐渐转化为语言理论的主要贡献者。^②

课后思考

1. 简述闽南方言外播的动力和路径。

2. 简述潮汕、雷州、海南、浙南、台湾等地闽南方言与本土闽南方言在语音方面的异同。

3. 谈谈比较法在汉语方言研究中的作用。

---

① 如客方言多分布于山区，客方言中有很多"山、岭、嶂、岽、崇"等关于各种山体的通名，有不少如"杉岭、松树凹、林背"等的以各种林木名称命名的地名。闽南方言主要分布于沿海地区，"湾、港、澳、岛、屿、礁"等关于海域的各种通名很多。北方有名目繁多的面食品及其制作过程等的名称，如"抻面、拉面、蒸馍、打尖"等，南方则有多与米制品有关的名称，如"米粉、米线、河粉、煲粥、米粿"等。

② 参见王士元（1995：11-12）《汉语研究在海外·语言变异和语言的关系》。

第六章
闽南方言与海洋文化

第一节　语言和文化

　　语言的产生意味着灿烂多姿的人类文化的诞生，文化和语言可以说是共生的。语言是文化忠实的记录。人类和文化的开端在语词之中。有了语词，才有了文化。语言是一切文化的载体。文化中最重要的思维成果是靠语言把它巩固下来并展现出来的。语言的历史非常古远，要了解一个地区、一个民族的文化，最佳途径就是了解它的语言。

　　语言和文化的发展虽然是互相促进的，但是语言的形式和文化的形式基本上是平行发展的，两者之间并不存在互相制约的必然关系。文化形式的改变并不一定引起语言形式的相应变化。例如，古代日本和朝鲜曾受到中国文化的深刻影响，它们从中国文化中借去大量词汇，但是日语和朝鲜语的结构并不因此而发生变化。语言形式的变化也不一定带来文化形式的变化。例如，浙、闽两省的畲族早就改用汉语客家话了，但是历史上依然长期保留畲族的文化特征。历史上很难找到文化形式变化引起语言形式相应变化的例子，但是语言形式变化引起文化形式相应变化的却不乏其例。例如，皖南在历史上是属于吴语区的，太平天国战争以后来自湖北的大量移民，使皖南某些地方的原有方言湮灭，而代之以湖北话。同时这些地方也因此流行起黄梅戏来。黄梅戏源出鄂东黄梅县，原来以纯粹的湖北话演出，现在却以安庆方言为基础。

透过语言区了解文化，透过文化去理解语言，是一个重要的课题。中国境内的语言和文化关系的系统研究，举例如下。

罗常培（1950）《语言与文化》。该书从许多民族语言语词的含义入手，说明特定的民族的文化心理、宗教信仰和婚姻制度，考察民族迁徙、文化接触等。

周振鹤、游汝杰（1986）《方言与中国文化》。该书从汉语方言入手研究方言的形成和分布与历史上移民的关系，透过方言词语的分析考察地域经济史和民族史；联系方言研究地方戏曲、小说和民歌及各种文化习俗；还结合语言接触研究不同民族间的文化交流。

李如龙（1997）《福建方言》。该书用史料和语料说明福建境内诸方言的形成、流播和变迁，以及其间所表现的语言与文化的交流，透过方言词语考察早期经济生活和传统观念，还比较了不同方言区的文化类型及其所反映的地域文化特征。

在中国，方言区和地域文化区域往往是相适应的，互为表里的。由于汉语的历史悠久，使用人口多，海内外接触频繁，方言分化和融合都经历了复杂的过程，分布在不同的地域，又有不同的地理条件和历史因素的制约，不同的方言之间各具特色，所反映的地域文化大多是判然有别的，因此研究方言与地域文化的关系就有着广泛的地理空间、漫长的历史时间和多样的考察内容。可以说，这方面课题的发掘是经久不衰的。

第二节　海洋文化及其特征概述

何为"海洋文化"？目前尚无公认的定义。曲金良给出的参考性定义是："海洋文化，就是和海洋有关的文化；就是缘于海洋而生成的文化，也即人类对海洋本身的认识、利用和因有海洋而创造出的精神的、行为的、社会的和物质的文明生活内涵。海洋文化的本质就是人类与海洋的互动关系及其产物。"①

海洋文化的特色常常是与一般意义上的人类文化，尤其是内陆文化相对应的。海洋文化的特征可以从以下几个方面加以理解。②

第一，就内质结构而言，海洋文化具有涉海性。这里的涉海性，既包括人类对海洋的自然属性的认知和把握，又包括人类缘于海洋而生成的文明的属性。其中，前者是人类海洋文明属性的基础和前提。海洋文化的产生离不开人、海互动关系中人类对海洋的认识、反映和利用。

第二，就运作机制而言，海洋文化具有对外辐射性与交流性。人类借助海洋的四通八达，把一域一处的文化传播于船只能布达的异域的四面八方，并由异域的四面八方再行传播开去。异域异质文化因为跨海联动而产生了接触和交流。不同文化因联动而产生了"杂交儿"，这些"杂交文化"又可以借助海洋再向外辐射，包括回播。

第三，就价值取向而言，海洋文化具有商业性和慕利性。海洋文化的创造主体没有可供耕种的土地，他们难以像依托土地生活的农民那样可以自产自销、自给自足，把商业贸易当成有限的补充。离开贸易，他们的生活资源就只剩下鱼鳖虾蟹，因而他们只好从商，并在异域之间或海陆之间进行舶来品的贩运买卖。商业对于海洋文化来说，不是副业，而是主业，追求利益也被看成是天经地义的。

第四，就历史形态而言，海洋文化具有开放性和拓展性。海洋面向人类开放着，它连接着大大小小的岛屿和陆地。一个真正的海洋国家和民族是不能闭关锁国的，否则，即使不因为战争的争服和自然灾害的毁灭性打击，那里的文明也容易衰败、落后，甚至走向死亡。面向海洋的开放，必然带来经济活动范围、生活资料来源、贸易市场、人文精神影响力、人居空间环境等方方面面的拓展。

---

① 曲金良：《海洋文化概论》，中国海洋出版社，2012。
② 参见曲金良《海洋文化概论》，中国海洋出版社，2012，第10~16页。

第五，就哲学与审美蕴涵而言，海洋文化具有生命的本然性和壮美性。海洋的自然天性是浩瀚壮观、变化多端、能量巨大、奥秘无穷的。与海为友的人，也要顺应其特性。海洋文化中的硬汉精神、崇尚力量的品格、崇尚自由的天性、强烈的竞争冒险意识和开创意识、壮美心态等都与大陆文化中讲求的以柔克刚、中庸之道、老道守成、柔美心态等迥然有别。

此外，就社会机制而言，海洋文化还具有社会组织的行业性和政治形态的民主性。

第三节　闽南海洋文化的存在方式

闽南文化是中华文化的重要组成部分，同时又是中华文化中极具鲜明特色的地域文化。"一方水土养一方人。"人类生存离不开对环境的依赖、适应和改造。所谓"靠山吃山、靠海吃海"，不同的地域会衍生出不同文化特征。讨论闽南文化，学者们普遍都认为它是存在于中国的较为典型的海洋文化。

1. 闽南海洋文化的范式结构[①]

闽南地区海洋文化的形成由来已久。起先闽南海洋文化主要表现为海贝捡拾、海产品捕捞、舟船制造与航行以及海产品的消费和海岸洞穴居住等文化活动，这些活动不足以独自支撑生活世界，更多只是对采集、狩猎和农耕文化的补充。而后虽有进一步的拓展，但受到封建农耕文化制度和观念的压制和贬斥，闽南海洋文化仍旧是作为依附范式存在于农耕文化范式之中。宋代以来，闽南海洋文化走上相对独立的发展道

---

① 本部分内容参见李晓元《文化哲学方法与闽南文化思想政治教育研究》，社会科学文献出版社，2014，第190、200、216~217页。

路，并成为一个独立范式^①，与闽南大陆文化或闽南文化总体互动、互构。闽南海洋文化独立范式的形成是封建社会对海洋文化的各种压制制度暂时松弛、失效或解禁的结果，更是闽南海洋人——海洋主体在海洋技术的支撑和海洋自然的滋养下抗争与奋斗的结果。由此可见，（1）宋朝之前的闽南海洋文化只是闽南海洋文化的孕育与成长过程，只是具有一定意义的海洋性依附于闽南大陆文化。闽南海洋文化形成于宋代，旺盛于明清、繁荣于现当代。（2）闽南海洋文化并不是闽南文化的历史原点，而是基于闽南大陆文化原点的后生文化范式，并伴随着大陆文化的进步而一步步从依附范式走向独立范式。（3）闽南海洋文化与闽南大陆文化以及中原大陆文化和世界大陆文化处在异质相争与因缘相合的互动、互构过程中。简言之，闽南海洋文化是闽南文化的普遍范式，这种普遍范式既存在于闽南文化诸多具体形态中，伴随闽南文化发展的全部进程（依附范式），又在一定历史阶段形成自己相对独立的范式形态。

2. 闽南海洋文化在地理上的拓展

早期闽南地区的业海营商并非一蹴而就的，大致经过了三个阶段^②。

（1）兴修水利，精耕细作，发展农业

北人南下之后，发现闽南地区的自然环境与北方不大一样。气候温和，一年可以三熟，是闽南地区发展农业的有利条件。但丘陵起伏，耕地短缺，河流短浅，直流入海，难以灌溉。为此，定居于闽南地区的中原汉人就致力于兴修水利。到了两宋之初，闽南地区进入了大兴水利的年代。

（2）沿着海岸就近移民

农业发达了，可是耕地却难以大面积地扩大，耕地不足、人口过

---

① 闽南海洋文化的独立范式是指从闽南农耕文化形态中独立出来的具有海洋文化性质的闽南文化具体形态或实体形态。妈祖信仰文化、漳州月港文化、闽南海商文化、闽南移民文化、闽南华侨文化等构成基本结构。
② 参见李如龙、姚荣松《闽南方言》，福建人民出版社，2008，第136~139页。

剩的问题马上就显示出来了。人们迫不得已沿着海岸线向周边地区迁徙。几百年间陆续迁入潮汕平原、雷州半岛等地的闽南人，比原来住在那里的民众要多出几倍，使得当地文化习俗和语言都出现了闽南化。

（3）发展航海业，走向远洋经营贸易

泉州一带，耕地历来短缺，但是晋江口的泉州港当年却是一个天然良港。从唐末以来那里就发展起造船业，出海办贸易。五代十国王审知治闽又促进了海上交通和商贸活动。宋元时代泉州地区的海上贸易已经有很大的发展。入明后，朝廷严禁海上贸易，航运中心自泉州港转向漳江口的月港。明代末期，泉漳一带的海商更形成一批有着强大武装支持的海商海盗集团。清代前期，闽南的对外贸易还比较兴旺。台湾统一后，雍正、乾隆年间厦门被定为唯一合法的出入港口，厦门港成了福建海外贸易的中心。明清之后，闽南人陆续跟随商船到东南亚各国定居，华侨往来于南洋诸国。

经过七八百年造船、航运、贸易往来的兴衰起落，应该说闽南地区的海洋文化是发展得比较充分的。它为闽南方言和闽南文化打上了深深的烙印。

3. 闽南海洋文化的特色

依仗着世界大航海和地理大发现，西方资本主义开启了远洋武力征服和大规模殖民掠夺的时代。通过海洋向外拓展常给人以侵略的印象。不可否认，海洋文化是闽南文化的重要组成部分。沿东南沿海移民的闽南人更多还是守着一方热土，从事农业耕作，讨小海，经营点烧瓷副业，聊作贴补。先后到南洋各国定居的闽南人，绝大部分也是走街串巷、挑担提篮，做小商贩，或者受雇于人开矿、种树胶，靠艰辛劳动在那里过日子。总之，在业海生活中，闽南人始终是劳动者，他们固守热土，重视农业生产，深知讨海生活的艰辛；他们漂流于外，客观上处于劣势地位，为在异地生存，他们与当地居民完全是一种和平相处、友好往来的关系。

在人多地少又常干涝的情况下，闽南人的祖先就在因地制宜、精耕细作，发展农业的同时，发展小规模的畜牧业，豢养家禽家畜和进行海洋捕捞作业，形成了极具地域特色的经济生活面貌。海洋文明的滋养，使得闽南地区人民在具有民族共性的同时也具有一些独特的思想内蕴（主要相对于农耕文化而言）。

（1）固守热土，精耕细作

海洋给闽南地区人民提供了一条谋生渠道，促进该地区的发展，但也给他们的生命财产带来极大的威胁，特别是在早期，船只装备简陋，完全以人工和自然风力为动力，对天气的预测只能凭借经验等。人们深深地体会到"行船走马三分命"。向海洋进发，更多是迫于现实生存压力，是无奈之举。相比之下，固守热土，精耕细作即可有生存保障就显得尤为美好。

（2）勇于拼搏，极具冒险精神

业海生活固然不易，但也迫不得已，别无选择。面对困难，闽南先民不能也没有退缩，而是接受挑战，努力开拓，其背后需要很强大的勇气和冒险精神支撑。久而久之，冒险精神成为闽南地区人民思想观念的一个重要组成部分。

（3）注重团结，讲求协作

外出谋生，走南闯北，飘洋过海，下南洋，身处异地险境，想更好地生存，就离不开相互合作。

（4）积极向上，乐观自信

在充满风浪、礁石的环境中生存的人们，炼就了一副抵挡厄运的盔甲，他们乐观自信。生死在他们看来只是一种不可抗拒的自然规则，眼前的困境又算得了什么？积极乐观或许是一种无奈的坚持，但也是一股无尽的动力。

闽南海洋文化历史进程的范式结构预示了闽南海洋文化意义的多重内涵。闽南海洋文化构成闽南文化的普遍特质或深层结构，我们确实不可把闽南文化的最初就看成海洋文化，这不符合闽南文化先大陆后海洋的历史逻辑；也不可把闽南海洋文化理解为某种独立的具体文化形态，那就贬斥了其在闽南文化中存在的普遍意义。我们既要尊重海洋文化的浩瀚个性，也要确认大陆文化的深厚品质，不能用大陆文化同化海洋文化，也不能用海洋文化去对抗大陆文化。海洋文化与大陆文化互构、互动、互相支撑，既合一又分立。[①]

第四节　闽南海洋文化的内在思政资源

任何一种文化之所以能在历史和现实中发生、延续和发展，离不开它内含的教育特别是思想政治教育意义。文化思想政治教育是文化价值实现的现实场域、主体依托和策略关键。闽南方言分布跨省、跨国。闽南文化是区域文化，也是普遍世界文化。当我们在凸显闽南文化的区域性的同时，也应不断释放闽南文化的普遍世界意义和精神能量。闽南海洋文化思政资源可分为外显资源和内在资源两类。所谓外显资源是指有一定的物质形体、行为、历史形态、人物和事件以及各种文化艺术形式的资源，包括自然生态资源、历史文化、历史事件和人物、载体资源等方面。所谓内在资源是指蕴含在闽南海洋文化中的思想观念或精神结构资源。本节重点介绍闽南海洋文化的内在思政资源。

1. 包容与开放意识并行

有容乃大，千条江河归大海，这是海洋文化的包容和开放意识的双重体现。要开放就必须包容，只有包容才能开放。相对于内陆文化，闽南海洋文化更具有包容与开放的意识。且看被誉为"世界宗教博物馆"的泉州，那里不同宗教派别庙宇建筑交错共处、遥相呼应，不正是闽南文化包容性和开放性最直观、最亮眼的证据吗？道、儒、释、伊斯兰

---

① 参见李晓元《文化哲学方法与闽南文化思想政治教育研究》，社会科学文献出版社，2014，第189~200页。

教、基督教、印度教和平共处，不正体现了泉州人包容的气度和豁达开放的胸襟？从这个意义上说，"泉州藏着闽南真正的魂灵"倒也中肯。

2. 和谐与冲突精神并行

人和社会的本质关系是和谐关系，但和谐关系往往是争取、奋斗和创造出来的。闽南海洋文化是一个内生文化与外生文化不断融合的过程，这种融合是一个总体趋向和谐、分段饱含冲突的过程。历史上闽越人的抗争精神、移民斗争精神、迁离祖居地的背井离乡精神、海外经商的铤而走险精神都是冲突精神的表现。中国虽然拥有不小的草原和漫长的海岸线，但是核心是由黄河、长江所灌溉的农耕文明。这种由农耕文明类型沉淀而成的"厚土意识"，成为中国文化的基本素质。因为"厚土"，中国文化没有外侵和远征的基因。郑和先于哥伦布等西方航海家到达世界上那么多地方，却从来没有产生过一丝一毫占取当地土地的念头就是最有力的证明。[1]闽南海洋文化植根于农耕文明中，其内含的冲突精神同样不是为了外侵或抢夺，而是争得与他人和平共处、和谐发展、互惠双赢的时间和空间。

3. 崇商与重道精神共生

海洋文化境遇中的闽南人有灵敏的商业头脑和强烈的竞争意识。走向海洋、走向世界必然要重视商品交换与贸易，否则海洋文化就失去了经济支撑。海外贸易和经商是遵循强盗式商业之道，还是遵循君子式商业之道却有着质的区别。闽南海商文化总体上遵循和谐、和平、博爱之道；劳有所得时刻想着回馈家乡；对于同样外出打拼的同乡人，多能加以扶持；先取得成功者也有乐于引领同乡人外出，并教他们经商之道或给予资本资助。

4. 故乡与异乡精神并存

故乡精神就是爱国爱乡精神。爱国爱乡不是固守原地、坐吃山空，

---

① 参见余秋雨《中国文化课》，中国青年出版社，2019，第443~444页。

而是甘愿为自我和家乡的发展承担起开疆辟土、谋求新增长点的责任。超越有限土地的限制，走向海洋、走向世界，去开拓世界生存空间，就要有背井离乡的异乡精神。这种故乡与异乡并存的精神与"月是故乡明""孝子不远游"的单向度的故土难离的故乡情结形成鲜明的对比，是对那种单一维度的故乡情结的超越。从故乡到异乡，从异乡到故乡，从异乡到新的异乡，这就是闽南海洋文化的存在之乡和空间生存轨迹。走出去是为了更好地回归，回归是一种超越肉体归返的心之所向。无论身在何方，心在故乡。

5. 爱国爱乡与世界精神互构

故乡与异乡精神主要还是闽南海洋文化的生命空间存在意义，而空间存在是一个总体的生活世界，其本质是工作世界[①]。闽南海洋文化的根本精神是走向海洋、走向世界、融入世界、摄取生活世界总体意义的文化生存精神。而这一切的意义、价值、存在都要靠工作创造，因此，闽南海洋文化的本质是海洋工作世界精神，即以海洋为介质追求国际化或全球化的生活世界总体意义的工作创造和工作生存精神。

值得注意的是，关注闽南海洋文化及其思政教育意义的同时，要克制过度的特质情节。特质总是相对而言的，一种文化特质都是相对于一定的文化参照系而言的。参照系变了，对特质的解读也必然会随之改变。过度的特质情节可能导致两种看似反向的后果：（1）把没有闽南特质的闽南文化，特别是普遍的大众日常生活文化，从闽南文化中排除出去。然而特质文化恰恰是在普遍的闽南社会和生活文化中显露的，离开后者，前者就既无特质也无特色，就是空无[②]。实际上闽南文

---

① 工作世界是生活世界或文化世界的基础与核心，主体造化文化世界的过程就是工作创造、工作创世的过程，工作创造生活、创造文化。这一点，闽南文化体现得尤为突出，如开漳圣王文化，可以说没有开漳建州的工作世界和工作创造，就没有今天所谓的闽南文化。见李晓元《文化哲学方法与闽南文化思想政治教育研究》，社会科学文献出版社，2014，第118页。

② 实际上，很多所谓的闽南文化特质，如冒险拼搏、爱国爱家、求新求变等，并不是闽南文化特有的，它可以在很多其他文化形态中找到。

化是一种和而不同的文化，是特色与普遍意义、同质文化与异质文化、历史文化与现实文化的统一体，绝不限于某种特质或特色。（2）近乎掩耳盗铃式地将很多闽南文化与普遍世界文化的共同内涵或精神归结为闽南文化的特质。事实上，相对于精神内蕴，闽南文化的特质可能更多存在于承载这些精神内蕴的物质载体、生活方式和符号形式上。如妈祖文化就扶危济困、爱国爱乡等精神内蕴而言，并无太大特质，其特质在于妈祖其人、其事、其文化生态和历史过程。闽南文化的特质不在于其内蕴，而在于其外显，这恰好表征了闽南文化就其本质来讲是普遍世界文化，就其物质和人文载体以及符号形式来看是有浓厚区域色彩的闽南区域文化。文化的精神是跨越时空的彼此通约的生命绵延，更具有普遍世界意蕴，文化精神的物质载体和符号形式是流变的、具体的和有差异的，从而更容易具有囿于一定时空的特质或区域性。[①] 也正是因为如此，我们可以透过解读一个具体的地域文化个案，来初获对普遍世界文化的认知。

第五节　从闽南方言看闽南海洋文化

方言作为地域文化的载体，可以指引我们去了解、去探索地域文化的精髓。

从大处着眼，闽南方言的分布就是闽南人开发海洋的最佳记录。闽南方言的沿海分布正是"以海为田"的闽南海洋文化的最佳实证。从细处看，闽南文化内涵很大一部分是通过闽南方言来表达的。考查闽南方言，尤其是闽南方言词汇的特征，可为我们透视闽南地区文化提供便利和依据。

---

① 参见李晓元《文化哲学方法与闽南文化思想政治教育研究》，社会科学文献出版社，2014，第119~120页。

1. 农耕文化是底色

闽南方言分布极为广泛，其核心地带在福建的漳厦平原和泉州平原。该地区论农耕条件算是好的，只是山不高、河不长，流量也小，降水量不均，经常出现旱情和台风洪涝。在人多地少又常干涝的情况下，闽南人的祖先就在因地制宜、精耕细作，发展农业的同时，发展小规模的畜牧业。

家庭畜牧在小农生活中占有举足轻重的地位，人们对其关注越多，从中得到的体悟自然就越多。这使得闽南方言中的俗语充满了农家气息，清新纯朴又意蕴深邃。如"要想人不知，除非己莫为"，被闽南人说成：

鸡卵密密也有缝 ke$^{1-6}$lūi^{6}bat$^{8-7}$bat^{8}a$^{6-5}$u$^{6-5}$p^{h}aŋ^6（鸡蛋再密也有缝）

塍螺慢趖嘛有痕 ts^{h}aŋ$^{2-6}$le^{2}ban$^{6-5}$so^{2}mã$^{6-5}$u$^{6-5}$hun^2（田螺爬得再慢也会留下痕迹）

"五十步笑百步"常被当地人民改说为：

三骹猫卜笑一目狗 sã$^{1-6}$k^{h}a$^{1-6}$niãu^{1}be$^{2-7}$ts^{h}io$^{5-3}$tsit$^{8-7}$bak$^{8-7}$kau^3（三脚猫欲笑独眼狗）

诸如此类极具农家生活气息的俗语在闽南方言中俯拾皆是，例如：

使狗相咬 sai$^{3-1}$kau^{3}sio$^{1-6}$ka^6（喻挑拨离间以便从中谋利）

食鸡倚鸡，食鸭倚鸭 tsiaʔ$^{8-5}$ke^{1}ua$^{3-1}$ke^1，tsiaʔ$^{8-5}$aʔ^{7}ua$^{3-1}$aʔ^7（相当于"有奶便是娘"）

狗缀屁，乞食缀风柜 kau^{3}tue$^{5-3}$p^{h}ui^5，k^{h}it$^{7-8}$tsiaʔ^{8}tue$^{5-3}$hoŋ$^{1-6}$kui^6

（喻指趋炎附势）

十喙九猫 tsap⁸⁻⁵tsʰui⁵kau³⁻¹niãu¹（形容人多嘴杂，意见不一）

牛鼻唔牵牵牛尾 gu²⁻⁶pʰĩ⁶m⁶⁻⁵kʰan¹kʰan¹⁻⁶gu²⁻⁶bue³（喻指做事有悖常理，抓不住重点）

这充分显示了闽南方言区人对家禽家畜的熟悉程度之高，与之关系之密切。家庭畜牧业在闽南生活文化中的重要性也不言而喻。

2. 海洋文化是普遍范式

闽南方言区人民除注重家庭牧畜业的发展，还积极地向海洋"要资源"，遵循着"靠山吃山，靠海吃海"的生存原则，即使他们深知"行船走马三分命"。如此的生活经历为闽南方言提供了新的养料。因而，闽南方言中大量与海洋有关的字词句也成了闽南海洋文化的一个表征。

在对海产品的命名上，闽南方言中有许多不同于普通话的称呼，如：

表 6-1　海产品称呼异同示例

普通话	闽南话	标音	普通话	闽南话	标音
海蛎	蚵	o²	带鱼	白鱼	pɛʔ⁸⁻⁵hi²
章鱼	扁鱼	pĩ³⁻¹hi²	水母	蛇	tʰɛʔ⁸

鱼虾类的词大量进入闽南方言的俗语世界。如：

鱼趁腥，侬趁子 hi²tʰan⁵⁻³tsʰĩ¹，laŋ²tʰan⁵⁻³tsĩ³（鱼趁新鲜，人趁年轻，喻珍惜时间）

侬食喙水，鱼食活水 laŋ²tsiaʔ⁸⁻⁵tsʰui⁵⁻³tsui³，hi²tsiaʔ⁸⁻⁵uaʔ⁸⁻⁵tsui³（人靠嘴巧生存，鱼靠活水生存，喻指口才的重要性）

大贼截小贼，柔鱼截墨贼 tua⁶⁻⁵tsat⁸tsaʔ⁸⁻⁵sio³⁻¹tsat⁸，liu²⁻⁶hi²tsaʔ⁸⁻⁵bak⁸⁻⁷tsat⁸（大乌贼劫持小乌贼，鱿鱼劫持乌贼，喻指弱肉强食）

六月蚶开喙 lak$^{8\text{-}5}$gue$^{8\text{-}5}$ham^{1}k^{h}ui$^{1\text{-}6}$ts^{h}ui^5（六月蚶壳开即臭，义同狗嘴里吐不出象牙）

闽南传统食品和特色小吃常少不了海鲜。例如：

韭菜盒：厦门传统小吃。它以虾、扁豆、冬笋、猪腿肉、豆干、韭菜、胡萝卜等混合炒后成馅，外皮用精面粉拌猪油揉制。

涂笋冻：俗名"涂笋""涂蚓"，是由学名叫"星虫"的海产品经过熬煮，其身上的胶质化于水中冷却后凝结而成的透明冻状体，其味甘鲜。

油葱粿：用粳米磨成米浆，把精肉、鳊鱼、青葱等捣碎成泥，然后把二者搅拌倒入碗中，再用虾仁等东西铺在碗面上，蒸熟，清凉爽口。

蚵煎饼：用粳米磨成米浆，用直径 10 公分左右铁质平勺蘸取米浆，直至米浆铺面勺面，在覆有米浆的勺面上放上挤干水分的白萝卜丝，加入海蛎，用手心压实拢成包子状，再在上面淋上米浆，让米浆盖满整个馅料，用手抹去铁勺边缘多余的米浆，入油锅脱勺后炸至金黄色。

此外，还有蚵煎、蚵兜、鳊鱼羹、卤面、咸粿等，各式各样，不胜枚举。

闽南地区民众家里的厨房可以没有辣，却缺不了姜。原因在于他们随时需要用姜来去腥味。此外，还常少不了"鱼卤"（用腌过咸鱼的盐水制成的调味品）、"蚝油"、"虾油"之类的调味品，可见海产品已融入闽南地区人民饮食的方方面面。

如上文所述，海洋文明的滋养，使闽南地区人民在具有民族共性的同时也具有独特的思想观念。海洋给闽南地区人民提供了一条谋生渠道，促进该地区的发展，但也给他们的生命财产带来极大的威胁，久而久之，冒险精神成为闽南方言区人民思想观念的一个重要组成部分。

敢食唔惊毒 kã³⁻¹tsiaʔ⁸m⁶⁻⁵kiã¹⁻⁶tok⁸（敢吃就不怕被毒死）

猴敢死，猪哥甲唔敢无命 kau²kã³⁻¹si³，ti¹⁻⁶ko¹kaʔ⁻⁸m⁶⁻⁵kã³⁻¹bo²⁻⁶miã⁶（猴子敢死，猪八戒怎么就不敢不要命）

这是闽南人无畏精神和气魄的形象写照。

飘洋过海，外出谋生，同乡人团结一致，相互扶持往往是必不可少的。

食着家己，做着兄弟 tsiaʔ⁸lo⁵⁻⁵ka¹⁻⁶ki⁶，tso⁵lo⁵⁻⁵hiã¹⁻⁶ti⁶（吃就自己，做得有兄弟①）

掠贼拍虎着亲兄弟 liaʔ⁸⁻⁵tsʰatʰ⁸pʰaʔ⁷⁻³hɔ³lo⁵⁻⁵tsʰin¹⁻⁶hiã¹⁻⁶ti⁶（捉贼打虎需要兄弟）

这些俗语在闽南地区无人不知无人不晓，并成为很多人的行事原则。

闽南人对团结互助的重视，进一步发展出闽南人对集体利益的重视，他们常把集体的输赢看得比个人的输赢还重要，于是就有了这样一个俗语：

输侬唔输阵，输阵鸟屎面 su¹⁻⁶laŋ²m⁶⁻⁵su¹⁻⁶tin⁶，su¹⁻⁶tin⁶tsiau³⁻¹sai³⁻¹bin⁶（单个人可以输，一群人不能输，团体输了很丢脸）

相应地，闽南人对"使狗相咬"②的人是极为憎恨的。

在充满风浪、礁石的环境中生存的人们，有着认命后的豁达。向

---

① 吃东西时要一个人，这样能吃得多。可是做事时，需要兄弟帮衬，一个人往往成不了大事。

② 唆使他人争斗。

死而生的人，更需要珍惜眼前的一切，在有生之年尽自己最大的努力去争取可能的幸福。面对艰难的现实生活，闽南人相信：

艰苦日子有时了 kan¹⁻⁶kʰɔ³⁻¹dzit⁸⁻⁵tsi³u⁶⁻⁵si²⁻⁶liau³（艰难的日子总会过去）

艰苦头，有津尾 kan¹⁻⁶kʰɔ³⁻¹tʰau2, u⁶⁻⁵tĩ¹⁻⁶bue³（苦尽总会甘来）

人才补天工 dzin²⁻⁶tsai²pɔ³⁻¹tʰĩ¹⁻⁶kaŋ¹（个人的努力可以弥补客观条件的不足）

面对艰难现实的打击，闽南人可以自我调侃：

有头壳，免惊无乌纱帽 u⁶⁻⁵tʰau²⁻⁶kʰak⁷, bian³⁻¹kiã¹⁻⁶bo²⁻⁶ɔ¹⁻⁶sɛ¹⁻⁶bo⁶（有脑袋就不用怕没有乌纱帽）

鸡屎落涂也有三寸烟 ke¹⁻⁶sai³lo⁻⁵tʰɔ²a⁶⁻⁵u⁶⁻⁵sã¹⁻⁶tsʰun⁵⁻³ian¹（鸡粪落地还能有三寸烟）

在他们看来每个人都应该相信"天生我材必有用"，万不可轻易丧失信心，应该相信只要自己肯努力一定能够做一番事业，否则人连鸡屎都不如。

即使经历长期不懈的努力，还是得不到相应成就时，闽南人还可以自我激励"鳌头尾老成"；他们始终相信"鸡卵密密亦有缝"，恶行总会受到惩罚的；"龙身借狗腹出世""狗屎埔，状元地"，说明人不怕出身低而怕没有理想志气、聪明才智和过人的毅力。只要肯拼搏，终会成功的。

说到这，自然还得讲讲闽南话歌曲《爱拼才会赢》。这可谓是闽南海洋文化的缩影，是闽南人在认清现实残酷之后依然保持积极向上、勇于拼搏的可贵精神的写照。

一时 / 失志 / 唔免 / 怨叹（一时失志不用抱怨）

tsit$^{8\text{-}7}$si^2/sik$^{7\text{-}8}$tsi^5/m$^{6\text{-}5}$bian$^{3\text{-}1}$/uan$^{5\text{-}3}$t^{h}an^5

一时 / 落魄 / 唔免 / 胆寒（一时落魄不用害怕）

tsit$^{7\text{-}8}$si^2/lok$^{8\text{-}7}$p^{h}ik^7/m$^{6\text{-}5}$bian$^{3\text{-}1}$/tam^{3}han^2

哪通 / 失去 / 希望（哪能失去希望）

nã$^{6\text{-}5}$t^{h}aŋ$^{1\text{-}6}$/sik$^{7\text{-}8}$k^{h}i$^{5\text{-}1}$/hi$^{1\text{-}6}$baŋ^6

每日醉茫茫（每天醉茫茫）

mũi$^{3\text{-}1}$lit^8/tsui$^{5\text{-}3}$baŋ$^{2\text{-}6}$baŋ^2

无魂 / 有体 / 亲像 / 稻草侬（无魂有体好似稻草人）

bo$^{2\text{-}6}$hun^2/u$^{6\text{-}5}$t^{h}e^3/ts^{h}in$^{1\text{-}6}$tsiũ^6/tiu$^{6\text{-}5}$ts^{h}au$^{3\text{-}1}$laŋ^2

人生 / 可比似 / 海上的 / 波浪（人生好比如是海上的波浪）

dzin$^{2\text{-}6}$siŋ^1/k^{h}o$^{3\text{-}1}$pi$^{3\text{-}1}$si$^{6\text{-}5}$/hai$^{3\text{-}1}$sioŋ^{6}e^0/p^{h}o$^{1\text{-}6}$loŋ^6

有时 / 起 / 有时 / 落（有时起，有时落）

u$^{6\text{-}5}$si$^{2\text{-}6}$/k^{h}i^3/u$^{6\text{-}5}$si$^{2\text{-}6}$lo?^{8}

好运 / 歹运（运气好，运气差）

ho$^{3\text{-}1}$un^6/p^{h}ãi$^{3\text{-}1}$un^6

总嘛爱 / 照纪纲 / 来行（都得要按规则行事）

tsoŋ$^{3\text{-}1}$mã^{5}ai$^{5\text{-}3}$/tsiau$^{5\text{-}3}$ki$^{3\text{-}1}$kaŋ^1/lai$^{28\text{-}6}$kiã^{28}

三分 / 天 / 注定 / 七分 / 靠 / 拍拼（三分天注定，七分靠打拼）

sã$^{1\text{-}6}$hun^1/t^{h}ĩ^1/tsu$^{5\text{-}3}$tiã^6/ts^{h}it$^{7\text{-}8}$hun^1/k^{h}o$^{5\text{-}3}$/p^{h}a?$^{7\text{-}3}$piã^5

爱拼 / 则 / 会赢（爱拼才会赢）

ai$^{5\text{-}3}$piã^5/tsia?$^{-8}$/e$^{6\text{-}5}$iã^2

　　真正的英雄，是那些看清了生活的真相却依然热爱生活的人。闽南人用歌声和实际行动诠释了不管眼前的状况多么残酷，既不怨恨，也不屈服，而是以一以贯之的态度积极应对，这才是实现幸福人生的秘诀。于同族群人而言，这是一种感同身受的自然共鸣，于异族群人而言，这是一种悲壮励志的触动和启发，难怪该歌曲几乎成了闽南人的代言曲，家喻户晓，唱响海内外。

对闽南人"爱拼才会赢"的精神，习近平总书记是这样说：

> 闽南民众常说"爱拼才会赢"。这其实蕴含着一种锐意进取的精神，厦门这座城市的成功折射了 13 亿多中国人民自强不息的奋斗史，改革开放近 40 年来在中国共产党领导下，中国人民凭借着一股逢山开路遇水架桥的闯劲，凭借着一股滴水穿石的韧劲，成功走出一条中国特色社会主义道路。我们遇到过困难，我们遇到过挑战，但是我们不懈奋斗，与时俱进，用勤劳勇敢智慧书写着当代中国发展进步的故事。[①]

可见，闽南人"爱拼才会赢"的精神是民族的，也是世界的。

习近平总书记在党的二十大报告中深刻总结了新时代十年极不平凡的成就和伟大变革，在向第二个百年奋斗目标进军的关键时刻还是要"不忘初心、牢记使命，务必谦虚谨慎、艰苦奋斗，务必敢于斗争、善于斗争"。[②]可见，闽南人"爱拼才会赢"的精神不仅不过时，而且是需要时刻牢记和努力践行的致胜法宝。

漂洋过海，客居他乡的闽南人，在保留自己母语的时候，免不了要入乡随俗，学习当地语言。"双语"（甚至是"多语"）是外出求生的闽南人的语言生活常态。这是闽南人与海外不同民族友好相处的证据。此外，闽南话和当地语言接触后，彼此间有了不少词汇借贷现象。例如，杨贵谊、陈妙华（1988）《现代马来语词典》，专收马来语的外来词，其中借自闽南话的有 400 多条。据李如龙（1992）研究，闽南话中的马来语借词也有近百条。以下例子采自李如龙（2008：141-143）。

---

① 2017 年 9 月 3 日，习近平总书记金砖国家工商论坛开幕式上发表的重要讲话。
② 《习近平重要讲话单行本》，人民出版社，2023，第 73 页。

表 6-2　马来语中的闽南话借词示例

方言	释义	闽南话	马来语	方言	释义	闽南话	马来语
豆芽	豆芽	$tau^{6-5}ge^2$	taugé	豆腐	豆腐	$tau^{6-5}hu^6$	tauhu
豆乳	豆腐乳	$tau^{6-5}tsi^3$	tauci	薄饼	春卷	$po?^{8-5}pia^3$	popiah
米粉	米粉	$bi^{3-1}hun^3$	bihun	扁食	馄饨	$pan^{3-1}sit^8$	pangsit
红薰	旱烟	$an^{2-6}hun^1$	anghun	粿	年糕	kue^3	kué
樵屐	木屐	$ts^ha^{2-6}kia?^8$	cakiak	桌布	抹布	$to?^{7-3}po^5$	topo
茶鼓	茶壶	$te^{2-6}ko^3$	téko	毛笔	毛笔	$m\tilde{o}^{2-6}pit^7$	mopit
讲古	聊天	$kon^{3-1}ko^3$	kongko	青盲	瞎眼	$ts^h\tilde{e}^{1-6}m\tilde{e}^2$	cemeh

表 6-3　闽南话中的马来语借词举例

咖啡 kopi	峇峇 baba①	可可粉 kakao	沙茶 saté
洞葛 tongkat	雪文 sabun②	洋铁皮 ayan	求助 tolong
镭 duit③	五骹忌 kakilima④	估约 agak	鳄鱼 buaya

注：①与当地人婚配所生子女。
　　②肥皂。
　　③钱。
　　④不露天的过道，lima 是"五"的意译。

伴随迁徙，人的衣食住行各方面文化、风俗也得以流播。闽南人到南洋讨生活，为当地语言带入了不少闽南地区特有的食品、用具乃至文化、风俗等方面的相关借词。当地特有的物产、器具、日常生活用语也为闽南人所习得，且有部分传入本土闽南方言，成为现今本土闽南方言中的常用词，如"镭""雪文""五骹忌"等。双语（多语）制、词汇互借充分显示了闽南人是以一种和平共处、友好往来的态度经营着自身与异族的关系。应该说，这也是闽南海洋文化的又一个鲜明特征。

课后思考

1. 对比漳泉两地人文、地理等方面的异同，谈谈你对闽南海洋文化在两地表现的感受。

2. 闽南方言是一种外扩型的语言。随着闽南方言的流播,闽南方言分布于不同的地区。不同区域的闽南方言使用者,其文化特质有何异同?

附：

闽南方言俗语示例

（1）唔惊虎有三个喙，只惊侬有两款心。

m⁶⁻⁵kiã¹⁻⁶hɔ³u⁶⁻⁵sã¹⁻⁶e²⁻⁶tsʰui⁵, tsi³⁻¹kiã¹⁻⁶laŋ²⁸u⁶⁻⁵nɔ̃⁶⁻⁵kʰuan³⁻¹sim¹

不怕老虎嘴多，就怕人心不齐。

（2）狗尾四界摇，人尾看𣍐着。

kau³⁻¹bue³si⁵⁻³ke⁵⁻³io², laŋ²⁻⁶bue³kuã⁵⁻³be⁶⁻⁵tioʔ⁸

狗尾巴到处摇很容易看到，人尾是看不见的。喻指小人难防。

（3）敢死掠去食，敢拼则会赢。

kã³⁻¹si³liaʔ⁸⁻⁷kʰi⁵⁻³tsia⁸, kã³⁻¹piã⁵tsiaʔ⁸⁻⁶e⁶⁻⁵iã²⁸

收获总是留给那些不怕死、勇敢拼搏的人。

（4）有若摸蚶，无若洗裤。

u⁶nã⁻¹mɔ̃¹⁻⁵ham¹, bo²nã⁻¹se³⁻¹kʰɔ⁵

有就当抓蚶，没就当洗裤子，即下水捕捞不一定有收获，坦然接受就好。有预定的收获最好，没有也没关系。付出一定不会白费，收获会以别的形式呈现。

（5）叫猪叫狗，不如家己走。

kio⁵⁻³ti¹kio⁵⁻³kau³, put⁷⁻⁸lu²⁻⁶ka¹⁻⁶ki⁶tsau³

使唤猪，使唤狗，不如自己走。即"求人不如求己"。

（6）一枝草一点露。

tsit⁷⁻⁸ki¹⁻⁶tsʰau³, tsit⁷⁻⁸tiam³⁻¹lɔ⁶

每棵草都会有一滴露水。喻指人人都可得到上天的恩泽，遇事不必过于悲观。

（7）侬喙毒毒。

laŋ²⁻⁶tsʰui⁵tok⁷⁻⁸tok⁸

人言可畏，提醒我们不可不在意别人对自己的评说，但与其抱怨别人说自己坏话，不如先做更好的自己。

（8）一样米饲百样侬。

tsit$^{8\text{-}7}$iũ$^{6\text{-}5}$bi^{3}tsʰi$^{6\text{-}5}$peʔ$^{7\text{-}3}$iũ$^{6\text{-}5}$laŋ^2

一样米养百样人，即"林子大了，什么鸟都有"。

（9）一块碗勘一块白贼。

tsit$^{8\text{-}7}$te$^{5\text{-}3}$uã^{k}kʰam$^{5\text{-}3}$ tsit$^{8\text{-}7}$te$^{5\text{-}3}$peʔ$^{8\text{-}5}$tsʰat^8

一个碗盖着一个谎言。即使内在空虚，面对强敌也还可以虚张声势，不轻易放弃抗争。

（10）穷厝无穷路。

kiŋ$^{2\text{-}6}$tsʰu^{5}bo$^{2\text{-}6}$kiŋ$^{2\text{-}6}$lɔ^6

在家可以省吃俭用，外出却不可一味俭省。钱要用在刀刃上，该花的钱不能省，不该花的钱，一分也不浪费。警惕出门在外因过于节省而招致因小失大的悲剧。

（11）有疑食无疑。

u$^{6\text{-}5}$gi^{2}tsiaʔ$^{8\text{-}5}$bo$^{2\text{-}6}$gi^{28}

有准备的吃定无准备的。警示世人不打无准备的战。未雨绸缪很重要。

（12）肉卜 [互侬] 食，骨亦唔 [互侬] 齧。

baʔ^{7}beʔ$^{\text{-}8}$hoŋ$^{\text{-}5}$tsiaʔ^8，kut^{7}a$^{\text{-}5}$m$^{6\text{-}5}$hoŋ$^{\text{-}5}$kʰe^5

齧，啃。肉可以给别人吃，但骨头不能让人啃。利益可以慷慨地与别人共享，但绝不允许他人侮辱自己，打压自己的骨气。人要有骨气，即使面对强敌也需要硬气抗争。

（13）做牛唔惊无犁通拖。

tsue$^{5\text{-}3}$gu^{2}m$^{6\text{-}5}$kiã$^{1\text{-}6}$bo$^{2\text{-}6}$li^{2}tʰaŋ$^{1\text{-}6}$tʰua^1

肯当牛，就不怕没犁可拖。只要你愿意放低姿势，从最底层做起，就不怕没事干。喻指天无绝人之路。

（14）小姐也会欠刀石。

sio$^{3-1}$tsia^{3}a^{-5}e$^{6-5}$k^{h}iam$^{5-3}$to$^{1-6}$tsio？^{8}

千金小姐也有需要刀石的时候。即再有本事的人也会遇到困难，所以人与人之间应该互相尊重、互帮互助。

参考文献

李如龙:《厦门话的文白异读》,《厦门大学学报》(社会科学版)1963年第2期。

甘为霖:《厦门新音字典》(修订版),台湾教会公报社,1978。

厦门大学中国语言文学研究所汉语方言研究室编《普通话闽南方言词典》,福建人民出版社,1982。

周振鹤、游汝杰:《方言与中国文化》,上海人民出版社,1986。

李如龙:《考求方言词本字的音韵论证》,《语言研究》1988年第1期。

陈章太:《闽语研究》,语文出版社,1991。

温端政:《苍南方言志》,语文出版社,1991。

李如龙:《闽南话和印尼语的相互借词》,《中国语文研究》1992年第10期。

林连通:《泉州市方言志》,社会科学文献出版社,1993。

张振兴:《闽南方言的比较研究》,《台湾研究集刊》1995年第1期。

李荣:《考本字甘苦》,《方言》1997年第1期。

陈泽平:《方言词考本字刍议》,《福建师范大学学报》(哲学社会科学版)1998年第2期。

陈泽平:《福州方言研究》,福建人民出版社,1998。

周长楫、欧阳忆耘:《厦门方言研究》,福建人民出版社,1998。

李如龙:《论汉语方音异读》,《语言教学与研究》1999年第1期。

李如龙:《论汉语方言比较研究（上）——世纪之交谈汉语方言学》，《语文研究》2000年第2期。

李如龙:《论汉语方言比较研究（下）——世纪之交谈汉语方言学》，《语文研究》2000年3期。

董忠司:《台湾闽南语辞典》，台湾五南图书出版公司，2001。

李如龙:《汉语方言学》，高等教育出版社，2001。

卢广诚:《台湾闽南语词汇研究》，南天书局有限公司，2001。

潘悟云:《汉语否定词考源——兼论虚词考本字的基本方法》，《中国语文》2002年第4期。

北京语言大学中国语言文学系语言学教研室编《汉语方言字汇》（第二版重排本），语文出版社，2003。

王福堂:《方言本字考证说略》，《方言》2003年第4期。

李如龙:《从闽语的"汝"和"你"说开去》，《方言》2004年第1期。

陈忠敏:《有关历史层次分析法的几个问题》，《汉语史学报》2005年第00期。

董绍克:《方言字初探》，《语言研究》2005年第2期。

李如龙:《关于东南方言的"底层"研究》，《民族语文》2005年第5期。

李如龙:《闽语的"囝"及其语法化》，《南开语言学刊》2005年第2期。

游汝杰:《吴语语法的历史层次叠置》，《语言研究集刊》，上海辞书出版社，2005。

邓晓华:《闽客方言一些核心词的"本字"的来源——兼论汉语方言的考"本字"问题》，《语言研究》2006年第1期。

丁邦新:《从历史层次论吴闽关系》，《方言》2006年第1期。

林伦伦:《粤西闽语雷州话研究》，中华书局，2006。

刘新中:《海南闽语的语音研究》，中国社会科学出版社，2006。

周长楫:《闽南方言大词典》，福建人民出版社，2006。

戴黎刚:《历史层次分析法——理论、方法及其存在的问题》，《当代语言学》2007 年第 1 期。

李如龙、姚荣松:《闽南方言》,福建人民出版社,2008。

李小凡、项梦冰:《汉语方言学基础教程》,北京大学出版社,2009。

林颂育:《闽南角美话的持续体标记》,《集美大学学报》(哲学社会科学版)2009 年第 3 期。

林颂育:《小议闽南方言动物词的文化价值》,《乐山师范学院学报》2009 年第 8 期。

潘悟云:《历史层次分析的若干理论问题》,《语言研究》2010 年第 2 期。

林颂育:《同义词的语法和语义分工——漳州角美话方位介词的用法与比较》,《牡丹江大学学报》2010 年第 21 期。

丁邦新:《汉语方言中的历史层次》,《中国语文》2012 年第 5 期。

李如龙:《关于方言基本词汇的比较和方言语法的比较》,《汉语学报》2012 年第 3 期。

曲金良:《海洋文化概论》,中国海洋大学出版社,2012。

郑张尚芳:《汉语方言特点的形成及历史层次分析》,《语言研究集刊》(第九辑),上海辞书出版社,2012。

曾德万:《龙岩闽南方言音系研究——兼与客家话比较》,吉林人民出版社,2013。

陈忠敏:《也谈历史比较法与历史层次分析法——回应秋谷裕幸、韩哲夫〈历史比较法和层次分析法〉》,《语言学论丛》2013 年第 1 期。

刘丹青:《方言语法调查研究的两大任务:语法库藏与显赫范畴》,《方言》2013 年第 3 期。

辛世彪:《海南闽语比较研究》,商务印书馆,2013。

李晓元:《文化哲学方法与闽南文化思想政治教育研究》,社会科学文献出版社,2014。

李如龙:《汉语特征研究论纲》,《汉藏语学报》2015 年第 00 期。

林晓峰、吴晓芳:《两岸交流视域中的厦漳泉闽南方言》,《东南学术》

2015 年第 6 期。

潘悟云:《方言考本字"觅轨法"》,《方言》2015 年第 4 期。

潘悟云:《再论方言考本字"觅轨法"——以现代韵母为 u 的滞后层为例》,《语文研究》2016 年第 4 期。

陈忠敏、庄初升、陶寰:《历史层次分析法与汉语发展史观三人谈》,《语言研究集刊》2017 年第 2 期。

李如龙:《关于汉语方言特征的研究》,《学术研究》2017 年第 1 期。

李如龙:《汉语方言调查》,商务印书馆,2017。

吴波:《历史层次分析法的历时理论体系》,《东方语言学》2017 年第 2 期。

陈曼君:《闽南方言持续体标记"咧"的来源及其语法化》,《语言科学》2017 年第 4 期。

郭伏良、冯凯云:《〈汉语拼音方案〉国际推广回顾与新时代发展展望》,《汉字文化》2018 年第 24 期。

李佳:《"粤语""闽南语"和"沪语":汉语方言称"语"的三种形成模式》,《语言战略研究》2018 年第 3 期。

潘文国:《〈汉语拼音方案〉的回顾与思考》,《语言规划学研究》2018 年第 1 期。

陈曼君:《闽南方言进行体标记的来源及其语法化——兼论进行体标记和持续体标记之间的关系》,《语言科学》2020 年第 5 期。

李如龙:《闽南方言语法比较研究》,《汉语语言学》2021 年第 2 期。

李如龙:《闽南方言语法比较研究》,《汉语语言学》2021 年第 2 期。

图书在版编目（CIP）数据

闽南方言研究 / 林颂育著. -- 北京：社会科学文
献出版社，2023.11
ISBN 978-7-5228-1846-7

Ⅰ.①闽… Ⅱ.①林… Ⅲ.①闽南话－方言研究
Ⅳ.① H177.2

中国国家版本馆 CIP 数据核字（2023）第 096138 号

闽南方言研究

著　　者 / 林颂育

出 版 人 / 冀祥德
组稿编辑 / 任文武
责任编辑 / 王玉霞
责任印制 / 王京美

出　　版 / 社会科学文献出版社（010）59367143
　　　　　地址：北京市北三环中路甲 29 号院华龙大厦　邮编：100029
　　　　　网址：www.ssap.com.cn
发　　行 / 社会科学文献出版社（010）59367028
印　　装 / 三河市龙林印务有限公司

规　　格 / 开本：787mm×1092mm　1/16
　　　　　印 张：19.5　字 数：268 千字
版　　次 / 2023 年 11 月第 1 版　2023 年 11 月第 1 次印刷
书　　号 / ISBN 978-7-5228-1846-7
定　　价 / 98.00 元

读者服务电话：4008918866